か、までは答えてくれません。

わたしなら、「『中国』は『一つ』でなかった長い履歴があるから、『一つ』の実現達成こそ、譲れない重大課題だと見定めている」と見ます。その機微を知るには、どうやら最先端の技術を駆使するよりは、昔ながらの歴史を読むほうがよいようです。

そんなニーズにお応えすべく刊行したのが本書です。本書は中国の歴史を流れとして把握できるよう、第1章で基本的な知識や見方を学び、第2章以降は通史による章立てにしました。その数千年にわたる流れのなかに、「特色中国」「世界とのつながり」「日本との関係」など特集記事を入れ、その時々の内外にわたる位置づけを見やすくしてあります。さらにそんな履歴・歴史のいきついた現代中国についても、巻末に編んだ「中国の今を知る」で幅広く学べるようにしてみました。

人を知るには履歴書、国を知るには歴史書を繙(ひもと)くというのが、世の公理ではないでしょうか。善かれ悪しかれ、多かれ少なかれ、日本人は中国と離れて暮らしていけません。中国をいっそうよく「わかる」ためにも、IT・AIではできない歴史の学びが必要だと確信します。本書がそのよすがになってくれることを願ってやみません。

2023年7月吉日

岡本隆司

年代別だからきちんとわかる　中国史　もくじ

年代順だからきちんとわかる

中国史

岡本隆司 監修
かみゆ歴史編集部 編

朝日新聞出版

グローバルにしてITの時代です。いながらにして世界中から瞬時に必要な情報を手に入れるのも、いまや不可能ではありません。わからないことは検索をかければ何でもわかり、最近は自分の発信する言葉や文章まで、AIが作ってくれるそうです。

便利な時代になりました。それでも理解できない、表現しづらいものは少なくありません。わたしたちの身近にもあります。大きな国際的な問題でいえば、日本人にとっての中国などは、その典型ではないでしょうか。中国はすぐ近くの隣国にして大国です。ニュースで見ない日はありませんが、あんなにわからない国もめずらしい。尖閣諸島問題でも、関連する中国側の言動は、およそ理解に苦しみます。

もっとも尖閣は、ほんの一例です。そもそも彼らの国名である「中国」こそ、解しかねる自称ではないでしょうか。中国の要人は必ず「一つの中国」と言い張って、こちらが台湾と仲良くすると、噛みつきます。別に「一つの中国」を認めないつもりはありませんが、中国は中国、台湾は台湾でよいはずです。しかし「中国」から見ると、そうではないらしい。

検索をかけたりAIに聞いたりすれば、たぶんそれなりの説明はでてくるかと思います。それでも、なぜ「一つの中国」でないといけないのか、そこにどんな経緯（いきさつ）・意義があるのか、何でわけもわからず噛みつかれるの

第3章 分立から統一へ
三国 南北朝 隋 唐

第4章 変革と飛躍の時代
宋 モンゴル帝国

第5章 現代に通じる「中華」
明

中国の今を知る

中国世界遺産ガイド

本書の見方

「その時日本は？」「その時世界は？」

同時代の日本、または世界の出来事を紹介

王朝／時代区分
各ページで解説している王朝や時代を記載

本文
内容がつかみやすいように、重要な人物名や王朝名、用語や説明を太字で強調

Point
解説内容を要約して紹介

時代バー
今、読んでいるページがどの時代か一目でわかる

コラム　教養・雑学が身につくコラム。「深掘り中国」「人物伝」「語句・成語」「中国から日本へ」「COMIC ／DRAMA ／MOVIE ／NOVEL GUIDE」がある

欄外解説
本文で記述した「用語」「皇帝」「人物」について、よりていねいに説明

7000年の歴史をたどる! 中国史クロニクル

中国大陸に文明が芽生えてから7000年。日本の制度や文化は中国から強い影響を受けており、なじみの深い皇帝や事件も多い。日本との関係を踏まえて、中国の長い歴史を総覧してみよう。

古典文明

「中国史」の幕開けとなった黄河・長江文明 ➡P16・44

農耕を始めた現生人類が、黄河・長江の流域で文明を興したのは前5000年頃のこと。特徴的な青銅器がつくられるようになる。

秦 ➡P58	戦国 ➡P52	春秋 ➡P50	周（西周）	殷 ➡P46	古典文明 ➡P44	王朝／時代区分
前221	前403（東周）	前770（東周）	前1050頃	前16世紀頃		

秦

史上初の中華統一を成した始皇帝 彼はなぜ「皇帝」を名乗ったのか？ ➡P26・58

中華を統一し、史上初めて「皇帝」を名乗った始皇帝。文字や貨幣、度量衡の統一などを推し進めるが……。

春秋・戦国

「諸子百家」の時代に生まれのちに官学となった儒教

➡P32・54

時代の転換期となった春秋・戦国時代に発展した儒教。漢代に官学となり、歴代王朝の後ろ支えとなった。

日本と中国の関係	弥生		縄文
	前5～前4世紀頃	前8世紀頃	
	水田が東日本にも広まる	九州北部で水田による米づくりが開始	

三国

3人の皇帝が並び立った「三国志」の時代

➡P82

後漢末期の黄巾の乱により世は乱れ、群雄割拠の中から曹操・孫権・劉備という英雄が台頭。魏・呉・蜀はそれぞれ皇帝を名乗り、覇を競いあった。

赤壁の戦いで孫・劉連合軍が勝利できたのはなぜ？

秦

世紀の大発見となった兵馬俑と始皇帝陵 ➡P60

井戸を掘っていた農家が偶然発見した兵馬俑。始皇帝が巨大陵墓を築いた理由とは？

265	220		25	後8	前202
晋（西晋）	三国 ➡P82	後漢	新 ➡P70	前漢 ➡P62	

魏晋南北朝

門閥貴族が形成されて書や詩文など文化が花開く ➡P30・88

三国時代以降、官職に就く門閥貴族が形成され、庶民との身分差が確立。芸術や思想面も大きく発展し、華やかな六朝文化が花開いた。

竹林の七賢が政治を嫌った理由とは？

前漢

北方の遊牧民・匈奴に苦労し続けた漢王朝

➡P18・64・66

「中国」の歴史は遊牧民と農耕民の対立と共存の歴史といえる。漢王朝は匈奴対策に苦労し、万里の長城を築いた。

武帝が行った匈奴対策とは？

古墳／弥生	
前1世紀頃	100余りの小国に分立状態だった（『漢書』地理志）
57	倭奴国王が後漢に遣使し、光武帝から印綬を受ける（『後漢書』東夷伝）
107	倭王帥升ら、後漢に生口（奴隷？）を献上（『後漢書』東夷伝）
2世紀後半	倭国大乱（『後漢書』東夷伝）
239	倭の女王・卑弥呼、魏に遣使し、「親魏倭王」の称号と銅鏡などを贈られる（『魏志』倭人伝）
266	倭（壱与か）が晋の都洛陽に朝貢（『晋書』）

唐

国際都市・長安の繁栄とインドへ旅した三蔵法師

➡P76・100・104

シルクロードが整備され、唐の都・長安には西域の文化や文物が流入。そんな時代に仏典を求めた玄奘三蔵の旅は後世、『西遊記』のモチーフとなった。

玄奘はなぜ密出国したのか？

北朝（北魏）

西域から伝来した仏教はどのように広まったのか？

➡P36・90

南北朝期以降、仏教は皇帝の庇護を受けて広く普及。儒教・道教と合わせ、「三教合一」というかたちで信仰の対象となる。

世界遺産になった龍門石窟

唐 ➡P96	隋 ➡P92	北朝 / 南朝 ➡P86	五胡十六国 / 東晋
618〜	581〜（589）	北朝 439〜581 / 南朝 420〜589	〜439 / 〜420

隋〜清

覚える文字は60万以上!? 過酷な試験だった科挙

➡P30・102

貴族・官僚（士）と庶民の格差社会（二元構造）が続く中国。狭き門である科挙合格が、「勝ち組」となる第一歩だった。

科挙ではどんな試験が行われた？

隋

日本からの遣隋使に対して皇帝が激怒した理由とは？

➡P94

日本（倭）の厩戸王（聖徳太子）が隋に遣隋使を派遣。しかし日本の国書に対して、時の皇帝・煬帝は不快感を示す。その理由とは？

「日出づる処の天子」がいけなかった!?

日本と中国の関係

古墳（〜593）・飛鳥（593〜710）・奈良（710〜794）・平安（794〜）

478	倭王・武、宋に遣使し、「安東大将軍」の称号を受ける（『宋書』倭国伝）
600	第1回遣隋使を派遣（『隋書』）
607	聖徳太子、小野妹子を隋に派遣
630	第1回遣唐使を派遣
663	倭・百済の連合軍が、白村江の戦いで唐・新羅軍に敗北
717	吉備真備と玄昉、唐に渡る
727	渤海使が初来日
804	最澄と空海、唐に渡る
894	遣唐使の派遣中止

モンゴル帝国・元

世界帝国の実現により東西の交流が活発化！

➡P124・128

広大なモンゴル帝国は東西を結ぶ街道とジャムチ（駅伝制）を整備。人とモノの交流が活発化し、「混一」の社会を築いた。

マルコ・ポーロの旅が大航海時代の呼び水になった？

宋

三大発明は世界をどう変えた？

宋代の三大発明である活字印刷・火薬・羅針盤

➡P28・120

宋の時代は江南が大規模に開発され、商業や都市が発展した。それを背景に活字印刷・火薬・羅針盤が発明、または実用化され、世界に大きな影響を与えた。

1206	1125	916
モンゴル帝国 元 ➡P124	金	遼（契丹）➡P114
1276	1127	960 / 907
南宋 ➡P122	北宋 ➡P114	五代 十国

モンゴル帝国・元

日本遠征を行ったクビライの狙いとは何だったのか？➡P132

外交関係を鎌倉幕府に拒絶されたクビライは、2度の日本遠征を決行。日本軍の抵抗と激しい暴風雨によって撤退を余儀なくされた。

外交音痴な鎌倉幕府が蒙古襲来の原因だった!?

南宋

徹底抗戦を訴えた岳飛の最期とは？

抗戦か、和平か、岳飛と秦檜の対立

➡P122

女真人の金に華北を奪われ、金の臣下に甘んじた南宋。岳飛ら抗戦派と秦檜ら和平派の対立はどう決着したのか？

平安	1019	刀伊の来襲。女真人とみられる海賊が九州に来寇
平安	1168	栄西、南宋に渡る
平安	1180頃	平清盛、日宋貿易を行う
鎌倉（1185〜）	1223	道元、南宋に渡る
鎌倉	1274	文永の役
鎌倉	1281	弘安の役 元の日本遠征失敗
南北朝・室町（1333〜）	1369	明の洪武帝、南朝の懐良親王に倭寇禁止を要請
南北朝・室町	1381	「日本国王良懐」（懐良親王）、明に遣使

辮髪を
漢人らに
強制した
理由とは？

清

満洲人の清朝が目指した「華夷一家」とは?

➡P162・166

清朝皇帝は、服属させた漢人やモンゴル、チベットら諸族の上に君臨。多数派の漢人を支配するため、「華夷一家」を掲げた。

どちらが
ホントの
朱元璋
なのか？

明

明を建国した朱元璋が大粛清を行った理由とは?

➡P24・140

明は、多元的だった元を否定して「純中華主義」といえる体制を構築。「中華」と「外夷」の序列を明確化した。

1636 1616 1368

後金

清 ➡P162

1644

明 ➡P140

アヘンの
取り締まりが
なぜ戦争に発展
したのか？

なぜ明代に
万里の長城が
拡張された
のか？

明

明を苦しめた「北虜南倭」とは何か?

➡P144・146・148

明朝後半になると、長城を超えるモンゴル（北虜）と沿岸で活動する倭寇（南倭）を脅威に感じた明は弱体化の一途をたどる。

清

アヘン戦争の敗北で清は弱体化していない!?

➡P174・180

アヘン戦争は「世界史の転換点」として説明されることもあるが、清の体制には大きな影響がなかった。その後の日清戦争敗北や改革運動の失敗により、王朝の衰退は明らかとなる。

倭寇の主体は
日本人
だった？

日本と中国の関係

1868 1603 1573

室町・戦国	1401	足利義満、第1回遣明船派遣
室町・戦国	1404	明との勘合貿易開始
室町・戦国	1467	雪舟、明に渡る
安土桃山	1592	文禄の役。日本軍が朝鮮出兵し明・朝鮮軍と戦闘
安土桃山	1597	慶長の役 翌年、日本軍撤退
江戸	1611	徳川幕府、明国商人に長崎貿易を許可
江戸	1689	長崎に唐人屋敷設置
江戸	1736	長崎来航の中国船を年間25隻に制限
明治	1871	日清修好条規調印
明治	1894	日清戦争（～1895）
明治	1905	孫文ら、東京で中国同盟会設立

毛沢東は
どんな社会を
目指した
のか？

中華人民共和国

共産党と国民党の対立が中国本土と台湾の分裂を生む

➡P202・206

戦後の国共内戦を経て、共産党の毛沢東が中華人民共和国の建国を宣言。一方、国民政府の蔣介石が台湾に逃れたことで、「二つの中国」という状況が生まれた。

中華民国

国民国家を目指すも軍閥が争う混乱の時代へ

➡P188・190

辛亥革命によって孫文を中心とする中華民国が建国され、清朝は滅亡。しかし政権は安定せず、各地で軍閥が割拠する混沌の時代へ。

袁世凱は
皇帝になりた
かった!?

1949　1912

中華人民共和国 ➡P202

台湾（中華民国）

中華民国 ➡P188

習近平が
「一つの中国」
を強調する
理由とは？

中華人民共和国

著しい経済発展を遂げるも国内外で軋轢を生む現代中国

➡P212・214・216

1990年代に市場経済を導入して、名目GDPで世界２位となった中国。ただし、国内の少数民族への同化政策や南シナ海問題、米中対立など抱える問題は多い。

なぜ、
香港で統制が
強まって
いるのか？

中華民国

“ラストエンペラー”溥儀が皇帝となった満洲国

➡P196

日本の関東軍は満洲国を建国。清朝最後の皇帝・溥儀が元首となるも、日本の傀儡国家だった。

名古屋市博物館蔵

1989　1945　1912

平成・令和			昭和後期			大正・昭和前期		
2018	2005	1992	1978	1972	1951	1937	1931	1915
安倍晋三首相が訪中し習近平国家主席と会談	中国で大規模な反日デモ発生	天皇・皇后両陛下、初の訪中	日中平和友好条約調印	田中角栄首相訪中 日中共同声明調印 パンダのカンカンとランランが来日	サンフランシスコ講和条約（中国は招かれず）	盧溝橋事件。日中戦争始まる（～1945）	満洲事変、満洲国建国宣言	中国に二十一カ条の要求提出

中国王朝一覧

時代の呼称	王朝／国名（黄色は正統王朝）	西暦
三代	夏	
	殷	前16世紀頃
	周（西周）	前1050頃
春秋	秦／東周	前770
戦国	秦／六国／東周	
漢	秦	前221
	前漢（西漢）	前202
	新	後8
	後漢（東漢）	25
魏晋南北朝（三国六朝）	呉／蜀／魏	220
	呉／晋（西晋）	265
	五胡十六国／東晋	317
	五胡十六国／宋	420
	北魏／宋	439
	北魏／斉	
	北魏／梁	
	西魏／東魏／梁	
	北周／北斉／陳	
	隋／陳	581
	隋	589
唐	唐	618
五代	遼（契丹）／十国／後梁	907
	遼（契丹）／十国／後唐	
	遼（契丹）／十国／後晋	
	遼（契丹）／十国／後漢	
	遼（契丹）／十国／後周	
宋	遼（契丹）／十国／北宋	960
	金／北宋	1125
	金／南宋	1127
	モンゴル帝国／南宋	1206
	元／南宋	
元	元	1276
明	北元／明	1368
	後金／明	1616
	清／明	1636
清	清	1644
中華民国	袁世凱政権	1912
	北京政府	1916
	国民政府	1927
	満洲国／国民政府／汪兆銘政権	1931
	国民政府	1945
中華人民共和国	台湾（中華民国）／中華人民共和国	1949

岡本隆司『中国の論理』の掲載図版をもとに作成

第1章 「中国」を知るための基礎知識

地理1

東西南北で大きく異なる中国大陸の風土と気候

西高東低の地形が特徴

ロシア、カナダに次いで**世界第3位の国土面積**（領海を含まない）を有する中国は、地形も気候も地域によって多様性に富んでいる。

地形は西高東低を特徴としており、**ヒマラヤ山脈**や**崑崙**（クンルン）**山脈**、平均標高4500mの**チベット高原**といった高原や山々が連なる西部、黄土が堆積してできあがった標高1000m以上の**黄土高原**などがある中央部、平野が広がる東部の三つに分けることができる。

また中国を代表する二つの大河である**黄河**と**長江**は、いずれもチベット高原が源流点であり、黄河は中国中央部の黄土高原などを経て**渤海**に、長江は中国南部を流れながら東シナ海へと注ぐ。東部の広大な平野は、この二つの大河が上流から運んできた土砂によって形成された。なお平野は、中国の東北部にも広がっている。

北は畑作地帯、南は稲作地帯

同じ中国東部に広がる平野でも、黄河流域と長江流域、つまり平野部の**北と南ではその気候が大きく異なる**。

黄河流域は大陸からの**冬季モンスーン**（季節風）の影響を強く受けるため、特に冬は厳しい寒さと乾燥にさらされる。逆に夏季に海洋からのモンスーンの影響を受ける長江流域は、1年を通じて温暖湿潤な気候となっている。そのため収穫できる作物も異なり、黄河と長江の中間に位置する**秦嶺・淮河線**（秦嶺山脈と淮河を東西に結んだライン）を境界線として、**北側は畑作地帯、南側は稲作地帯**となっている。

こうした気候風土の違いもあり、古代中国では黄河中流域では**黄河文明**、長江下流域では**長江文明**といったように、両地域で異なる文明が発祥・発展していった。

Point

西高東低の地形と、南北での気候差により、地域によって異なる風土と文化が育まれた。

用語 「秦嶺・淮河線」

チンリン・ホワイ線とも。このラインより北では年間降水量が1000mmよりも少なく、南では1000mmを超える。この降水量の差により耕作穀物は畑作と稲作に大きく分かれる。また、南北では言語や生活習慣などの違いも生じている。

▶ 地域による経済発展と格差についてはP28参照
▶ 黄河文明、長江文明など古典文明の発祥はP44参照

中国の自然環境や風土は地域により異なる

中国西部にはチベット高原など標高の高い山脈や高原が連なっており、黄河や長江などの大河は東に向かって流れる。また季節風の影響で、秦嶺・淮河線を境に風土や文化に地域差をもたらしている。

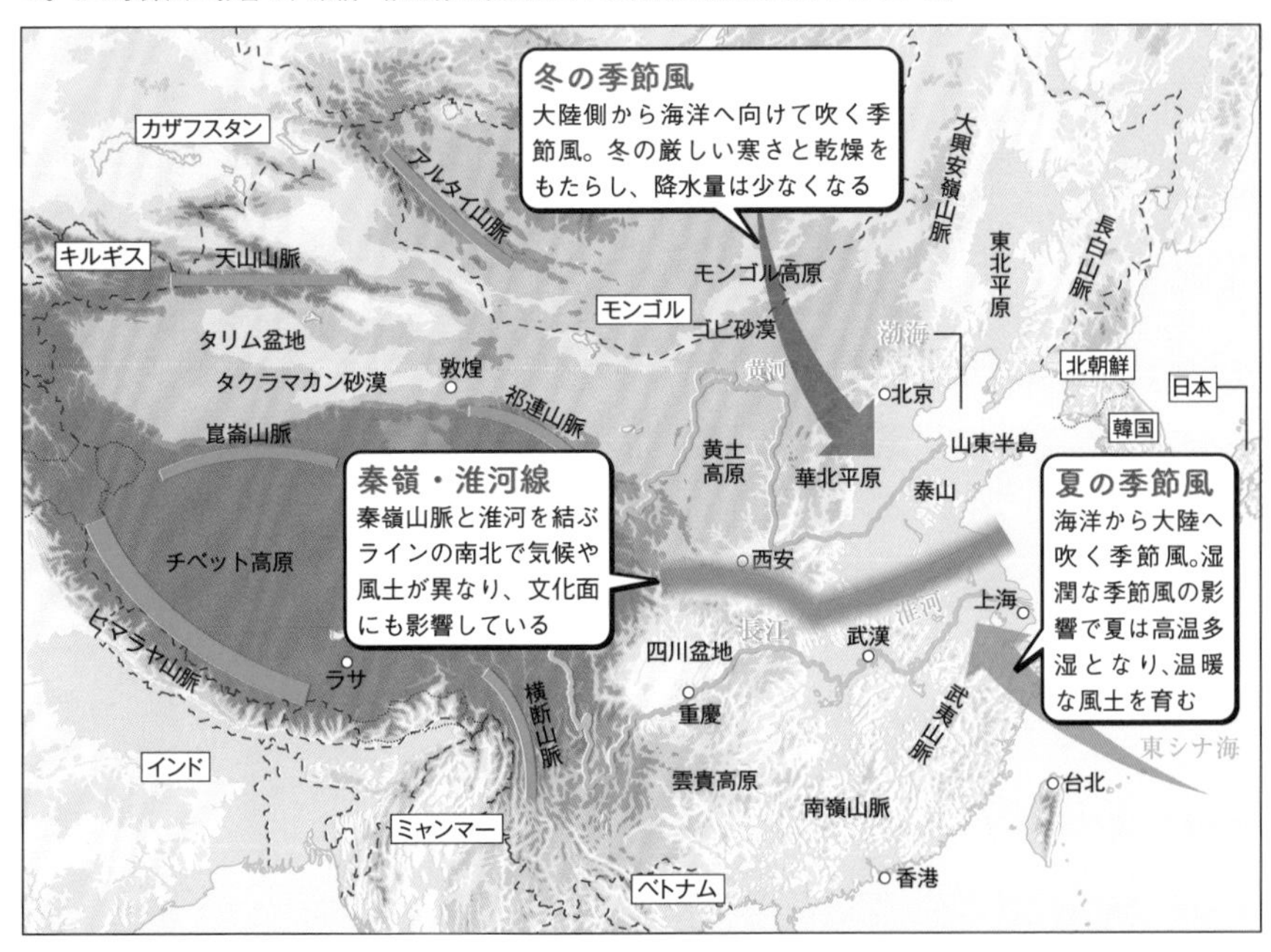

気候区分で見る中国

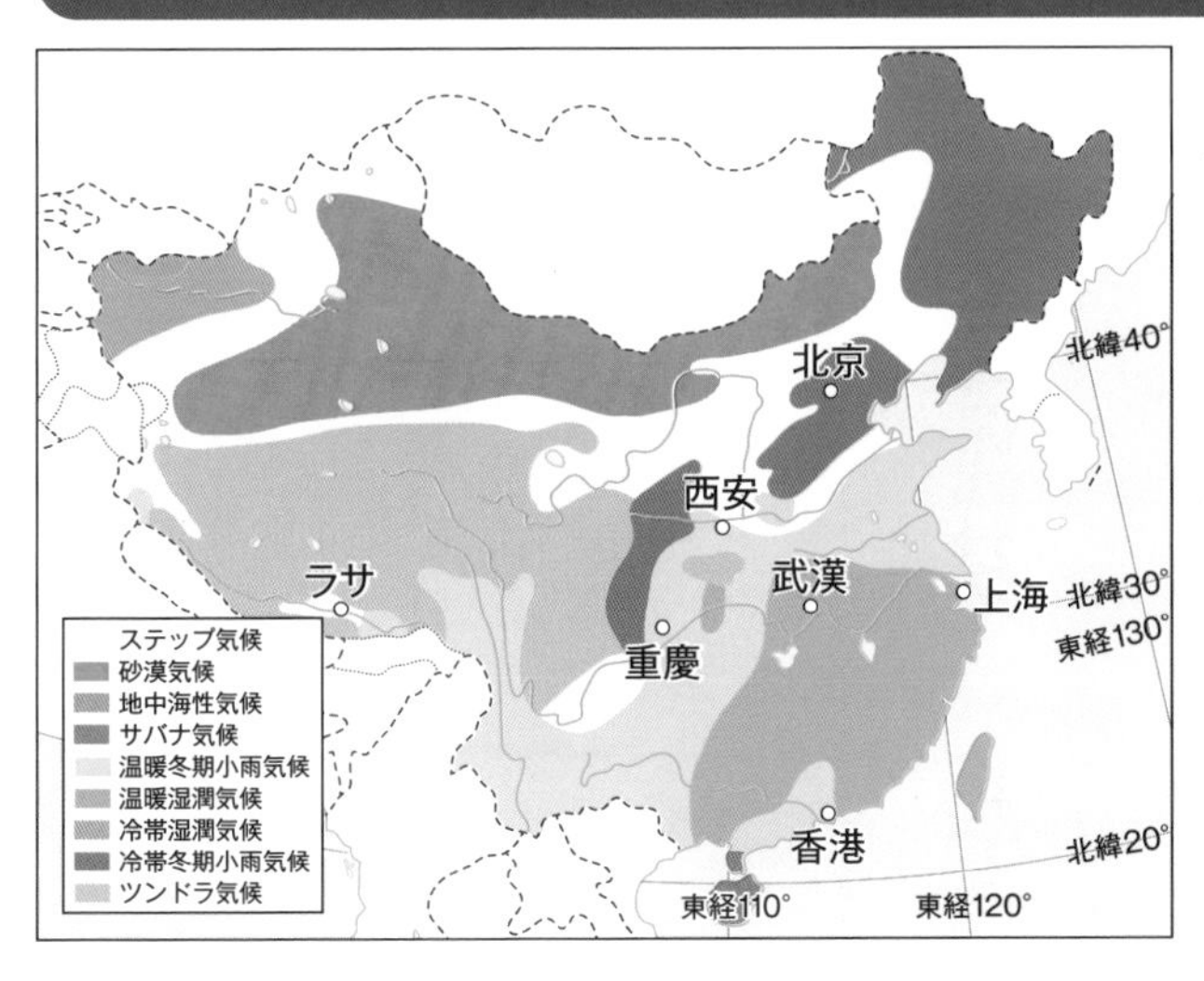

中国の気候は東西南北で大きく異なる。西部の内陸部の北側はステップ気候と砂漠気候が広く分布し、砂漠が広がっている。一方、内陸部でもチベット高原など南側は寒帯のツンドラ気候となる。東部は秦嶺・淮河線を境に、北側は冬が寒く雨の少ない冷帯、南側が温暖で湿潤な気候に大きく分けられる。

地理2

遊牧民と農耕民という"異世界"が隣り合った地

Point

中国では常に遊牧民と農耕民のせめぎあいが起こり、各王朝の悩みの種でもあった。

交易に適していた「中原」

ユーラシア大陸の中央部には、ヨーロッパ東部から中国東北部まで、**草原地帯**が帯状に連なっている。この草原地帯は、乾燥が激しいため農耕には適さないが、植生はあるため、馬や羊といった草食動物なら生息が可能である。そのため草原地帯に住む人々は、古くから馬や牛などを家畜化し、家畜に食べさせるための草を求めて、季節ごとに移動していくという**遊牧生活**を営んできた。

一方、黄河や長江流域では、豊かな水に恵まれていたため**農業が発展**し、人々は**定住生活**を送っていた。遊牧民が肉や毛皮を持っていたのに対し、農耕民は穀物を有していたため、両者の間では交易が発生した。中国の中でも最初に文明が発展したのは「**中原**(ちゅうげん)」と呼ばれる黄河流域だったが、これは遊牧民が暮らす草原地帯に近接しており、交易に適していたことも大きいと考えられる。

遊牧民の侵攻に悩まされる

草原地帯に近接していたことは、中原に交易の面では益をもたらしたが、**遊牧民からの軍事的脅威**にも絶えずさらされることになった。中原に都を構えた歴代王朝は、熟練した騎乗技術を持つ遊牧民が編成した**騎馬軍**による攻撃に、繰り返し悩まされてきた。「**万里**(ばんり)**の長城**(ちょうじょう)」が築かれたのも、こうした背景によるものだ。実際に遊牧民が草原から中原を攻めたてて漢人の政権を駆逐し、王朝を築いた例も多い。

一方、遊牧民は中原の農耕民と接する中で、次第にその影響を受けるようになった。移動しながら生活をしている遊牧民には、もともとは国や国境、土地所有といった概念はなかったが、中には**ウイグル**のように**定住国家を建設する**例も現れた。遊牧民と農耕民は、異世界に暮らしつつも、**相互作用を及ぼしあう関係**にあったといえる。

用語 「**遊牧民**」

草原地帯に住み、牧畜(遊牧)を生業とした人々。衣食住を家畜に依存し、農耕民との交易では自分たちが有する毛皮・肉・乳製品を穀物や織物と交換した。遊牧民の服は動物の皮革、農耕民の服は植物の繊維から作られるため、両者の違いは一目瞭然だった。

▶ **遊牧民と農耕民の王朝の攻防**は P22 参照
▶ **中原における王朝の成立**は P46 参照

遊牧民が行き交った草原地帯

遊牧民は天山山脈の北側やモンゴル高原などの草原地帯で暮らし、草原から草原へと移動を繰り返した。強力なリーダーのもとで、遊牧集団による連合体（遊牧国家）が築かれることもあった。

ユーラシア大陸の草原地帯
東ヨーロッパから中国東北部まで広がるユーラシア・ステップ。多くの遊牧集団が行き交い、古代には大陸の東西を結ぶ交易路「草原の道」が通った

草原地帯と遊牧民
牧畜を主な生業とする遊牧民。馬は重要な移動手段となる。

遊牧民の住居・ゲル
遊牧民はゲルと呼ばれる移動式住居で暮らし、季節ごとに居住地を移動した。

王朝1

どこからどこまでが「中国」の範囲なのか？

Point

中国の王朝は黄河流域の中原に発し、時代を経て南や西へと勢力を拡大していった。

かつては中原＝中国だった

中国史において、実在していたことが確認されている最も古い王朝は、前17世紀頃におこった**殷**（いん）であり、次いで**周**（しゅう）が王朝を築いた。この殷、周ともに、発生したのは黄河流域であり、勢力範囲も黄河流域を中心としたものだった。一方、長江流域でも古くから優れた文明がおこってはいたが、より技術や文化が発達し、王朝が成立したのは黄河流域のほうだったのだ。

この黄河流域は「**中原**」と呼ばれていた。中原とは「中央の地」を意味する言葉であり、「**中国」とほぼ同義**である。つまり中国の範囲とは、もともとは黄河流域の限定された地域のことを指していた。その後、王朝が移り変わるなかで、徐々に周囲に勢力を広げていった。ただし北には屈強な遊牧民が暮らす地域、東には海が広がっていたため、領域の広がりは主に西と南へ向けられた。

西方に意識を向けた前漢と唐

歴代王朝の中でも、特に西方への意識が高かったのが**前漢**（ぜんかん）と**唐**（とう）である。前2世紀、西域（せいいき）（現在の青海省、新疆（しんきょう）ウイグル自治区）を勢力下に置いた前漢は、ヨーロッパへとつながる**交易路（シルクロード）**を開き、多くの富を得た。同様に唐も、交易路を用いた活発な東西交流を行った。

一方、中原の南方に位置する長江流域は、かつては「**江南**（こうなん）」と呼ばれていた。江南はすでに秦（しん）・前漢の時代から、中原で成立した王朝の勢力下に置かれるようになっていたが、この地域が農業技術の向上とともに飛躍的に発展することになったのは、**宋**（そう）が建国された10世紀以降のことである。

宋以降の中国王朝は、元（げん）、明（みん）、清（しん）と移り変わっていったが、その勢力範囲は王朝によってそれぞれ異なる。「中国」の範囲は固定されたものではなく、**時代によって変化**してきたのである。

用語　「中原」（ちゅうげん）

「中央の地」「中心となる場所」といった意味で、歴史的には「中国」や「中華」とほぼ同じ意味として用いられてきた。地域としては淮河より北側の黄河中・下流域を指し、中国で最初期の文明が発祥し、殷・周といった王朝の勢力範囲と重なる。

▶ 西へと版図を広げる唐についてはP99参照
▶ シルクロードによる東西交易はP76参照

中原から拡大していった「中国」の範囲

古い王朝はまず、黄河中流域の中原で成立した。戦国時代の諸国を統一した秦の範囲は江南にまで広がり、漢以降は西域へと延長していった。

万里の長城
遊牧民の侵入を防ぐために築かれた。現存している長城の多くは明代のもの。

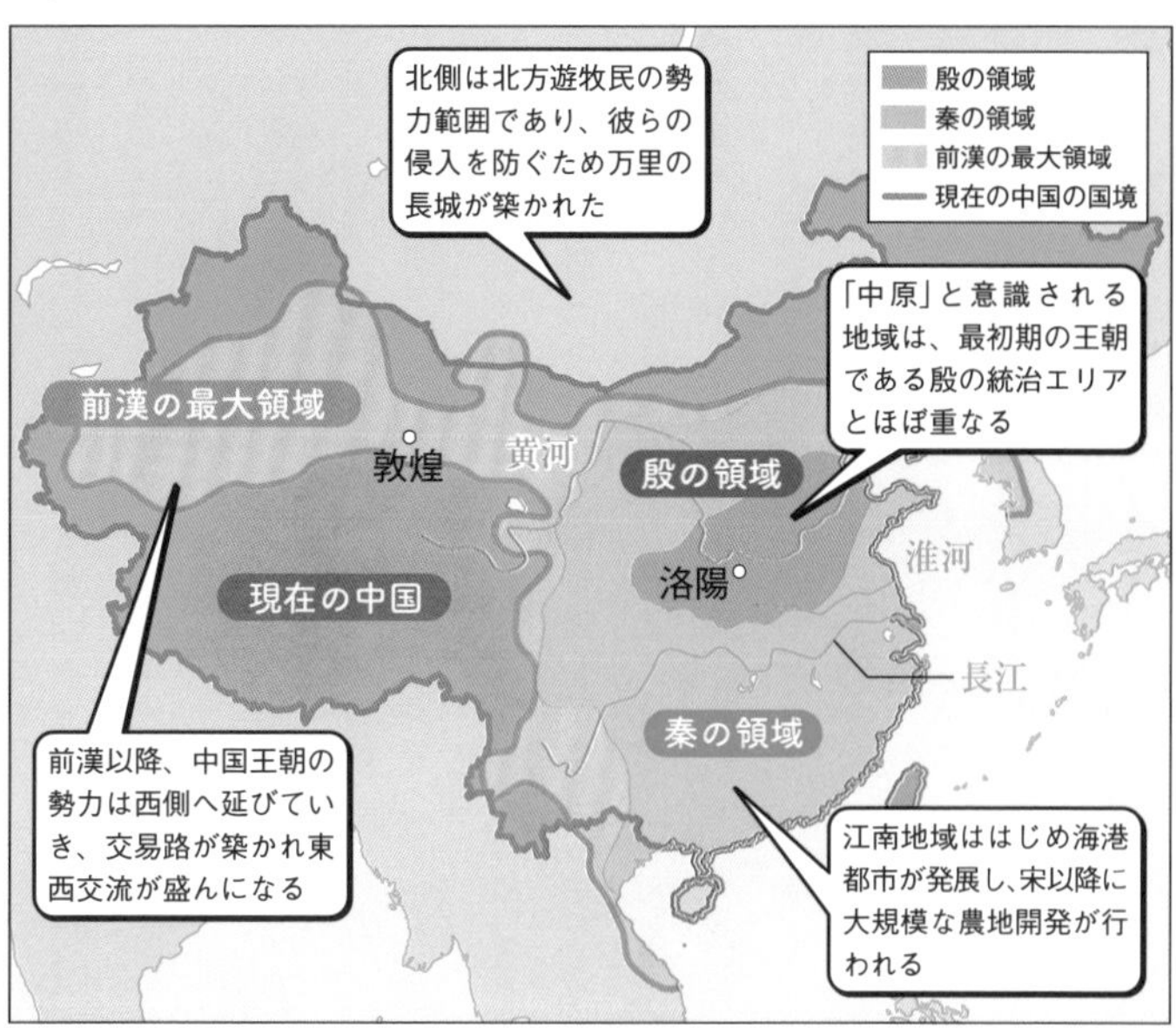

中国深掘り

「秦」が語源となった中国の国名「支那」という呼び方は間違いなのか？

現在日本では、中国にあった歴代王朝や現在の中華人民共和国を指して「中国」と呼ぶのが一般的である。一方、国際社会では、国名としての中国は「China（チャイナ）」と呼ばれている。これは始皇帝が築いた「秦（チーン）」を語源としたものだ。

約100年前に中華民国が建国したとき、日本政府は「支那共和国」と呼ぼうとしたところ、「支那」は差別語であるとして同国から猛抗議を受けた。日本政府は国名として支那を用いることを撤回したが、本来なら支那も秦を語源とした言葉であり、差別語ではないはずである。しかし、中華民国という国名の「中華」には、中原と同じく「世界の中心」という意味合いもあり、自国を軽んじる日本が「支那」と呼ぶのは、中国にとって許しがたいことだったのだ。

東京朝日新聞
支那事變と改稱
支那軍の投降
破竹の皇軍、
我上陸部隊

第二次世界大戦以前の日本では、「支那」という表現は日常的に使われていた。画像は日中戦争（支那事変）を伝える1937年9月2日の東京朝日新聞夕刊。

中国はなぜ、統一と分立を繰り返してきたのか？

王朝が崩れると遊牧民が侵入

現代の中国の国土は、常に一つの王朝によって統一されていたわけではない。例えば3世紀前半に後漢が滅亡すると、魏・呉・蜀が分立する**三国時代**に突入。その後、晋が統一を成し遂げたものの長くは続かず、様々な国が乱立する**五胡十六国時代**を迎えることになる。再び中華が統一されるのは、6世紀後半の隋まで待たなくてはいけなかった。

このように中国は、**統一と分立**を繰り返してきた。背景の一つとして、**農耕民だった漢人と北方の遊牧民のせめぎあい**の中で、歴史が形成されてきたことがある。中原を中心とした王朝の安定が崩れると、**遊牧民の侵入**を許すということがしばしば起きた。ちなみに五胡十六国の「胡」とは、遊牧民を意味する。この時期、遊牧民が中原に進出したのは、寒冷化の進行によって北の草原で暮らすのが困難になっていたことも大きかった。

今の中国は漢人中心社会

中国の王朝の形態としては、まず**明**に代表されるように、漢人による強力な国家が形成されるケースがある。漢人と夷人（漢人以外）を徹底して弁別し、「**漢人中心**」**の社会**をつくろうとした。一方、明を後継した**清**は、建国した満洲人が漢人と比べて圧倒的に少数だったこともあり、**漢人との「共存」**を図りながら国家を成り立たせていく道を選択した。また**宋**のように漢人による国家ではあったのだが、北方の遼の勢力が強大だったため武力で支配できずに、盟約を結んで**併存を選ぶ**ケースもあった。

このように中国の王朝は、常に分立の危機感を抱きながら「**漢人中心**」「**共存**」「**併存**」という形態を繰り返してきたのである。現代の中国が「**一つの中国**」を強調するのも、バラバラに分立してしまうことへの恐怖が背景にあるといえる。

用語　「胡」

遊牧民をはじめとした異族を指す言葉で、秦や漢の時代には主に匈奴を、唐の時代には広く西方の異族を指した。世界の中心にいる漢人に対して、周辺地域に住む人々というニュアンスを含んだ蔑称である。「胡琴」「胡麻」など外来のものに冠する語として残る。

▶ 五胡十六国が台頭した時代はP86参照
▶ 女真人の金と南宋の併存はP122参照

Point

歴代王朝は遊牧民と敵対するか共存するかの選択に迫られ、それが国の形態をも左右した。

統一と分立を繰り返す中国の歴史

中国の歴史は漢人による王朝と遊牧国家のせめぎあいの歴史といえる。5世紀の北魏、11世紀の遼、12世紀の金、17世紀に建国された清などが北方遊牧民が築いた王朝である。

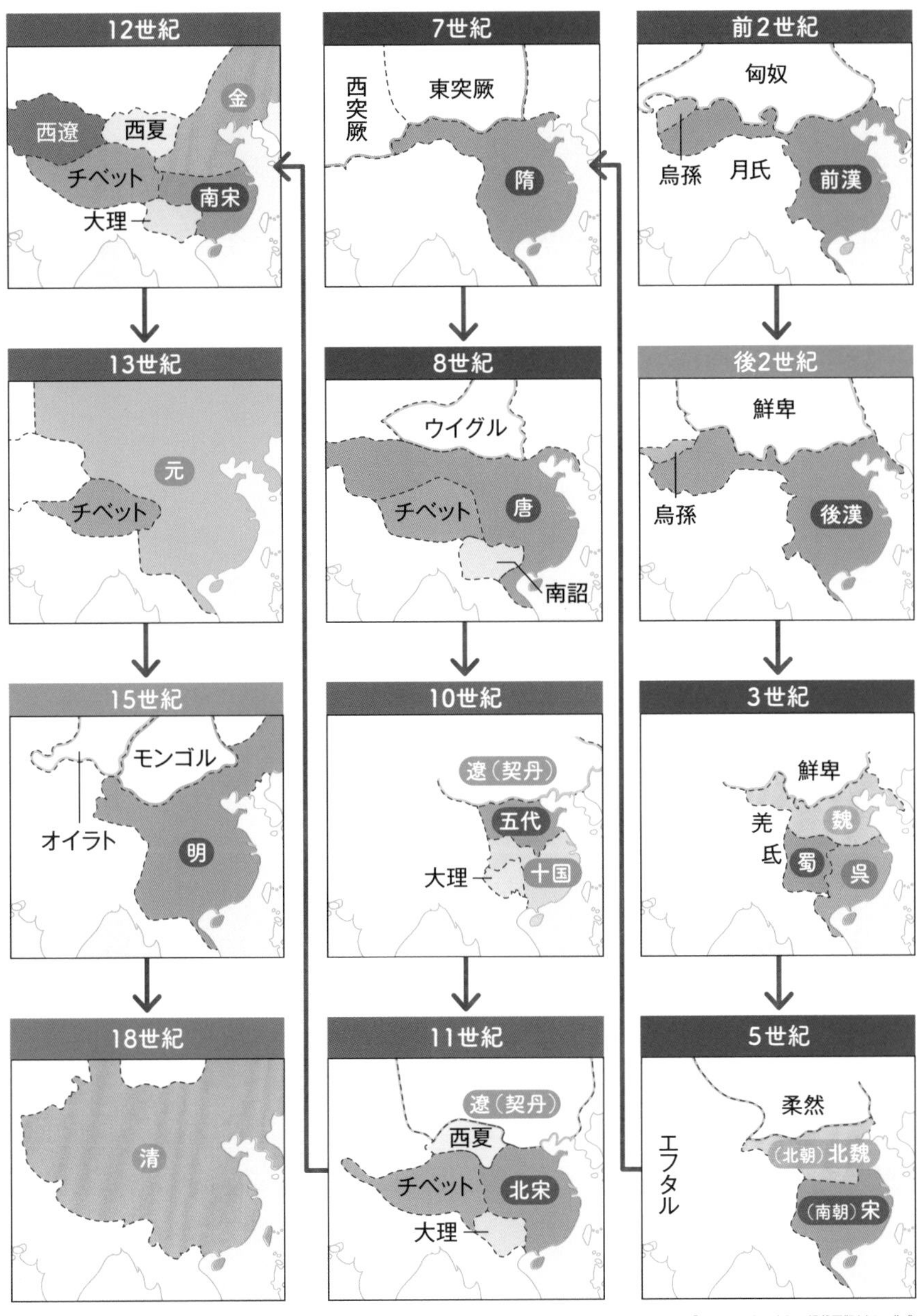

『アカデミア世界史』の掲載図版をもとに作成

自らを「世界の中心」とする中華思想の考え方とは？

Point

世界を「中華」と「外夷」に区分する中華思想の世界観は、現在の中国にも深く根づいている。

天子を中心とした世界観

中国や中華には、「**世界の中心**」という意味がある。古代ギリシア人が自分たちのことを「ヘレネス」と呼び、他者のことを「バルバロイ（わけのわからない言葉を話す者）」と呼んだように、自分たちを周りの者より優れていると考える自尊意識は、万国共通のものである。ただし中国の特徴は、その自尊意識を「**中華思想**（ちゅうか）」という思想にまで高め、**制度化・体系化**していったところだ。

中華思想では、左ページの図のように世界を「**中華**（**文明人**）」と「**外夷**（がいい）（**野蛮人**）」に分ける。中華の中央にいるのは**天子**（てんし）（**皇帝**（こうてい））であり、それを天子の周囲にいる諸侯が支える。中華を取り囲んでいる国々は、中華の政治体制の外部に位置するが、天子の徳を慕って貢ぎ物を捧げ、天子から教化や庇護を受ける「**朝貢**（ちょうこう）」を行う。そして、こうした「中華」の外部に位置づけられるのが**外夷**である。

帰順すると王爵を授けられる

中華の内と外との境界線は、中華と朝貢ではなく、**中華と外夷の間**に引かれていた。朝貢をしている国々は、天子の徳の高さを理解しており、礼儀にかなったことを行っていたため、それほど野蛮であるとはみなされなかったためだ。

中華と周辺国との関係では、周辺国の首長が王朝に帰順の意を示すと、天子は冊書をもって、その地域を治める王爵を首長に与えた。これは「**冊封**（さくほう）」と呼ばれ、首長は冊封を受けると**天子の臣下**となり、朝貢を行う義務が発生した。こうした冊封、朝貢は漢の時代以降に盛んに行われるようになり、清代まで続いた。

古代から現在にいたるまで、中国の周辺国に対する外交政策を理解するためには、この中華思想に基づいた**中国独自の世界観**を理解しておくことが不可欠であるといえる。

用語 「冊封（さくほう）」

「冊」という字は、文字を記した札をひもで束ねた形状がもととなり、この一字だけで「文書」「天子の命令」といった意味を持つ。冊封を受けた諸国は中国を後ろ盾にした政権維持が可能となり、冊封を基盤にした東アジアの秩序を日本では「冊封体制」と呼ぶ。

▶ **明による漢人中心の国家像**については P140 参照
▶ **清が目指した満洲人と漢人の共存**は P166 参照

世界を二分する「中華」と「外夷」

中華思想は礼や法を重んじる儒教の価値観に則っており、「中華＝中／尊／上」、「外夷＝外／卑／下」と位置づける。この価値観にもとづく体制は「華夷(かい)秩序」とも呼ばれる。

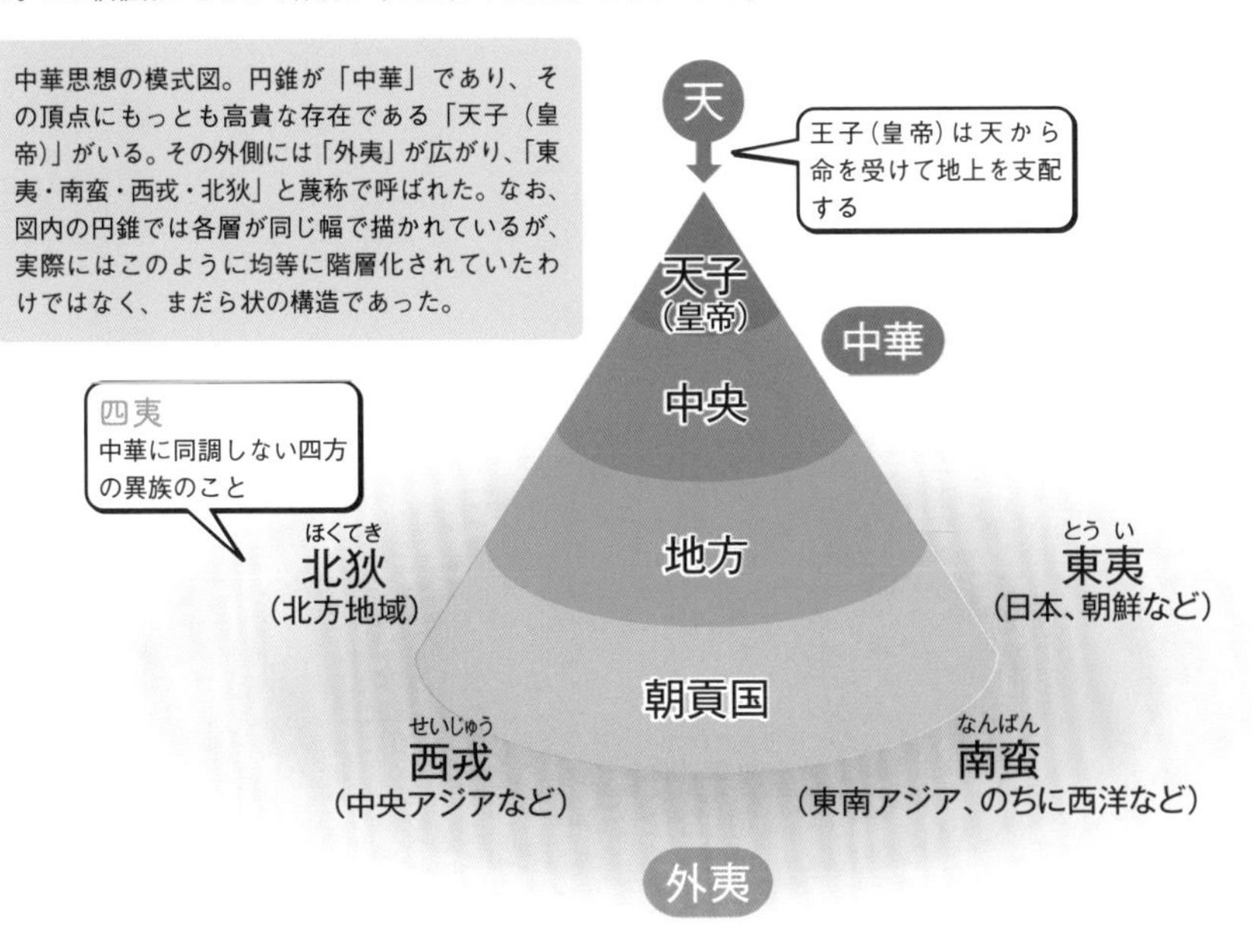

中華思想の模式図。円錐が「中華」であり、その頂点にもっとも高貴な存在である「天子（皇帝)」がいる。その外側には「外夷」が広がり、「東夷・南蛮・西戎・北狄」と蔑称で呼ばれた。なお、図内の円錐では各層が同じ幅で描かれているが、実際にはこのように均等に階層化されていたわけではなく、まだら状の構造であった。

中国深掘り

中国の文化・生活に深く根づく「十干十二支」と「五行説」

十干十二支（干支）とは、十干（甲・乙・丙・丁・戊・己・庚・辛・壬・癸）と十二支（子・丑・寅・卯・辰・巳・午・未・申・酉・戌・亥）を組み合わせた60通りで暦日や方角、時間などを表したもの。物事は60で一巡するという考え方にもとづく。殷の遺跡から出土された甲骨文字にも干支で日付を記したものが多数あり、その歴史は相当古い。干支を用いた用語として、中国では「戊戌変法（1898年)」「辛亥革命（1911年)」、日本では「乙巳の変（645年)」「壬申の乱（672年)」「戊辰戦争（1868年)」などがある。

一方、五行説は「木・火・土・金・水」という５種を用いて自然万物を説明しようとする理論のこと。歴代の王朝を五行と結びつけることで、反乱や王朝交代にも利用された。例えば、黄巾の乱は漢が「火」であることからそれに代わる「土」の黄色を身につけ、また紅巾の乱では「火」の宋王朝の再興を目指して紅（赤）を用いた。

五行説

木　火　土　金　水

➡ 次を生み出す
➡ 相手に勝る

体制2 「王」「皇帝」「天子」——称号の変遷とその意味とは？

天命思想から生まれた「天子」

中華思想で、「**天子**」は諸侯の頂点にいると位置づけられている。では、そもそも天子とは何だろうか。頂点に立つ者を指していた「**皇帝**」と、同義であると捉えていいのだろうか。

天子は、儒教の天命思想から生まれた概念であり、**天から天下を統治するように命じられた者**のことをいう。天は一つであり、天命を受ける天子も天下にただ一人の存在である。

天子は本来、儒教的な徳を通じて**諸侯から崇敬される存在**であり、武力に優れていることは必ずしも必要とはされなかった。儒教の考えにもとづいて書かれた歴史書によれば、儒教が理想とする周の時代には、天子が治める天下に軍事的な脅威が差し迫ったときには、周囲の諸侯が協力してこれに対抗したという。そして、その中でも軍事的リーダーを務めていた者は、「**覇者**」と呼ばれた。

「皇帝すなわち天子」となる

ただし現実社会においては、天下を治めるためには徳のみではなく、武力も必要とされる。事実、周の後に中原の覇権を握り中華を統一した秦は、武力によってこれを成し遂げた。

秦以前の君主が「**王**」や「**帝**」を用いたのに対し、中華を統一した**秦王政**（**始皇帝**）は歴代王朝で初めて「**皇帝**」の名を名乗った。皇帝号は秦のあと前漢に引き継がれる。前漢は儒教の天命思想を皇帝の権威づけに活用し、皇帝は武力・権力を独占した存在であると同時に、天から天命を授かった天子でもあるとした。以降、中国の歴代王朝では、「**皇帝すなわち天子**」となったのである。

なお中国では、王朝が交代することを**易姓革命**という。易姓とは「姓が易わる」、革命とは「命を革める」という意味であり、天から命を受ける王朝が代わり、皇帝の姓も変わることを指す。

用語 「易姓革命」

君主（天子）の徳がなくなれば、天命が別の君主へと革まり、姓（王朝の名）が易わるという考え方。先代の君主がほかの有徳者を見いだして平和裡に統治権を譲る「禅譲（ぜんじょう）」と、暴虐な君主を武力によって追放する「放伐（ほうばつ）」の2パターンがあった。

▶初めて「皇帝」を称した始皇帝についてはP58参照

▶3人の皇帝が並び立った三国時代はP82参照

Point

始皇帝から始まる「皇帝」という称号は、天下に一人しかいない支配者のことを示す。

「皇帝」の誕生とその変遷

始皇帝が生み出した「皇帝」号は、伝説上の「三皇五帝」(P48参照) の「皇」と「帝」を組み合わせたものとされる。その後、時代を経て「皇帝」の概念が確立していった。

「帝」と「王」

歴史書によると伝説時代や夏王朝の君主は「帝」と記され（黄帝・帝禹など）、周は「王」の称号を用いた。

「王」の凋落

春秋時代、周王を支えた諸侯の盟主は「覇者」を名乗る。しかし戦国時代に周の権威は失墜し、諸侯は各々「王」を称した。

「皇帝」の誕生

秦王政が初めて「皇帝」を名乗る。中国全土を一元的に治めるシンボルとして、「王」とは異なる新しい称号が必要だった。

「皇帝」号の継続

秦滅亡の立役者であった項羽が「覇王」を名乗った一方、その項羽を滅ぼした劉邦は、前漢を興して「皇帝」に即位。

「皇帝＝天子」の確立

前漢の時代に「皇帝＝世界に君臨する天子」という秩序が確立し、皇帝は周辺の首長に「王」の称号を与える存在となる。

並列する「皇帝」

三国時代、「皇帝＝天子」は天下に一人しかいないという価値観を破り、3人の皇帝が併存する異例の事態となる。

仏教の威光を利用

隋・唐の時代には皇帝権威に仏教が利用された。則天武后は仏教の転王の名を借りて「金輪聖王」の称号を用いた。

黄帝
神話時代の五帝最初の帝とされる。

始皇帝
生没 前259～前210
中華を統一し「皇帝」号を創出した。

前漢の武帝
生没 前156～前87
54年に及ぶ在位で「皇帝」の権威を確立。

則天武后
生没 624～705
「金輪聖王」を名乗った女帝。

「天皇」という称号をかつての中国は許せなかった!?

中華思想では、天子や皇帝を名乗れるのは天下にただ一人である。そういう意味で、皇帝の一字を用いている日本の「天皇」という称号は、中国としては決して認められないものだった。そのため中国の正式の文書では、例えば孝徳天皇は「孝徳王」、桓武天皇は「王桓武」と記されてきた。

一方、なぜ日本が自国の君主の称号に「天皇」を用いるようになったのかは不明である。中国では皇帝は王よりも上位に位置するが、おそらくそうした中華思想を十分に理解しないまま、「皇」の字を用いたのだと推察される。

江南の発展・開発と今に通じる東西格差

中原より遅れて発展した江南

漢の時代まで、中国では政治や文化のみならず経済においても、**中原**（華北）**が江南より発展し**ていた。江南は稲作に適した気候だったが、湿地が広がっていたため、**未開発の土地**が多かった。だが3世紀頃から徐々に開発が始まり、**隋**の時代に華北と江南を結ぶ**大運河**が建設されると、江南で生産された農作物を中原へと輸送するのが容易になり、江南も経済発展が進むようになる。

その動きは**宋**の時代になると一層加速した。**土木技術と栽培技術の発展**により、低湿地だった土地の大規模な水田化が可能になったためだ。その生産力の高さから、「**蘇湖熟すれば天下足る**」（蘇湖とは長江下流の地域のこと）と言われるほどになった。また漢の時代には華北に偏っていた中国の人口比率も、宋の時代になると逆に江南が華北を圧倒するようになった。

南北に代わり東西問題が浮上

しかし華北と江南の人口比率は、元代の13世紀末をピークに徐々に江南の比率が下がり始める。ただし、これは江南の衰退と華北の発展を意味しているのではなく、南北格差の問題に代わって、**東西格差の問題**が新たに浮上してきたことによるものだ。

特に16世紀に大航海時代が始まると、中国も日本やヨーロッパとの貿易が盛んに行われるようになり、中原、江南を問わず、東側に位置する**沿海部の地域の発展**が顕著になる。一方で中国の内陸部、つまり西側はその発展から取り残されることになった。

この東西格差の構図は、今にいたるまで続いている。現在、中国の人口の約9割は東側に集中しており、沿海部の都市住民と内陸部の農民との**所得格差は3倍以上**に達しているといわれる。

Point

古代以降の南北格差は江南の開発で解消するも、大航海時代以降の東西格差は現在も続く。

用語「江南」

長江下流域や長江以南を指す言葉。広義には淮河以南の華中を漠然と指すこともある。春秋戦国時代には楚や呉、越が興るが、争覇の地は中原であり、江南は外夷として認識されていた。江南に首都を置いた王朝には三国時代の呉、南宋、明（初期）などがある。

▶ 宋代の大規模な江南開発は P118 参照
▶ 現代中国の経済発展は P212 参照

江南地方の開発と発展の歴史

長い時間をかけて開発が進んだ江南。中原と江南の人口は秦の時代には9倍近い差があったが、唐末には同等の人口比となり、宋代には江南の人口のほうが多くなった。

江南開発の歴史

呉 三国の一つである呉が建業（今の南京）を都にする

南朝 東晋以降、3世紀にわたり建康（南京）を都にした南朝政権が続く。北方の戦乱を逃れた人々が江南に移住し開発が進む

隋 江南の穀物を華北へ輸送するため、煬帝が大運河Ⓐを築く（P92参照）

唐 揚州・広州などの港湾都市が発展。唐末には華北と江南の人口が並ぶ

南宋 都が臨安（今の杭州）に移され、長江下流域Ⓑで大規模な新田開発が進む

元 大運河が改修・開削されⓒ、杭州から大都（北京）まで結ばれる（P131参照）

明 新田開発が進み、稲作の中心地が長江下流から中流に移るⒹ
かつて水田だった長江デルタⒺは絹と木綿の一大産地となる（P152参照）

現代中国の東西格差

元や明の頃から港湾都市の発展によって、沿海部と内陸部に格差が生じるようになった。時代は下り20世紀後半以降、沿海部の都市は工業化や外国資本の導入で著しい経済発展を遂げた一方、内陸部は成長から取り残されている。右図は省・市・自治区の一人当たりGDPを示したもので、GDPの高い地域が沿岸部に集中していることがわかる。

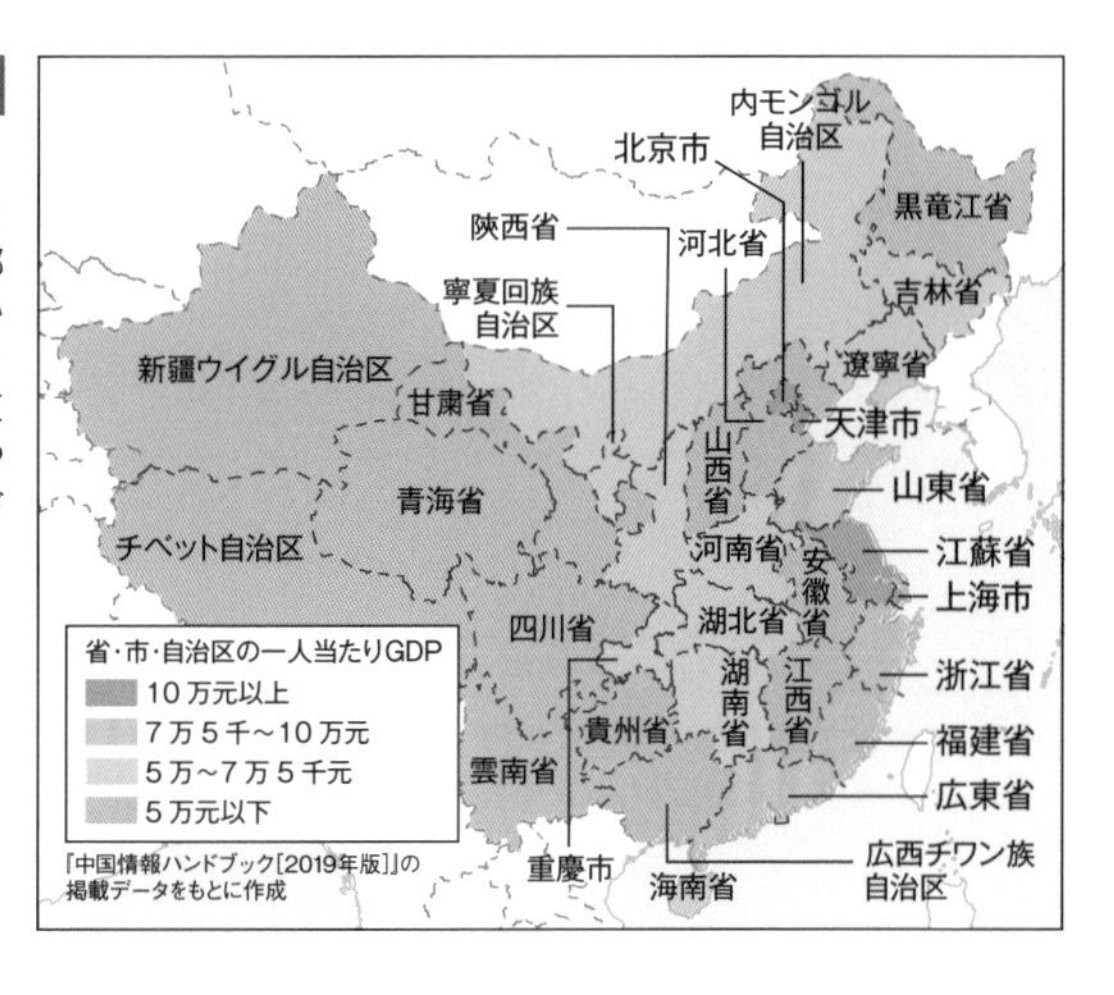

「中国情報ハンドブック[2019年版]」の掲載データをもとに作成

中国社会の基底をなしてきた「士」と「庶」の二元構造

門閥貴族が幅を利かせた時代

中国社会は「士」と「庶」の**二元構造**になっているとよくいわれる。「士」とは**指導者層**のこと、「庶」とは**被支配者層**のことを指す。ただし「士」の中身は、時代によって変化してきた。

3世紀頃の三国時代から唐の時代まで、「士」とは**門閥貴族**たちのことだった。門閥貴族が形成されたのは漢代のことである。漢では儒教を修めた徳の高い者が官僚として出世していくシステムだったが、出世をした家の子どもは高い教育を受けられるため、やはり出世をしやすくなる。こうして高官を輩出する家庭が固定化され、やがて**家柄**でその者の評価がなされるようになった。

一方、漢代末期は寒冷化の影響で作物の収穫量が落ち込み、庶民の生活は非常に苦しくなった。「士」である貴族たちは、「庶」をさげすみ、経済格差だけでなく、**貴賤の格差**も広がっていった。

科挙導入後も構図は変わらず

門閥貴族たちは家柄の良さを背景に**権勢を振るう**ようになり、彼らを掌握するのは皇帝でさえも困難となった。これは皇帝にとっては、当然望ましいことではなかった。そこで隋の時代に採用されたのが、出自を問わず誰でも受験でき、合格すれば官僚に採用され、士大夫（士）として遇される「**科挙**」の制度だった。科挙の制度は宋の時代になってから、本格的に機能するようになる。

だが科挙の導入も、「士」と「庶」の格差解消にはつながらなかった。科挙に合格すれば、様々な特権が与えられ、親族も恩恵を受けた。「士」と「庶」は異なる衣冠をまとい、「庶」は外で「士」と出会ったならば、道を譲らねばならなかった。結局「**士」が威張り、「庶」をさげすむ構図**は変わらなかったのだ。科挙は清代末期まで続き、中国の社会構造に大きな影響をもたらした。

Point

中国では、貴族や科挙合格者などエリート層が庶民を支配する社会構造がずっと続いてきた。

用語　「門閥貴族」

大土地を所有し、代々世襲によって特権的な地位を受け継いだエリート階層のこと。彼らは政治的には王朝の要職を独占し、文化的には文人として高い教養を誇る知識階級であった。隋唐代に科挙が始まったのちも、しばらくは高い地位を維持したと考えられている。

▶ **門閥貴族の成り立ちとその文化**についてはP88参照
▶ **科挙の制度と受験の厳しさ**についてはP102参照

「士」と「庶」の二元構造が解消されない理由

門閥貴族の権勢を削ぐために科挙が導入されたが、今度は科挙合格者が「士」(士大夫)を形成したため、エリート/非エリートという二元構造が解消されることはなかった。

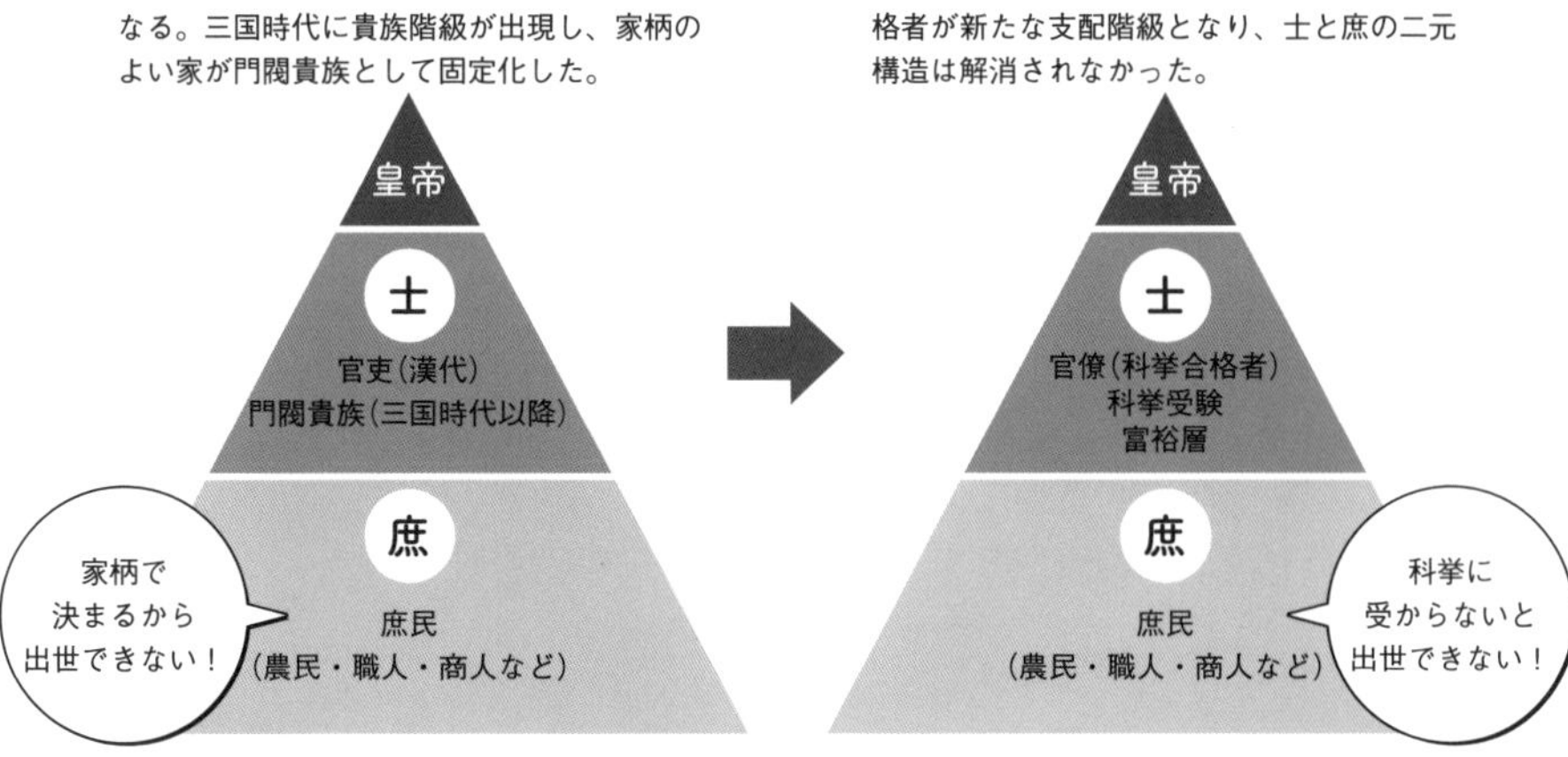

中国深掘り

中国の氏名は難しい!?「姓・諱(名)・字」の違いとは?

中国の歴史上の人物の名前は、「姓(せい)」と「諱(いみな)(名(な))」と「字(あざな)」より成り立っている。例えば『三国志』で有名な劉備玄徳(りゅうびげんとく)の場合、「劉」が姓、「備」が諱、「玄徳」が字である。このうち諱は親がつけた名のこと。また字は成人してから自分でつけた呼び名のことである。諱で呼ぶのは失礼なこととされた。だから「劉備玄徳」のように、姓・諱・字を続けて呼ぶことはありえない。

劉(りゅう) 備(び) 玄(げん)徳(とく)

姓
日本と同様、一族や血縁集団を示す名称。中国では歴史的に、夫婦で別姓を用いる。

諱(名)
親がつける実名。実名は口にすべきではないという考えがあり、諱で呼ぶことは極めて失礼とされる。

字
通り名のことで、成人以降は字で呼ばれることが通例だった。現在の中国では法律的に字は廃止されている。

なお皇帝の場合は諡号(しごう)といって、死後は生前とは違う名前で呼ばれた。例えば漢の武帝の姓は「劉」、諱は「徹」、諡号は「孝武皇帝」である。

文化1

2500年の歴史を持つ儒教が中国にもたらした影響とは？

漢の時代以降、官学化する

儒教は、前5世紀頃の春秋時代に成立した孔子(こうし)を始祖とする中国最古の思想の一つである。この時代には儒教の影響を受け、道家(どうか)や墨家(ぼっか)など様々な思想が生まれ、**諸子百家**(しょしひゃっか)といわれる状況が創出された。儒教の特徴は、「神のもとの平等」を説くキリスト教的な世界観とは異なり、人間関係には上下があることを前提とした上で、「**礼**(れい)」や「**仁**(じん)」など、人としての有り様や、人との関わり方を説いていることである。また、**天命を受けた天子**が、天下を統治している状態を理想と考えた。

この儒教を統治手段として採用したのが、前漢だった。人心をつかみ、皇帝への求心力を高める上で、儒教が説く**天命思想**は好都合だったのだ。以降は儒教が**官学**となり、ほかに対抗する思想がなくなったことから、単に「教」ないしは「名教」といえば、儒教を指すようになった。

儒教重視、技術軽視の価値観

中国では学問分類の方法として「**四部**(しぶ)」が伝統的に用いられてきた。四部は序列最上位の「**経**(けい)」（儒教の注釈書）、第二の「**史**(し)」（歴史書と地理書）、第三の「**子**(し)」（儒教以外の思想）、第四の「**集**(しゅう)」（文学や医学、工学などその他）に分けられ、**エリート層は「経」と「史」を学ぶ**ことが必須とされた。ここでいう「史」とは儒教的価値観にもとづいて書かれた歴史書のことを指しており、儒教がどれだけ学問の中心に置かれていたか、また工学や医学などの技術がエリート層からいかに軽視されていたかがよくわかる。

宋代になるとエリート層によって、もともと儒教が持っていた「**中華と外夷**」「**士と庶**」といった概念をより先鋭化した**朱子学**(しゅしがく)が成立。そして世界を上下二つに分けるこの価値観が、エリート層の生活習慣のレベルにまで浸透していった。

人物　孔子　**生没**　前551頃～前479

春秋時代の魯国の出身。魯は小国ではあったが周王朝の古い儀式・儀礼がよく残っており、孔子はこうした礼儀作法を根底に、過去にあった理想社会の復興を目指した。そのため儒教の価値観には「進歩がよい」という考え方はなく、過去に重きが置かれている。

▶ **儒教と諸子百家の成り立ち**についてはP54参照
▶ **儒教的価値観と歴史書との関係**はP68参照

Point

中国では「学問＝儒教」のことであり、その教えが王朝や社会構造の基盤となってきた。

官学となり発展する儒教

中国では清末の20世紀まで「学問＝儒教」という状況が続き、その理論は時代によって変遷してきた。

春秋戦国

儒教の起こり

- 孔子が仁と礼を根底とする理想国家の実現を説く
- 孟子が性善説にもとづく徳治主義を、荀子が性悪説にもとづく礼治主義を説く

秦

始皇帝による弾圧（焚書坑儒）

漢

儒教の官学化

- 経典を研究する「五経博士」の設置
- 経典内の字句の解釈や説明を行う「訓詁学」が起こる

唐

訓詁学の集大成

- 孔穎達の『五経正義』によって、流派により分断していた経典の解釈が統一される
- 解釈が固定化され、学問としての発展は阻害される

宋

宋学（朱子学）の成立

- 周敦頤は訓詁学を批判し、宇宙を成り立たせている原理や人間の本性を究明することの大切さを説く
- 朱熹（朱子）が儒教の精神に立ち返り、「華夷」の区別や「大義名分論」を説く

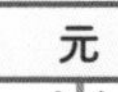

元

一時、科挙が停止され儒者は冷遇される

明
清

陽明学と考証学

- 朱子学が明の官学となる
- 一人ひとりの道徳や倫理を重視し、思想と実践は一致させるべきだと考える「陽明学」が起こる
- 清代には、文献を実証的に研究する考証学が広がる

「孔子行状圖解」より

孔子
多くの弟子をとり教えを説く孔子（中央奥の人物）。

朱熹（しゅき） 生没 1130 ～ 1200
孔子や孟子の教えを重視し、朱子学を大成させた。

中国から日本へ

中国から見ると日本の儒教は儒教じゃない!?

徳川幕府が儒教（朱子学）を官学として採用して以来、日本でも儒教は盛んになっていった。だが日本では科挙（合格するためには儒教に精通する必要があった）は採用されず、「中国が世界の中心である」とする中華思想に対する理解も低かった。

現代でも『論語』は人気だが、一般にはこれを人間学を学ぶ書として読んでいる。儒教思想の圧倒的な影響下にあった朝鮮半島とは異なり、日本は中国を崇敬しておらず、それが明治期以降の対中政策にも、顕著な形になって表れたといえる。

昌平坂学問所
江戸時代に正学である朱子学を教えた昌平坂学問所（現・湯島聖堂）。

文化2

なぜ東アジアの国々は漢字を取り入れたのか？

漢字のルーツは殷の甲骨文字

中国、朝鮮半島、日本、ベトナム……。これらの地域の共通点は、現在にいたるまで、もしくは過去に**漢字**を使用してきたことだ。

漢字のルーツは、実在が確認されている中国最古の王朝である殷王朝が用いていた**甲骨文字**である。殷では国事を占いによって決定しており、甲骨文字とは、その結果を亀の甲羅や獣の肩甲骨に記したものである。

やがて周の時代になると、甲骨文字は漢字へと発展していった。さらに漢字は、占いなどの祭祀だけでなく、行政文書としても用いられるようになる。書体も、**篆書**（実印などに使用されている書体）や**隷書**から、現在でも使われている**楷書**や**行書**、**草書**へと発展していった。また、漢字を書くという行為を美的に追究する「**書**（書道）」という独自の芸術も生み出されていった。

周辺地域も漢字を受容

漢字の存在は、「**一つの中国**」を形成する上でも、大きな役割を果たしたと考えられる。話し言葉としての中国語は、例えば華北と華南とでは外国語と言ってもよいほど**地域によって大きく異なる**。漢字があったからこそ、多元的な中国が一つにまとまることが可能になったといえる。

一方、漢がその勢力圏を朝鮮半島やベトナムにまで拡大し、日本にも影響力を及ぼしたことで、漢字は周辺地域にも広がっていった。周辺地域にとっても中国の進んだ法制度や文化を移入するには、**漢字の受容**は不可欠だった。8世紀初頭に日本が大宝律令を完成させることができたのも、漢字世界に属しており、当時の唐の律令を理解し、それに倣うことができたからである。そういう意味で漢字は、現在も一定のまとまりを持つ**東アジア文化圏の構築**に大いに寄与したのである。

Point

漢字は東アジア文化圏の共通フォーマットとなり、政治制度や文化の流入に役立った。

用語　「書（書道）」

書の誕生は、紙と毛筆の普及により、素早く書ける行書や草書が一般化したことが大きく影響する。その後、南北朝時代の門閥貴族出身である書聖・王羲之などによって芸術としての書が確立し、書はエリート層（士や士大夫）の嗜みとなった。

▶ **始皇帝による漢字の統一**は P58 参照
▶ **日本における中国の政治制度の導入**については P106 参照

漢字の成り立ちと書体の展開

話し言葉としての「中国語」は北京語、広東語、上海語など多岐にわたり、発音や文法も異なっている。それが漢字という共通フォーマットを用いることで、一つの言語として成り立っている。時代を経て様々な書体が派生し、それと同時に文字に美しさを見いだすカリグラフィーとしての書道が発達した。

殷
甲骨文字

亀の甲羅に刻まれた甲骨文字が漢字の元となる。

周
金文

青銅器などに刻まれた文字で、権力誇示や呪術的な意味合いで複雑な文字が多かった。

秦
篆書（小篆）

隷書以前の書体を篆書といい、中でも始皇帝が統一した文字を小篆と呼ぶ。

漢
隷書

紀元前３世紀頃に誕生し、後漢の２世紀頃に完成する。行政文書などに用いられた。

楷書

三国時代に生まれ、唐代に完成した書体。一画一画を区切って書かれる。現在の活字のモデルとなる。

行書

隷書を素早く書くために紀元前２世紀頃に発生したとされ、紙の普及とともに一般化する。

草書

発生や普及は行書と軌を一にする。字の崩し方は人により多彩で、判読が困難なことも多い。

王羲之（おうぎし）著
「蘭亭序」（部分）

書聖と評価される王羲之(303〜361)。彼は書家であるとともに画家でもあり、書と絵を組み合わせた書画の世界を開拓した。

中国深掘り

「簡体字」と「繁体字」、同じ漢字でも２種類あるのはなぜ？

現在の中華人民共和国で使われている漢字は「簡体字（かんたいじ）」である。従来の漢字は画数が多く煩雑すぎるという理由から、1949年に中国共産党の判断で、偏や旁を省略するなどして簡略化したものだ。例えば「漢」は、簡体字では「汉」と書く。当時はさらに、漢字自体を廃止して表音文字に移行することも検討されたが、それは実現しなかった。

一方、従来使用されていた漢字を「繁体字（はんたいじ）」といい、現在では台湾や香港、マカオなどで使用されている。台湾でも1950年代に漢字を簡略化しようとする動きがあったが、反対派の声のほうが勝り、今でも繁体字が用いられている。

簡体字	繁体字	日本の漢字
学	學	学
华	華	華
关	關	関

儒教・道教・仏教が混在した中国の信仰のあり方とは？

儒教は宗教ではない!?

儒教をめぐって議論になるのが、「**儒教は宗教か否か**」という問題である。確かに中国では古くから、儒教にもとづいた祖先崇拝などの宗教儀礼は行われてきた。ただし儒教には「**天**」の概念はあるものの、超越的な神は設定されていない。儒教思想の関心の中心は、**現実世界をいかに生きるか**ということであり、西洋的な概念から見たときには、宗教とはいいがたい面がある。

中国では儒教とは別に、民間レベルでは**道教**も宗教的な役割を担ってきた。道教は**無為自然**を理想とした老子と荘子を創始者としており、本来は思想・倫理というべきものである。それが時代を経るうちに、中国土着の様々な**民間信仰**の要素を取り入れながら宗教的な色合いを強めていった。道教が関心を寄せるのも現世であり、その教えは**現世利益**的な側面が強い。

中国風に変えられた仏教

さらに中国では南北朝時代から隋、唐の時代にかけて、**仏教**が興隆を極めた時期があった。インドで生まれた仏教は、現世に生きることを苦と捉え、解脱によって輪廻から解き放たれることを目指したものだった。それが道教的な宗教観が根づいている中国に輸入されると、むしろ**現世を肯定的に捉える教え**が加えられるなど、その受容の過程で中国色の強いものへと変容していった。

中国では儒教と道教と仏教の「**三教合一**」という言い方がされる。歴史的に三教は互いに影響を与え合っており、一つの寺に道教の神と仏教の神、さらには民間信仰系の神が一堂に祭祀されているケースも多い。民間信仰も加わって、それぞれ異なる思想的背景から生まれたものであるにもかかわらず、それが**ないまぜになって受容**されてきた点が、中国の宗教・信仰の特徴といえる。

Point

民間レベルでは、儒教・道教・仏教がないまぜになった「三教合一」が一般的な信仰になった。

用語 「道教」

仙人になり不老不死の術を手にすることを願う神仙思想を中心とする。三国時代の関羽を神格化した関帝から門や竈の神まで、信仰の対象とする神は多岐にわたる。また、神社でのお守りやお札、七五三や節句、太極拳などは道教の信仰をもとにする。

▶ 中国への仏教伝来についてはP90参照
▶ 白蓮教が中心となった紅巾の乱はP134参照

儒教・道教・仏教の関係性

歴代王朝は儒教を正統としてきたが、道教や仏教を国教とする王朝も存在した。一方、民間では三教が入り交じり信仰の対象となっている。

祖先崇拝や
国家安寧など
教えに共通性がある

儒教

- 特定の神を信仰していない（その点で宗教ではない）
- 漢代に官学となり、その後の王朝でも保護される
- エリートが身につけるべき学術として発達

三教合一

道教

- 「道」「無為自然」が信仰の根幹となる
- 北魏の太武帝は道教を国教とする
- 他国への移民者（華僑・華人）に強く信仰される

仏教

- 南北朝時代に普及し唐代に発展を遂げる
- 梁の武帝や隋の文帝は仏教国家建設をめざす
- 儒教や道教と習合して「仏道」が生まれる

互いの優位性を争う。
道教教団が
仏教を弾圧

懸空寺（けんくうじ）（山東省大同）
北魏時代に建造された三教を信仰する寺院。孔子・老子・釈迦の塑像を祀っている。

媽祖像（まそ）
媽祖は道教の女神で航海や漁業の守護神。観音菩薩に習合され、黄檗宗の寺に祀られることもある。

首都

王朝の首都が何度も移転を繰り返したのはなぜか？

唐までは長安と洛陽が首都に

中国の歴代王朝は、**長安**（**西安**）、**洛陽**、**開封**、**北京**など、様々な都市に首都を置いてきた。これは当然、国を統治していく上で、その地が最適であると判断してのことだった。

特徴的なのは、周から始まり、秦や漢、隋や唐までの王朝は、いずれも黄河中流域の**長安**ないしは**洛陽**を首都に定めたことである。長安も洛陽も、中原に広がる**華北平原の西端**に位置している。この地域の北には遊牧民が暮らす草原地帯が広がっており、彼らが中原へと侵入してこないか、目を光らせることが可能な場所だった。また中でも長安は、**シルクロードの起点**に位置づけられており、西方の国々と交易をしていく上でも、これ以上ない場所と言えた。つまり**三つの地域が重なり合う要衝**であったことが、唐までの王朝が長安や洛陽に都を構えた大きな理由であった。

開封を首都に定め繁栄した宋

唐が滅亡した後、五代十国時代を挟んで中華を統一した宋が首都に選んだのは、長安、洛陽よりも東に位置する**開封**だった。開封は、隋の時代に江南と中原を結ぶ大運河が建設されて以来、**大運河と黄河が交わる交通の要所**となっており、宋代に入ると、**江南が穀倉地帯**として発展したため、さらに重要性が増していた。開封を首都に定めた宋は、経済的に大いに繁栄した。

続いて元が首都に選んだのは**北京**（**大都**）だった。遊牧民出身である元にとって北京は、北方の草原地帯に近く、遊牧地帯と農耕地帯の**両者を統治**する上で魅力的な場所だった。また元代には**江南と北京を結ぶ運河**も建設され、江南との物資の輸送も確保できることとなった。こうして北京は大都市となり、続く明も首都を南京から北京に遷都。清も北京を首都に選んだのだった。

Point

歴代王朝は国内外の情勢を見極めた上で、国を統治するために最適な都市を首都に定めた。

用語 「洛陽」

黄河支流の洛水（河）に面した都市。周代に洛邑が築かれて東遷後の都となり、その後も後漢など王朝の首都となった。なお、平安京では左京が洛陽城、右京が長安城と呼ばれ、右京が衰退したことから洛陽が京都の代名詞となる。「洛中洛外」の用語はこれに由来する。

▶ **唐代における長安の発展**は P100 参照
▶ **元の首都となった大都**については P131 参照

王朝により遷都を繰り返した首都

歴代王朝の首都の変遷は、唐までの長安・洛陽、五代や北宋の開封、南宋以降の臨安・金陵、元以降の北京に大きく分けることができる。各時代の外交や経済事情に応じて首都が選ばれてきた。

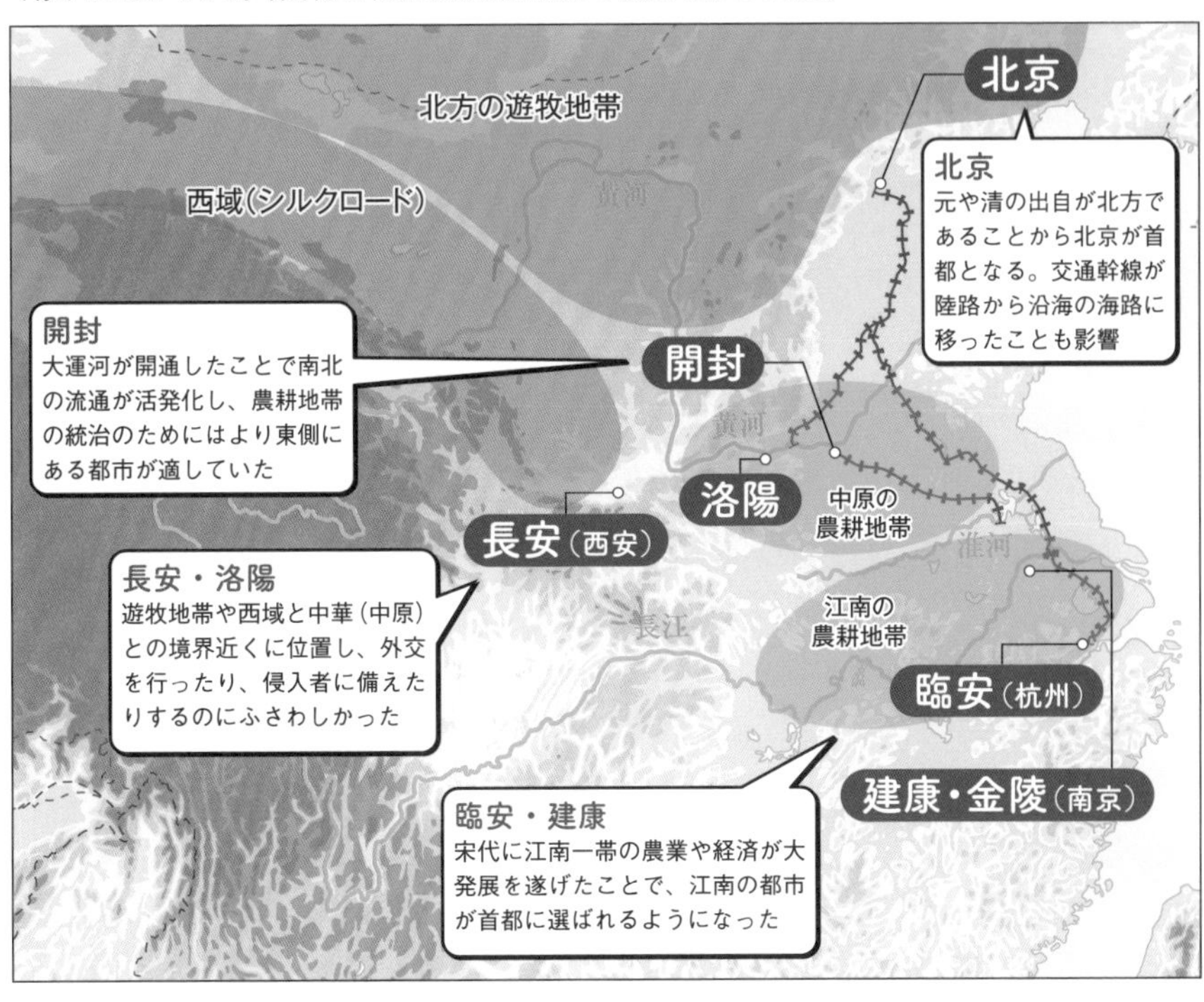

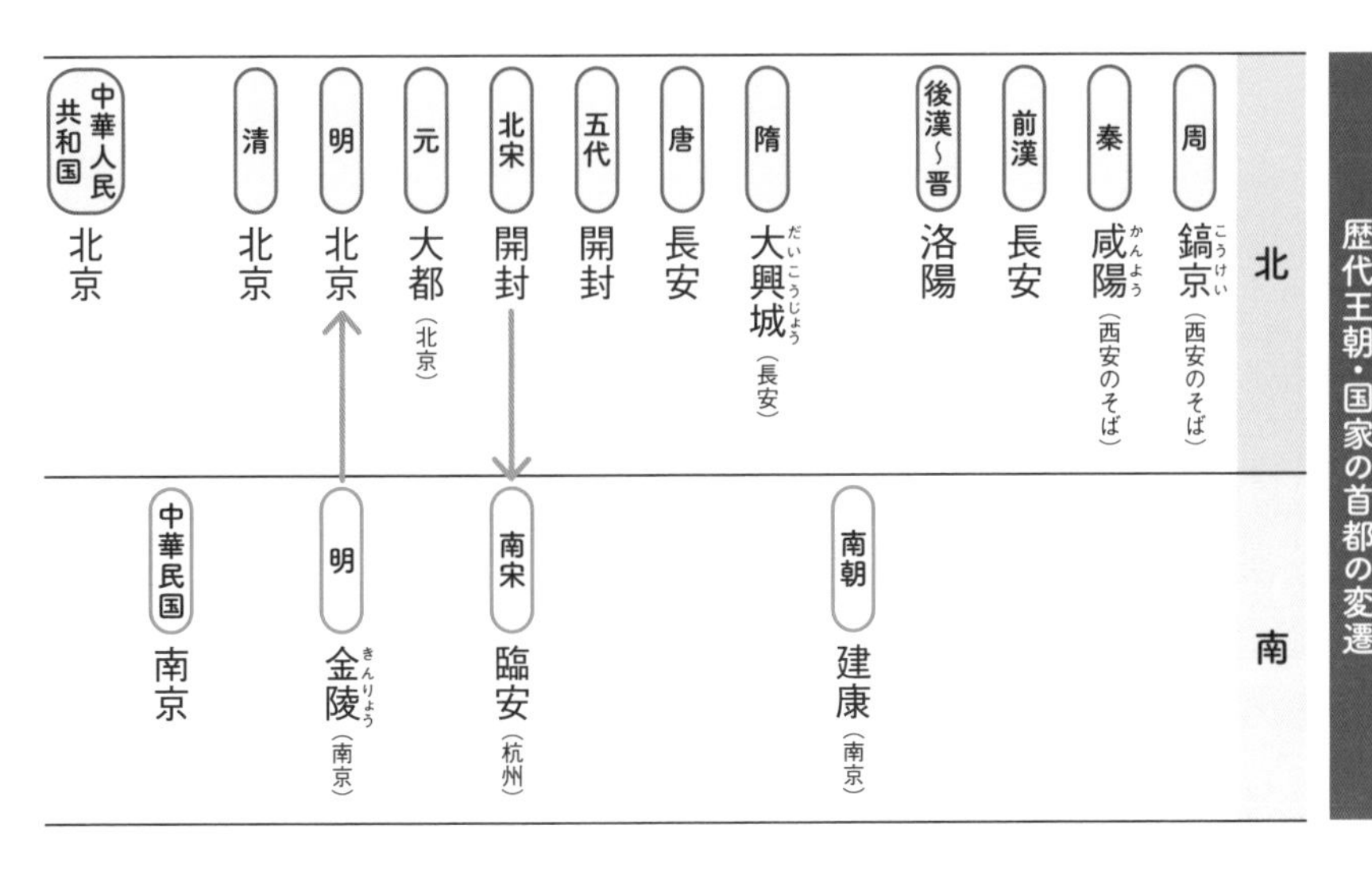

中国世界遺産ガイド

自然遺産

映画「アバター」の舞台のモデルにもなった。

① 武陵源の自然景観と歴史地域

湖南省張家界市

標高800〜1300mの山岳地帯に高さ100〜400mの奇岩が3100本以上、林立。植物相も豊かで、2000余の絶壁や全長5700mの渓流など、山水画のような風景が広がる。

② 中国丹霞 | 貴州省、福建省など

中国南西部の六つの省に、赤い堆積層が浸食された地形が点在。特に顕著な6カ所9件が制定された。自然石柱や、赤い岩壁を流れ落ちる無数の滝などがある。

泰寧の丹霞・竜虎山・丹霞山は世界ジオパークにも指定。

三つの川は、近いところでそれぞれ18kmと66kmまで接近している。

③ 雲南三江併流の保護地域群

雲南省デチェン・チベット族自治州・怒江リス族自治州

チベットとミャンマーの国境付近、山岳地帯の深さ3000mの渓谷を、長江上流の金沙江・メコン川上流の瀾滄江・サルウィン川上流の怒江が、170kmにわたって並行して流れている。

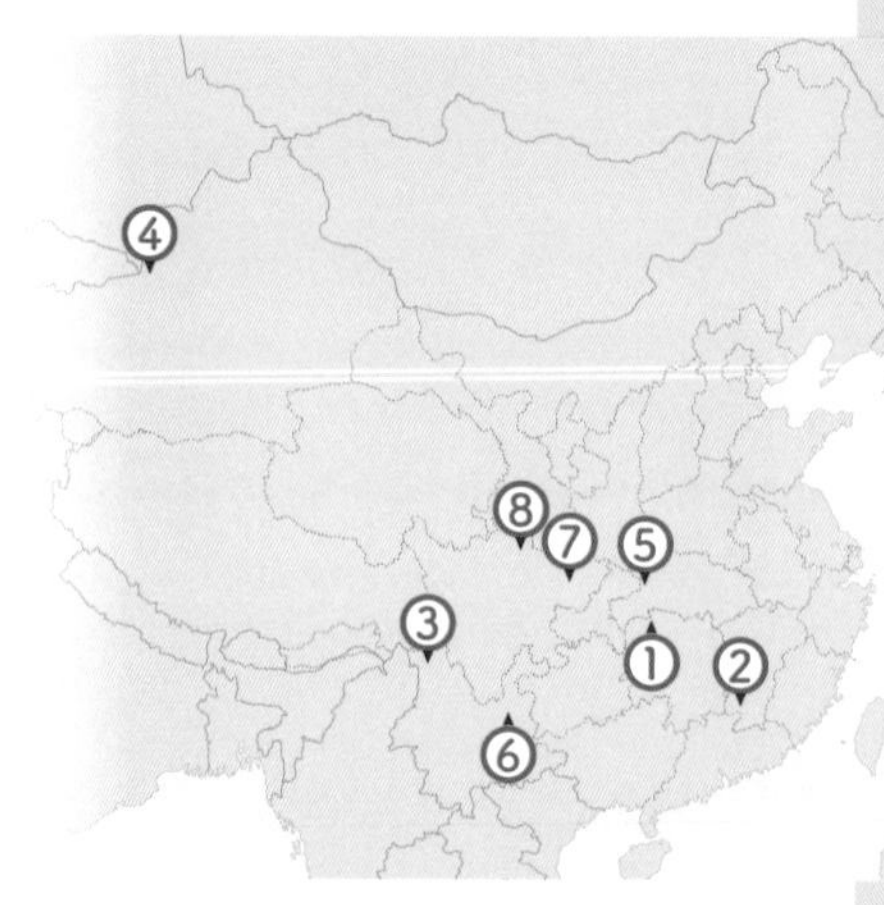

④ 新疆天山 | 新疆ウイグル自治区

中国・キルギス・カザフスタンにまたがる全長2500kmの天山山脈のうち、新疆ウイグル自治区内の4つの地区を指す。高山・氷河・森林・草原・赤い岩肌の渓谷など、多様な自然美がみられる。

ボグダ山の標高1907mにある氷河湖・天池

⑤湖北省の神農架（しんのうか）

湖北省神農架林区

古代の三皇の一人で医学と農業の神・神農が、薬草を摘んだという聖地。孫悟空のモデルといわれるキンシコウなど、多くの絶滅危惧種が生息する野生動物や植物の宝庫。

世界で最も完全な植物の垂直分布がみられる。

⑥中国南方カルスト

雲南省石林など

中国南部に広くみられる多様なカルスト地形のうち、特に優れた自然美を有する景勝地。無数の岩がそびえる石林や、特有の孤峰が林立する桂林（広西チワン族自治区）などがある。

中国南部のカルスト地形は約55万 km^2。

ジャイアントパンダなど、絶滅危惧種の動物も生息。

⑦黄龍（こうりゅう）の景観と歴史地域

四川省アバ・チベット族チャン族自治州松潘県

標高5588mの雪宝頂を含む玉翠山の麓に広がる湖沼群。3400ものエメラルドグリーンの池が段々畑のように連なり、湖沼群が頂上に向かって昇る巨大な龍の鱗のように見える。

沈んだまま腐らない倒木が横たわっている五花海。

⑧九寨溝（きゅうさいこう）の渓谷の景観と歴史地域

四川省アバ・チベット族チャン族自治州九寨溝県

岷山山脈のカルスト台地に広がる神秘的な秘境。四つの渓谷からなり、原生林には100以上の湖沼や瀑布が点在し、総面積は720km^{2}に及ぶ。九つのチベット族の村落がある。

第2章 「中国」の始まり

古典文明 殷 周 春秋戦国 秦 前漢 新 後漢

時代	年代	出来事
古典文明	前5000頃	黄河中流域で仰韶文化が生まれる P44 長江下流域で河姆渡文化が生まれる
	前4700頃	中国東北部に紅山文化（遼河文明）が生まれる
殷	前1600頃	邑制国家から殷が成立 P46
	この頃	卜占で甲骨文字を使用
周	前1050頃	殷が滅び、周が建国される
春秋	前770	平王が都を洛邑（洛陽）に移す 春秋時代が始まる P50
	前500頃	孔子が儒教を説く。諸子百家が花開く P54
	前403	晋が趙・魏・韓に分裂
戦国	前403	趙・魏・韓が諸侯となる 戦国時代が始まる P52
	前256	秦が東周を滅ぼす
秦	前221	秦が中華統一。秦王・政は始皇帝を名乗る P58
	前213	焚書坑儒が行われる
	前210	始皇帝が死去
	この頃	始皇帝陵（兵馬俑）が建設される P60
	前206	秦滅亡。項羽と劉邦が争う（～202） P62

「中国」は、古典文明が誕生した世界で最も古い地域の一つである。前5000年頃、黄河や長江流域に文明が芽生え、前16世紀、黄河流域に**殷**が成立。その後、**周**（**西周**）が勢力を拡大し、中原を制した。

前770年に**周**（**東周**）が遷都すると、群雄が割拠する**春秋・戦国時代**が始まり、春秋五覇や戦国の七雄と呼ばれる有力諸侯が台頭し、儒教を始め諸子百家が隆盛した。

七雄から台頭し、前221年に初めて中華を統一したのが**秦**の始皇帝だった。しかし急進的な政治は反乱を招き、わずか15年で秦は滅亡。項羽との楚漢戦争を制した劉邦が**漢**（**前漢**）を興し、武帝の時代に最盛期を迎える。その後、一度滅んで新が興るが、**後漢**として再興。漢の時代は約400年続いた。

前漢	前202	劉邦（高祖）が漢王朝を建てる P64
前漢	前154	呉楚七国の乱が起こる
前漢	前136	五経博士が置かれる（儒教の官学化） P66
前漢	この頃	武帝による匈奴対策
前漢	前111	武帝、南越を征服
前漢	前97	司馬遷、『史記』を完成（前91年説あり） P68
前漢	前33	和睦のため王昭君が匈奴に嫁ぐ
前漢	前2	仏教伝来（後67年説あり）
新	後8	王莽が漢を滅ぼして新を建てる P70
新	18	赤眉の乱が起こる
新	22	劉秀が挙兵 翌年、王莽を倒す
後漢	25	光武帝（劉秀）が漢を再興
後漢	94	班超が西域諸国を服属させる
後漢	105	蔡倫が製紙法を改良
後漢	166	大秦（ローマ帝国）の使者が日南郡（ベトナム）を訪れる
後漢	184	黄巾の乱が起こる

文明の幕開けを告げる 大河が育んだ黄河・長江文明

人類が中国大陸に到達

約200万年前、アフリカで進化した**原人**（**ホモ・エレクトス**）は数十万年かけて中国大陸にたどり着いた。北京近郊の周口店で発見された**北京原人**はこの流れをくんだものだ。次いで約10万年前、同じくアフリカで**現生人類**（**ホモ・サピエンス**）が生まれ、10万年前には中国に到達していたといわれる。湖南省の洞窟からはジャイアントパンダなどの骨と共に、8万年以上前の現生人類のものと思われる47本の歯も見つかっている。

やがて中国人の祖先は農耕を始め、石器や土器を用いて定住するようになった。新石器時代の到来である。乾燥している**黄河流域ではアワやキビ**、温暖な**長江流域では稲**が栽培され、各地で家畜として豚、犬、羊などが飼われていた。それぞれの地域が生産力を背景に、農耕社会として固有の文化を確立させていったのである。

複数ある中国古代文明

黄河中流域で育まれた**黄河文明**では前5000年頃、彩文土器（彩陶）に代表される**仰韶文化**が、前3000年頃には黒陶が特徴的な**竜山文化**が誕生した。

長江流域の**長江文明**は稲作を基盤とし、下流域で前5000年頃から**河姆渡文化**が、前3000年頃から**良渚文化**が発展。日本への稲の伝播もこの地域からといわれる。また上流域の**三星堆遺跡**からも、他地域とは趣の異なる青銅器が発掘された。さらに中国東北部の遼河流域でも前4700年頃に、龍をかたどった玉器などを作った**紅山文化**が生まれ、**遼河文明**と呼ばれている。

世界の古代文明といえばかつてはエジプト・メソポタミア・インダスと並んで黄河文明が数えられたが、現在は長江文明・遼河文明もあわせ、中国文明と称されるようになりつつある。

Point

中国に到達した現生人類は、石器や土器を用い、農耕を行いながら定住。古典文明を生んだ。

用語「北京原人」

1927年、スウェーデンの地質学者・アンデショーンらによって発見され、一時はアジア人の祖先と考えられた。しかしその後、アフリカに起源を持つ原人の一つが何らかの理由で絶滅したもので、現在の人類（現生人類）の直接の祖先ではないことが判明する。

文明の幕開けとなった黄河文明・長江文明・遼河文明

日本の国土の約26倍もの広さの中国大陸には、古代から農耕民・遊牧民、狩猟民が暮らし、黄河文明のほかに、長江文明、遼河文明などの古代文明が影響し合っていたと考えられている。

古典文明を育んだ黄河

仰韶文化の彩文土器

紅山文化の玉龍

三星堆遺跡の縦目（たてめ）仮面

古典文明の場所と領域

中国深掘り

古代の中国には黄河流域に象がいた!?

黄河の南に位置する河南省（かなんしょう）。その安陽市（あんようし）にある殷（いん）王朝の遺跡・殷墟（いんきょ）から、象牙の杯や象をモチーフにした青銅器が発掘された。また、占い等で用いられた甲骨文字からも象に関する記録が確認された。何より鼻の長いフォルムそのままの字の形を見れば、当時の人々が実際に象を目にしていたことが実感として理解できるだろう。黄河流域にいた野生の象はその後、気候の寒冷化などにより南下した。現在の中国国内では、雲南省シーサンパンナなどの保護区で生息するのみだ。

象尊
像の身体に龍・鳳凰（ほうおう）・虎などの文様がある。
湖南省博物館蔵

甲骨文字の「象」

その時日本は？
［前3000年頃］縄文時代中期。縄文文化が最盛期を迎え、火焔型土器などが作られた

2000	1950	1900	1800	1600	1400	1200	1000	800

中華人民共和国	中華民国	清	明	元	金 南宋	遼 北宋	五代十国	唐

祭祀で支配した最古の王朝・殷と宗族を重んじた周

史上最古の王朝・殷

大河の流域に集落ができ、**都市**（邑）が形成され、やがて都市連合の邑制国家が発展した。

その中から前16世紀、商という大邑がほかの邑を服属させ、黄河文明の中心地・中原で、**邑制国家・殷**（商）が成立した。殷王は祭祀を最も重要な政務とし、亀の甲羅や獣骨を用いて軍事や豊凶を占った。そこで使用されたのが、漢字の起源となった**甲骨文字**である。しかし、初代の湯王から紂王まで17代、計30人の王が司った殷は前11世紀、周によって放伐（武力による王朝交代）された。

河南省安陽市の遺跡・**殷墟**で見つかった祖先祭祀の記録を解読し、王朝の系図を復元したところ、漢代の歴史書『史記』の「**殷本紀**」**に記された系譜とほぼ一致**した。発掘と文献の両面から、殷の実在が証明され、殷墟は殷後期の都だったことがわかった。

封建体制を築いた周

前12世紀頃、黄河の支流・渭水流域で殷に従属していた邑の一つ・**周が勢力を拡大**。前1050年頃に文王・武王親子が殷を滅ぼし、**易姓革命**（天子が徳を失い王朝の支配者の姓が替わること）を果たした。そして渭水流域の**鎬京**を都、黄河流域の洛邑（洛陽）を副都とし、中原を制した。

周は卜占による神権政治をやめ、宗族（男系の同族集団）や、疑似的な宗族関係を結んだ功臣らに領地を与えて諸侯とし、一定の支配権を与えて統治する**封建制**を施行。**祖先崇拝に基づく宗法**という規則により、序列や秩序を定めて支配した。

しかし前8世紀頃になると諸侯同士の戦いが頻発し、**幽王**が愛妾・褒姒の子を新たに太子としたため後継争いが発生。幽王は殺害され、廃太子された宜臼（平王）が前770年に都を**洛邑に遷都**した。遷都前を**西周**、遷都後を**東周**と呼ぶ。

Point

黄河流域に都市（邑）が生まれ、前16世紀頃に殷、前12世紀頃に周という王朝が生まれた。

用語「甲骨占卜」

亀の甲羅や牛などの肩甲骨に熱を加え、発生したヒビの形で占った。殷王は軍事などの王朝の重要事項について占い、政策を進めたといわれている。占いの結果は亀甲などに小刀で細かく刻まれ、やがて中国最古の象形文字、亀甲文字が生まれた。

「中原」を支配した最古の王朝・殷と周

殷と周は、集落の周囲を城壁で囲む邑制国家（都市国家）であった。殷の首都があったとされる安陽市からは、前14～前11世紀頃の殷の首都の遺構である殷墟が発見された。

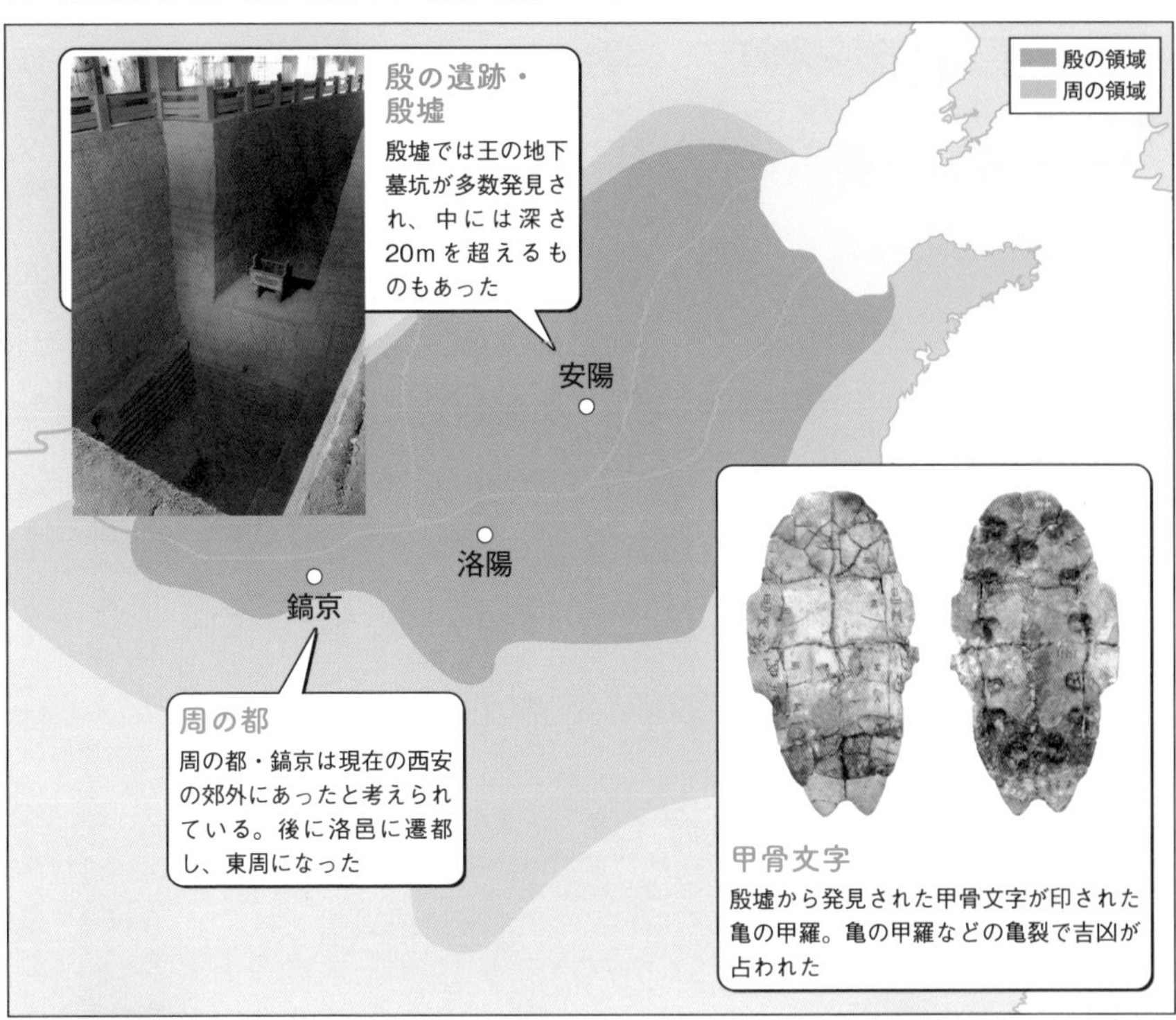

その時世界は？
［前10世紀］ヘブライ王国で、ダヴィテ王やソロモン王が活躍

中国深掘り

古代中国で青銅器が重要視された理由とは？

古代中国を象徴する遺物が、銅に錫や鉛を混ぜて作られる青銅器である。工具・武具・装身具も発掘されているが、とりわけ殷周政治を支えた祭祀や儀礼のための青銅器製の器や楽器には、荘厳な意匠が欠かせなかった。また銘文（金文）を鋳込む技術は殷から周へと継承されたが、長く権力のシンボルとして秘され、威信財（いしんざい）としての役割も担った。西アジアから新石器時代（前3000年頃）、中国北方に伝わった青銅器文化は殷～周を頂点とし、戦国時代に鉄器が普及するまで続いた。

人面紋銅方鼎（じんめんもんどうほうてい）

殷の時代の青銅製の鼎（かなえ）。もとは肉や魚を煮炊きする調理器具だったが、祭祀の際に使用されるようになり、やがて権力の象徴になった。

2000	1950	1900	1800	1600	1400	1200	1000	800

中華人民共和国	中華民国	清	明	元	金 南宋	遼 北宋	五代十国	唐

神話と歴史のはざまの時代 三皇五帝と伝説の夏王朝とは？

神か歴史上の人物か？

中国の創造や始祖にまつわる神話や伝承には、謎に満ちたものが多い。

混沌の中で天地を分け、地に立ち天を支えたとされる巨人・**盤古**は、西洋にも見られる開闢神話だろう。前漢の史書『史記』では、歴史の始まりに5人の帝王＝**五帝**（黄帝・顓頊・帝嚳・堯・舜）をあげ、唐代にはさらに五帝以前の三柱の神＝**三皇**（伏義・女媧・神農）が補筆された。医療と農耕を司った神農の後、**黄帝**が医学や五穀の栽培を民に教えたという。中国では一般に「**漢人はみな黄帝の子孫**」と考えられている。黄帝は神のような存在であり、なおかつ歴史上の人物でもあるという認識のようだ。

神話と伝説の三皇五帝

三皇五帝に誰が該当するかは諸説あるが、儒教が理想とする古代の帝王像の原型になった。

盤古 天地開闢の創世神。

三皇

伏義（天皇） 天地の現象と秩序を定め、占いに使用する八卦と文字を発明。

女媧（地皇） 伏義の妻、または妹ともいわれる女神。天を修正し、人間を創造。

神農（人皇・泰皇） 炎帝ともいわれる。医療・農業・商業の神。

五帝

黄帝 軒轅とも。医学や五穀の栽培を人々に教えた。天地の運行を調和させ、養蚕・衣服・船・牛馬車・文字・音楽を発明した。

顓頊 黄帝の孫。

帝嚳 黄帝の曾孫。

堯 帝嚳の息子。暦を作った。

舜 顓頊の子孫。黄帝の血筋だが身分は低かった。しかし徳があったため皇帝の位を譲られた。

NOVEL GUIDE

『小説十八史略』

[著者]陳舜臣
[巻数]全6巻
[刊行]1977〜83年（初版）
[出版社]講談社

『十八史略』は『史記』から『新五代史』までの17正史に『宋史』を加えた18史について、元代の曽先之がダイジェストにまとめた歴史書。その『十八史略』にならい、同じ時代の逸話を小説にしたのが、中国歴史モノといえば必ず名前があがる陳舜臣。神話の世界に始まり、大陸で躍動する英雄、美姫との愛憎、張り巡らされる計略の数々は実に人間臭く、読者に堅苦しさを感じさせない。中国史に初めて触れる人にも、すでに魅力を知っている人にも楽しめるシリーズである。

中国神話の舞台

三皇五帝は、黄河文明の神話と歴史だと考えられている。中国の宗教は、その後、儒教・道教・仏教などの影響を受けて発展したが、現在の中華人民共和国は宗教を不要としたため、衰退した。

伝説の夏王朝は実在したのか

黄帝の後は、その孫の顓頊、曽孫の帝嚳、帝嚳の子・堯、顓頊の子孫・舜が後を継いだとされる。

徳の高い人物に帝位を譲ることを**禅譲**というが、舜は低い身分ながら親孝行だったことなどが評価され、堯から禅譲を受けた。舜は、臣下の禹が洪水を繰り返す黄河の治水で功績をあげたため、同じく禅譲をしたとされる。

禹が開いたのが、**伝説の夏王朝**である。夏は約450年続き、最後の王・桀が暴君だったため、殷王朝の創始者・湯に滅ぼされたと伝わる。

中国では夏を最古の王朝と位置づけているが、日本の学界では文献史料による裏付けが取れていないことからその実在を認めていない。河南省洛陽市の**二里頭遺跡**から同時代の宮殿跡や壮麗な青銅器も発掘されており、今後の研究成果が待たれる。

周の没落と春秋五覇の台頭 戦乱の時代が起こった理由とは？

Point

周の権威が失われ、春秋五覇など諸侯が台頭。覇権を争う春秋戦国時代となる。

東周と諸侯が争った春秋時代

周の君主の座を幽王から奪った平王は、前770年に都を洛邑（洛陽）に移し、王朝の再興を目指したが、権威は失われつつあった。旧都・鎬京から都が東遷（とうせん）したため、**遷都前を西周、後を東周**ともいう。東周はその後も存続したが、諸侯が覇を競う時代になり、前5世紀頃までを**春秋時代**、その後、秦による統一までを**戦国時代**と呼ぶ。

春秋時代に入ると、長江流域の**楚（そ）が強大化**して自ら王を称したが、東周にそれを制す力はもはやなかった。有力諸侯は周を守るためという大義のもと、**同盟**（**会盟**）を主宰。形式上、東周の臣下ではあるが、王朝最大の実力者＝覇者（はしゃ）として認められるようになった。覇者の中でも特に力のある5人を**春秋五覇**（ごは）といい、その人選は文献により違いがあるが、国々の盟主としてほかの諸侯を従え、天下を動かす存在となった。

春秋五覇と領域国家の誕生

春秋五覇の一人目は、楚の侵攻を食い止めた**斉（せい）の桓公（かんこう）**で、その死後、斉が失速すると**宋（そう）の襄公（じょうこう）**が覇者となった。襄公が楚に敗れた後、辺境から大国に成長した**秦（しん）の穆公（ぼくこう）**、再び楚を打ち破った**晋（しん）の文公（ぶんこう）**が続いた。文公の死後、楚に対抗できる諸侯は出ず、東周に臣従していない**楚の荘王（そうおう）**が覇者となり、王朝の権威はますます衰えた。ほかに**呉（ご）の夫差（ふさ）**や**越（えつ）の勾践（こうせん）**などが五覇とされることもある。

激しい覇権争いを経て、西周の初めに1800あった邑制国家の数は10分の1以下にまで集約された。全国で統合が進み、邑の連合体ではなく専制君主が一定の勢力範囲を支配する**領域国家**を徐々に形成しながら、戦国時代を迎えたのである。また西周末の混乱期、**青銅器**の鋳造技術と共に**文字**（**漢字**）が広く伝播し各地で使われ始めたことも、新たな時代の行政管理を後押しした。

用語 「呉越同舟（ごえつどうしゅう）」

呉と越は、父祖以来の因縁の宿敵同士で、38年も攻防を繰り返した。『孫子』の中で、「呉と越は宿敵同士だが、同じ舟に乗って川を渡る時に、大風が吹いて舟が転覆しそうになれば、普段の憎しみを忘れて互いに助け合うだろう」と例えられ、故事成語になった。

春秋時代の春秋五覇

諸侯らが中原の覇者を競い合うなか、実力者の五覇が現れた。やがて晋が台頭し、三国に分裂する前5世紀頃までを春秋時代という。

春秋五覇

- ○**斉の桓公**…管仲を宰相にした。
- ○**晋の文公**…放浪の後、即位。
- ○**楚の荘王**…「鼎の軽重を問う」（周の王の地位を奪おうとした）
- ○**呉の夫差**…「臥薪嘗胆（がしんしょうたん）」（目標のため苦難に耐えて努力した）
- ○**越の勾践**…「会稽之恥（かいけいのはじ）」（敗戦の屈辱を忘れず恥をすすいだ）

（ほかに秦の穆公、宋の襄公を入れる説がある）

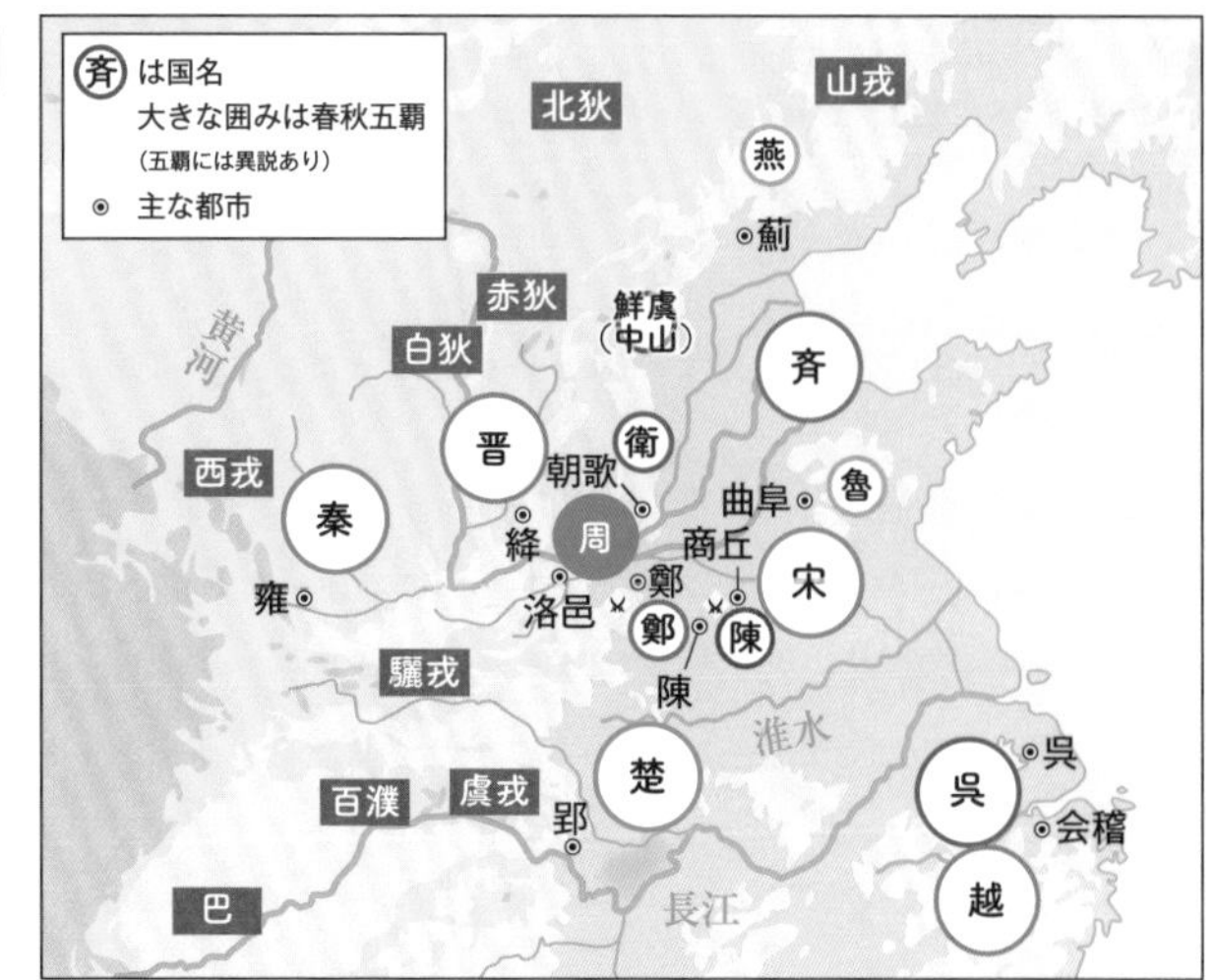

秦の統一	東周 都は洛邑		遷都	西周 都は鎬京
	戦国時代	春秋時代 100国に集約	←	1800もの邑制国家が存在

- **前221年** 秦王政、斉を滅ぼし始皇帝に即位
- **前403年** 晋が趙・魏・韓に分裂。戦国時代に突入
- **前770年** 周、都を洛邑（洛陽）に移す
- **前1050年頃** 周の文王・武王親子、殷を滅ぼす

語句・成語 「尊皇攘夷」

「皇」なのか「王」なのか

幕末の日本で「天皇をリスペクトして外国人を排除せよ」という発想から生まれた言葉。ソンノウは漢語で「尊王」と書くが、天皇が君臨する国として「皇」を当てた。中国の戦国時代の孟子ら儒者は「尊王論」を掲げて「徳をもって治める王者は武力で支配する覇者に勝る」と説き、春秋の王と覇者について論じたが、つまり尊王とは単に「王を尊ぶ」意味ではなく、また王を「皇」に置き換えられるものでもない。儒教に関する日本と中国の捉え方の違いがうかがえる表現ともいえそうだ。

水戸藩、弘道館の「尊攘」の掛け軸。
弘道館蔵

春秋時代の武具
呉王・夫差の矛。
呉・越・楚などは刀剣技術に優れていた。

2000	1950	1900	1800	1600	1400	1200	1000	800

中華人民共和国	中華民国	清	明	元	金 南宋	遼 北宋	五代十国	唐

戦国の七雄が割拠するなか秦が中華統一できた理由とは？

戦国の七雄と秦の台頭

春秋五覇とされた晋・文王の死後、前403年に晋は韓・魏・趙の3国に分裂。**戦国の七雄**と呼ばれる7カ国、**韓・魏・趙・斉・燕・楚・秦**が争う**戦国時代**が幕を明けた。各国が優秀な人材を求めたため、多くの**思想家＝諸子百家も活躍**。儒家・道家・墨家・兵家・法家・縦横家などが国家戦略を論じ、各国の趨勢に影響を与えた（P54参照）。

七雄がしのぎを削るなか、台頭したのが**秦**である。前359年に法家の商鞅を登用して改革＝**変法**を行い、信賞必罰を基本理念に徹底した法治を断行。農地・組織改革、軍の再編成や特権の規制などで国力を増大させた。ほかの「六国」は縦横家の蘇秦と弟の蘇代が説いた**合従策**（国々を南北に結ぶ対秦連合）で対抗したが、対する秦も縦横家の張儀が**連衡策**（秦が各国と東西でつながる2国間同盟）を展開。合従を切り崩していった。

戦国時代の終わりと秦の統一

秦の昭襄王（始皇帝の曽祖父）は前256年、洛邑で命脈を保っていた東周を滅ぼし勢力を拡大した。前247年には、のちの**始皇帝・政**が13歳で秦王に即位。20代半ばに実母らのクーデタを鎮圧して親政を開始し、敵国を韓→趙→燕→魏→楚→斉の順に滅ぼし、中国史上初めて**中華を統一**した。前221年、戦国時代は幕を閉じた。

戦国時代は激しい攻防を経て、国家体制が**邑制から領域国家へ転換**した時期といえる。社会構造は依然として点在する邑（都市）を基本としたが、政治的独立の消失と表裏をなすように、強大な権力のもと変革が進んだ。国家事業として**鉄器が量産**され農業生産力も向上、市場では**銅銭**（青銅貨幣）が流通した。若き秦王・政の宰相を務め、クーデタで自死した呂不韋は商人の出だが、商業も政治を左右し得るほどに発展したのである。

Point

戦国の七雄が争う戦国時代、思想・農業・産業が発展し、やがて秦が初めて中華を統一する。

用語　「百家争鳴」

戦国時代、諸子百家と呼ばれた思想家たちは、古い社会秩序に代わる新しい国家理念や道徳観、世界観を説き、戦国時代を収束させる道を探った。諸子百家が各地を遊説して活発に議論を戦わせたことを百家争鳴という。

戦国時代の社会変化と貨幣の発展

戦国時代は各国が富国強兵に努めたため、農業・商業・文化が発展した。商業の広がりと共に各地で独自の青銅貨幣が鋳造された。

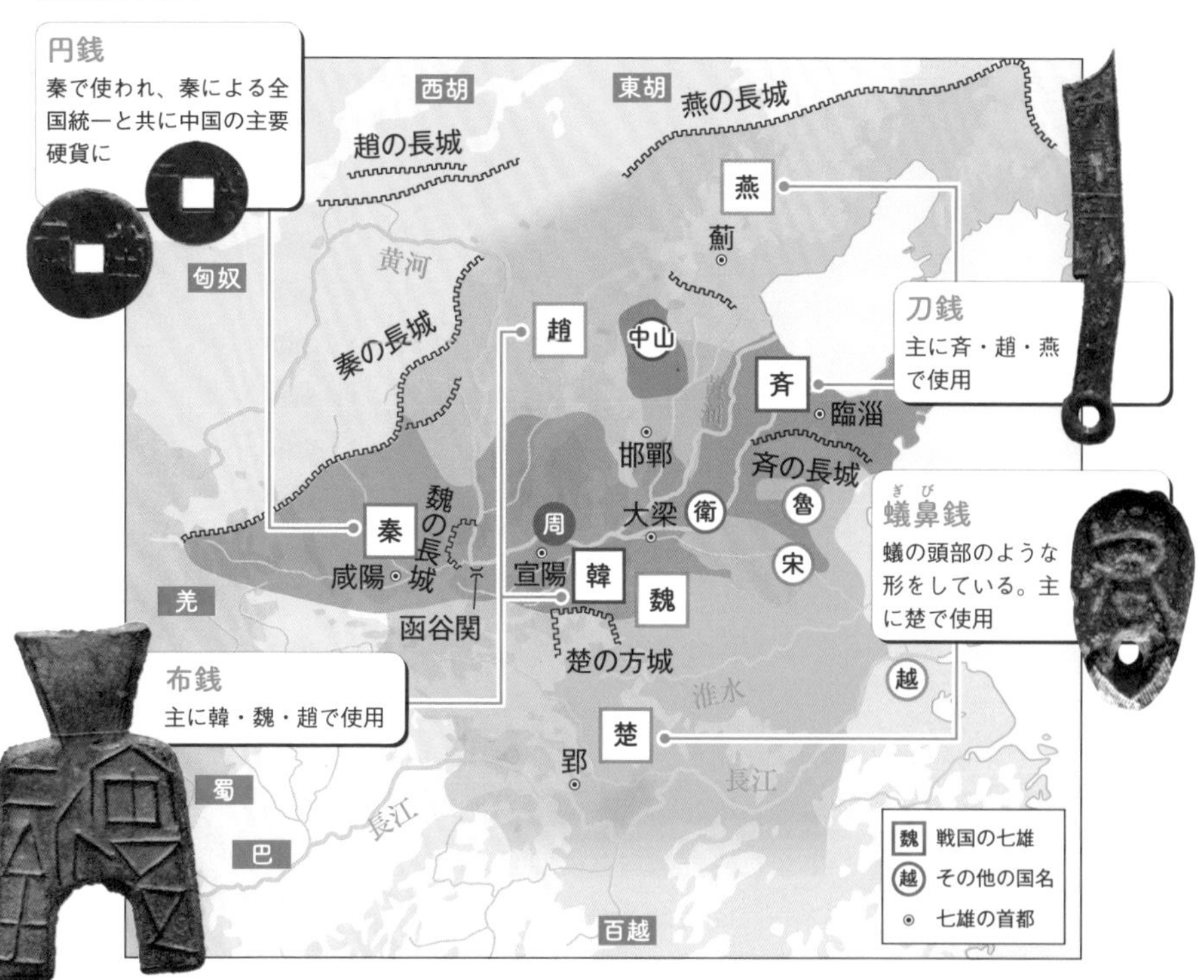

［前3世紀頃］水稲農耕が徐々に広がり、大規模環濠集落が築かれる

中国深掘り

欧州に2000年近く先駆けた古代中国の製鉄技術

春秋時代、中国でも鉄の利用が始まるが、鉄の製錬には高温に到達できる炉を作り、かつ扱える技術と、数千人規模の労働力が必要で、極めて貴重なものだった。戦国時代、青銅器工房のフイゴ炉が改良され、またヨーロッパより2000年近くも早く鍛鉄の工程を得たことでコストも下がり、強力な鉄製武器の量産が可能となった。鉄製農具も普及して収穫量が増え、耕作面積も拡大。結果として商業も発展し、軍事力も増強された。各勢力が国策として「富国強兵」を推し進めたのである。

西周の鉄兜
秦の銅兜

なぜ乱世に〝知〟が噴出したのか？ 諸子百家の思想と展開

諸子百家の人物と思想

儒家

孔子
『論語』『春秋』。仁と礼による理想国家の実現。

孟子
性善説（人の本質は善）を説き、徳を重視。

荀子
性悪説（人の本質は悪）を説き、礼を重視。

↑ 批判

墨家

墨子
仁は差別的だと批判。無差別な愛、兼愛を主張。

道家

老子
仁や礼は人為的だと批判。無為自然を主張。

荘子
道教の始祖のひとり。生と死、是と非を同一視。

法家

韓非
徳治政治は非現実的だと批判。信賞必罰の法治主義を主張。

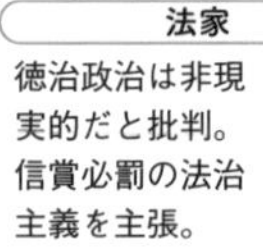

人物伝

孔子

生没 前552または551～前479

『論語』を残した儒学の創始者

孔子の故郷・曲阜の孔子廟

前551年、春秋時代の魯国に生まれた。動乱の世に理想主義が過ぎ、仕官がかなわず諸国を放浪するなど、順風満帆とは言い難い人生だった。しかし没後、その言行は『論語』にまとめられ、前漢・武帝による儒教官学化の後、20世紀の清朝まで「学問＝儒教」とされる時代が続く。儒教が支配者に都合よく、現実にある上下優劣を認め、過去（周代）に倣う教えだったためだが、平等や進歩を絶対とする西洋思想とは異なる価値観が、孔子と儒教を学ぶことから見えてくるのである。

諸子百家が生まれた背景と儒教

春秋時代から戦国時代、**諸子百家**と呼ばれる様々な思想が花開き、**中国思想史の黄金期**を築いた。諸侯も王も「群雄からいかに抜きん出るか」を考え賢者を求め、賢者たちも理想の社会を目指し盛んに政策や戦略を論じた。

儒家（儒教）**の創始者・孔子**は、仁徳ある君主が周代の礼（礼儀作法）に倣って民を治める国家を説いた。乱世の為政者には認められなかったが、戦国時代に一大学派となり、各国で官吏となる者が現れた。諸子百家の一学派だった**儒家は前漢で官学的な地位を占め、他学派も廃れたため**、その後2000年にわたり中国の社会秩序のイデオロギーになったのである。

諸子百家の系譜

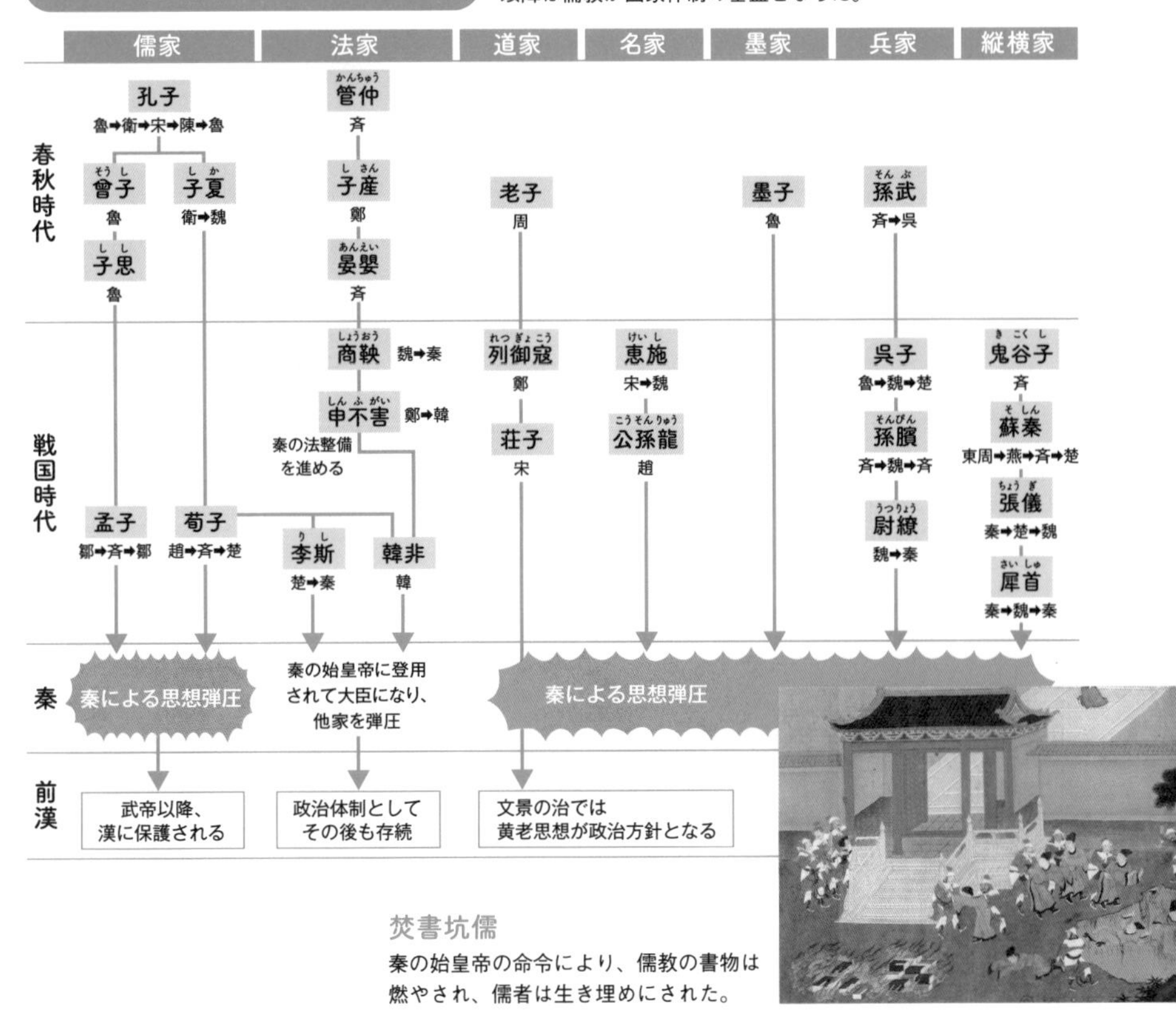

焚書坑儒
秦の始皇帝の命令により、儒教の書物は燃やされ、儒者は生き埋めにされた。

他学派と儒教の関係

墨子が始めた墨家は、儒家の唱えた仁（思いやり）を個人や家、国に限った利己と批判、普遍的な愛＝**兼愛**を主張。対して孔子の後、人の本性を善とする**性善説**を唱え、儒家の主流派となった**孟子**は、兼愛は自分の親も他人の親も同じように扱うものと非難した。

荀子も儒家の流れをくむが、人の本性を悪とする**性悪説**の立場をとった。

この性悪説に基づき徹底した法治の必要性を訴えたのが**韓非ら法家**で、秦・始皇帝の国造りの支柱にもなった。**道家の祖・老子**とその思想を継いだ**荘子**は、儒家の人為（礼や道徳）に反論。**無為自然**を掲げた。この**老荘思想**は民俗宗教として**道教へと発展**した。

ほかにも軍事を極めた**兵家**、交渉術に特化した**縦横家**など百家争鳴だったが、各学派および後世に最も大きな影響を与えたのは儒教であった。

都市を城壁で囲んだ中国の城 日本の城との違いとは？

中国の城（洛陽）
イラストは後漢時代の洛陽。中国の城は都市全体を城壁が囲む城郭都市のことを指す。内部は碁盤の目のように区切られ、各辺に設けられた城門は、治安維持のため夜間は閉じられた。

中国の城と日本の城の違い

中国の城は都市を壁のような城壁で取り囲む城郭都市だった。

日本の城（姫路城）
城主の住まいとなった日本の城は、城主や家臣を守ることを目的としており、城内の建物は城主の住まいであり政庁であった御殿や、天守・倉庫などが中心であった。戦国時代後期には城下町を囲む土塁や堀（惣構）も発達するが、中国のように高い城壁がつくられることはなかった。

イラスト／香川元太郎（上下とも）

長安も城であった

日本で城といえば水堀や石垣に囲まれた範囲を指し、城主や家臣を守ることを第一の目的とするが、中国では**城壁に囲まれた都市**そのものが城郭であった。平城京や平安京がモデルとした長安も、四方に壁を築いた城である。

この概念は漢字の成り立ちからも明らかで、古代の集落を**邑**と書くが、濠や柵で画された土地を表す口と、ひざまずく人を表す巴から構成されている。國も城壁（口）の中で武器（戈）を持つ人（口）が地（一）に立つさまを表している。殷の大規模な城（都城）とされる偃師商城では、板枠に土を入れて突き固める工法（版築）を用いた、**厚さ20mの城壁**が確認されている。

COMIC GUIDE

『キングダム』

中国の戦国時代を舞台にした歴史マンガ。戦争孤児として奴隷のような生活を送っていた主人公の信が、秦の若き国王・政（のちの始皇帝）と出会い「天下の大将軍」を目指すストーリー。古代中国大河ロマンの金字塔として、その人気は年齢・性別を問わない。

［作者］原泰久
［巻数］1～69巻（連載中）
［連載］2006年～
［出版社］集英社

イラスト／板垣真誠（4点とも）

城壁をめぐる攻防

中国の都城は広く、例えば戦国時代の斉の都・臨淄は周囲約16㎞。城内には7万戸の家があったとされ、城壁で敵国の攻撃から町全体を守っていた。

城門は出入り口の前方に**小型の城**（**関城**）を設け、敵を城壁および関城の上から挟み撃ちにした城郭もあった。城壁の上に**凸型の低い塀**（**女墻**）を均等に並べた例もあり、敵の矢を防ぎつつ、開いた穴から弓や弩を放ったとされる。

諸子百家の墨家は、兼愛と共に**非攻**を説き、他国への侵略は否定したが、自衛のための戦いには支援を惜しまず、当時最先端の兵力を有していた。思想書**『墨子』**には、梯子などの攻城兵器への備えも紹介されている。

古代中国の城郭と兵法の完成度は高く、日本では16世紀、戦国時代の城に同様の防御施設が認められている。

秦

始皇帝はいかにして統一王朝・秦を統治したのか？

統一政策で一気に中央集権へ

史上初めて中華を統一（前221）した秦王・政は「**始皇帝**」を名乗り、国家運営に着手した。

それまでは各国が異なる**度量衡**・**車軌**・**文字**を用いていたが、秦の制度をもとに基準となる升や秤を配り、車馬の轍の幅も揃え、交通網を整備。**小篆**という書体を採用し、異なる方言や言語を使う者同士でもコミュニケーションが取れるようにした。**統一貨幣**（**半両銭**）の流通も始まるが、これは2世・胡亥が発行したとする説もある。

行政システムについても他国の制度を参考に、全国の邑を県、県の集まりを郡とする郡県制を施行。行政官を派遣し、皇帝と官吏が末端の行政区画まで直接支配する**中央集権体制**を敷いた。

さらに君主の呼称を従来の王ではなく、伝説の三皇五帝すら超越する者として**皇帝**とし、自身を朕と称した。

始皇帝の評価は高すぎる？

始皇帝は皇帝位にあった約10年間に5回も**地方を巡行**し、三皇五帝に倣って天地に即位を知らせる儀式（**封禅**）を実施。実業（農業・医薬・占い）以外の書物を焼き、体制を批判する学者を生き埋めにする**焚書坑儒**を行った。北方の遊牧民・匈奴を30万の軍で攻め、併せて戦国時代に華北の国々が築いた防壁を連結し、**万里の長城**として再構築。南方の百越（華南・北ベトナムの諸部族）を攻撃し郡を置いた。これらの遠征や、長城・道路・運河・宮殿・陵墓の建設などの大規模な動員を支えたのは、宰相の李斯が主導した法家の**法治主義**で、県令が民を厳しく徴集し、従わない者は重罰に処した。

皇帝制の創始者として英雄視されがちな始皇帝だが、意外にもオリジナルの政策は少なかった。性急で独善的な統治は、死の翌年に反乱を招き、**没後わずか4年で秦は滅亡**（前206）**した。**

用語 「焚書坑儒」

儒者が体制批判をしているとして、法家の李斯らによって建議された思想弾圧事件。焚書は「書を燃やすこと」、坑儒は「儒者を坑（穴）に埋めること」。弾圧の対象は儒者だけではなく、儒教の権威が確立した後世、儒者の受難が強調された側面がある。

Point

初めて中華を統一した秦の始皇帝は中央集権国家を築いて統治したが、秦は15年で滅んだ。

秦の始皇帝の政策

始皇帝は諸子百家の中から法家の李斯を宰相に任命。法家以外を弾圧し、統治システムを変革、中央集権を確立した。

政治

封建制を廃止し郡県制を採用。行政・軍事・監察を分立。5戸を1戸とする什伍の制で農村を支配。

法家思想

法律の強制によって人民を治め、農業・医薬・占い以外の書物を焼き、批判する学者を生き埋めにした。

文字の統一

〈六国文字の馬〉 燕 斉 趙 魏 韓 楚 秦

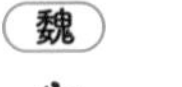

〈小篆の馬〉

戦国時代まで各国でばらばらだった漢字を秦の漢字に統一した。各国の漢字は「六国文字」、秦の漢字は「篆書」「小篆」と呼ばれる。

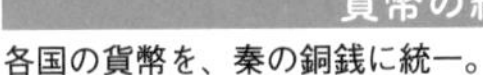

貨幣の統一

各国の貨幣を、秦の銅銭に統一。

半両銭（はんりょうせん）
（直径 3.5cm）

度量衡の統一

度（長さ）量（容積）衡（重さ）を統一。

商鞅銅方升（しょうおうどうほうしょう）
秦で用いられた量（ます）

始皇帝
晩年は不老不死を望んだ。

人物伝

始皇帝

生没 前259～前210年
皇帝在位 前221～前210年

根強い“不義”による生誕説

前259年、趙で人質となっていた秦の王子・子楚（しそ）（のちの荘襄王（そうじょうおう））の子として誕生。大商人・呂不韋（りょふい）は財力で子楚を王の後継（太子）にねじ込み、愛妾（あいしょう）だった趙姫（ちょうき）も譲るが、趙姫は呂不韋の子を宿して嫁いだともいわれ、始皇帝の実父を呂不韋とする説もある。また生涯で燕（えん）の刺客・荊軻（けいか）や、前漢・劉邦（りゅうほう）の軍師となる張良（ちょうりょう）などから計3回、暗殺されかけたとされる。死を恐れ方士（ほうし）・徐福（じょふく）に不老長寿の仙薬を探すよう命じ、日本にもその到来伝説が残る。まさに波乱万丈の49年の人生だった。

その時世界は？ 〔前268年頃〕インドのマウリヤ朝でアショーカ王が即位。仏教が発展

2000	1950	1900	1800	1600	1400	1200	1000	800

中華人民共和国	中華民国	清	明	元	金 南宋	遼 北宋	五代十国	唐

8000を超える兵馬俑が守る 世界最大規模の陵墓・始皇帝陵

よみがえった兵馬俑

約8000体の陶製の兵士像は始皇帝配下の軍隊を再現しているとされる。

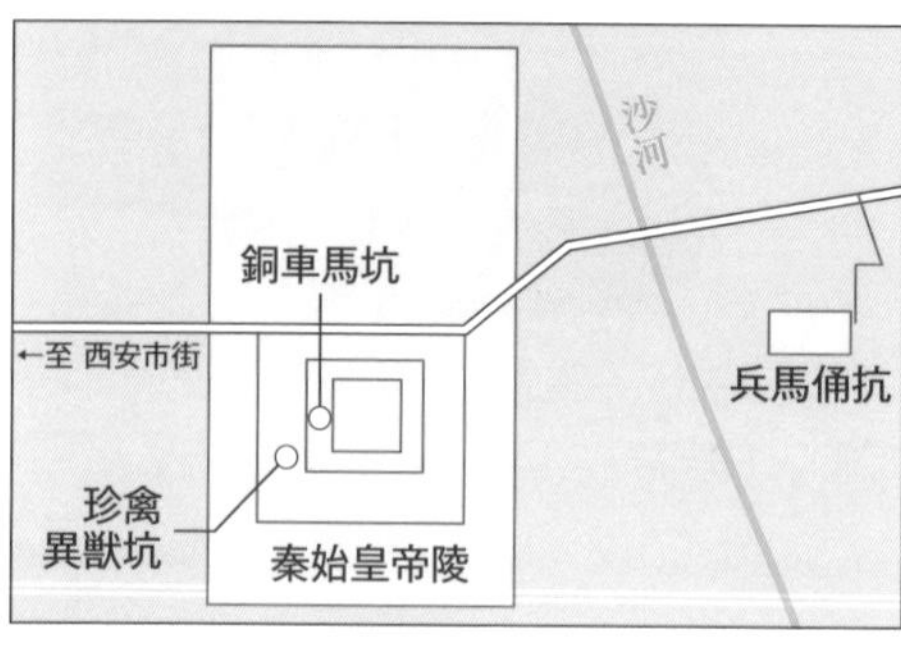

始皇帝陵と兵馬俑の位置

始皇帝陵は高さ70m程度のピラミッド型の陵墓であり、兵馬俑とは約2km程度離れている。陵墓内の銅車馬坑（どうしゃばこう）からは銅製の馬車の像が、珍禽異獣坑（ちんきんいじゅうこう）からは動物の骨が出土している。

偶然発見された世界遺産

秦代に咸陽と呼ばれていた陝西省西安。1974年、郊外で井戸を掘っていた農家が見つけた陶片が、20世紀最大の考古学的発見**「秦始皇帝陵兵馬俑坑」**の最初の手がかりとなった。

始皇帝陵は史書『史記』に「宮殿官署があり珍品宝物にあふれ、盗掘者に矢が放たれる仕掛けがあり、水銀の海と川がある」と記され、あまりのスケールに作り話とも考えられていた。

しかし調査の結果、広さ98㎢のエリアに高さ50mの墳丘があるほか、大きなもので長さ230m、幅60mにもなる三つの坑（穴）があり、**陶製の人形（兵馬俑）が歩兵8000体、戦車130台、馬150頭**も埋められていた。

兵馬俑に見る秦の軍隊

膝立ちの射手の像
かつては本物の武器を持っていた。

将軍の像
軍隊の将軍クラスと見られる像。帽子（羽根を用いた冠）をかぶる像は全体で10体程度しか出土していない。

銅車馬
発掘と同時に数千片のかけらとなったが、8年の歳月をかけて修復された。

銅弩（どうど）
現在のボーガンのように射る。

絶大な軍事力を示す兵馬俑

秦代の軍団がよみがえったかのような遺跡の歴史的価値は計り知れない。

武士も将軍も文官も身分に応じたいでたちをしており、陵内の第1坑に**戦車を交えた歩兵部隊**、第2坑に**騎馬軍団**、第3坑には**4頭立ての馬車**と左右に儀仗兵（ぎじょうへい）が立つ**司令部**があった。

造形は実際の人や動物のサイズに従い、比率にも狂いがなく、表情も実に豊かだ。今でこそ灰色や茶色のイメージだが、当初は**絢爛（けんらん）な彩色**が施され、陶土に生漆を塗り、さらに鉱物の粉に膠（にかわ）を混ぜて色を重ねていたとされる。美術史においても重要な価値を持つものといえるだろう。

始皇帝の陵墓はいまだ発掘されていない。損傷が生じない確証が得られるまで延期されているためだが、土壌調査では**水銀の反応**も見られるという。全容が明らかとなる日が待ち遠しい。

始皇帝の死後、反乱によって秦滅亡 項羽を制し、漢王朝を興した劉邦

秦滅亡、項羽が西楚の覇王に

急進的な改革を行った秦は、統一からわずか15年で終焉。始皇帝が前210年、5回目の巡行の途上で病死すると、**宦官・趙高**は太子・扶蘇を自害させ、**2代皇帝・胡亥**を傀儡に権力を握る。

翌年、長城警備のため徴集された農民およそ900名が、大雨で期日通りに着任できなかったことで死罪を言い渡され、首領の名を冠した**陳勝・呉広の乱**が起きる。この中国史上初となる農民反乱を契機に、各地で反乱が勃発した。

その中で頭角を現したのが、**楚の将軍家出身の項羽**と、**農民出身の劉邦**だった。劉邦が前206年に関中（秦の都・咸陽のある地域）を落とし、秦は降伏。遅れて咸陽に入った項羽は、劉邦が助命した王族を殲滅し、都城を焼き払うと、**西楚の覇王**を名乗り、諸侯を各地の王に封じた。しかし**論功行賞の偏り**に、諸侯の不満が募ることになる。

負け続けた劉邦が勝利した理由

軍功を上げながら漢王に封じられ、奥地の漢中に左遷された劉邦は、**反項羽派の旗頭**になる。

まず項羽が斉の鎮圧のため出陣した隙を突き、50万以上の軍勢で、項羽の本拠地・**彭城**を占領。しかし、項羽率いる楚軍の精鋭3万がスピード帰還し、祝勝会に浮かれていた漢軍は完敗。劉邦は**滎陽**に籠城するが、楚軍の猛攻に耐え切れず、部下の助けを借りて逃亡する。両軍和睦の後、軍師の提案に従って項羽を背後からだまし討ちにするが、またも敗れる。

連戦連敗の漢軍だったが、劉邦は武将に褒美を約束し立て直しを図る。**垓下での攻防**の末、楚軍の囲い込みに成功し、前202年、劉邦は**楚漢戦争に勝利**。劉邦は中華を統一し、皇帝に即位すると前漢を興した。秀でた武勇を誇った項羽だったが、最後は人望のある劉邦率いる漢軍に屈した。

Point

始皇帝の死後、反乱が相次ぎ、項羽と劉邦が台頭。秦が滅亡し、劉邦が漢の皇帝になる。

人物 **項羽** 生没 前232～前202

代々楚の将軍を務めた家柄の出身で、滅ぼされた6国の中でも最後まで秦と敵対し、秦に対する恨みが特に強かった。身長は184cm以上あり、ひとつの眼の中に二つの瞳孔がある重瞳（ちょうどう）だったとされ、超人的な容貌で他人を圧倒したといわれている。

楚（項羽）と漢（劉邦）の戦い

秦が滅亡すると、前206年から前202年の５年にわたって楚・項羽と劉邦の間で戦争が勃発した。

項羽に火をかけられた始皇帝の宮殿・阿房宮は、あまりに広大だったため３カ月燃え続けたという。

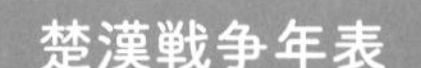

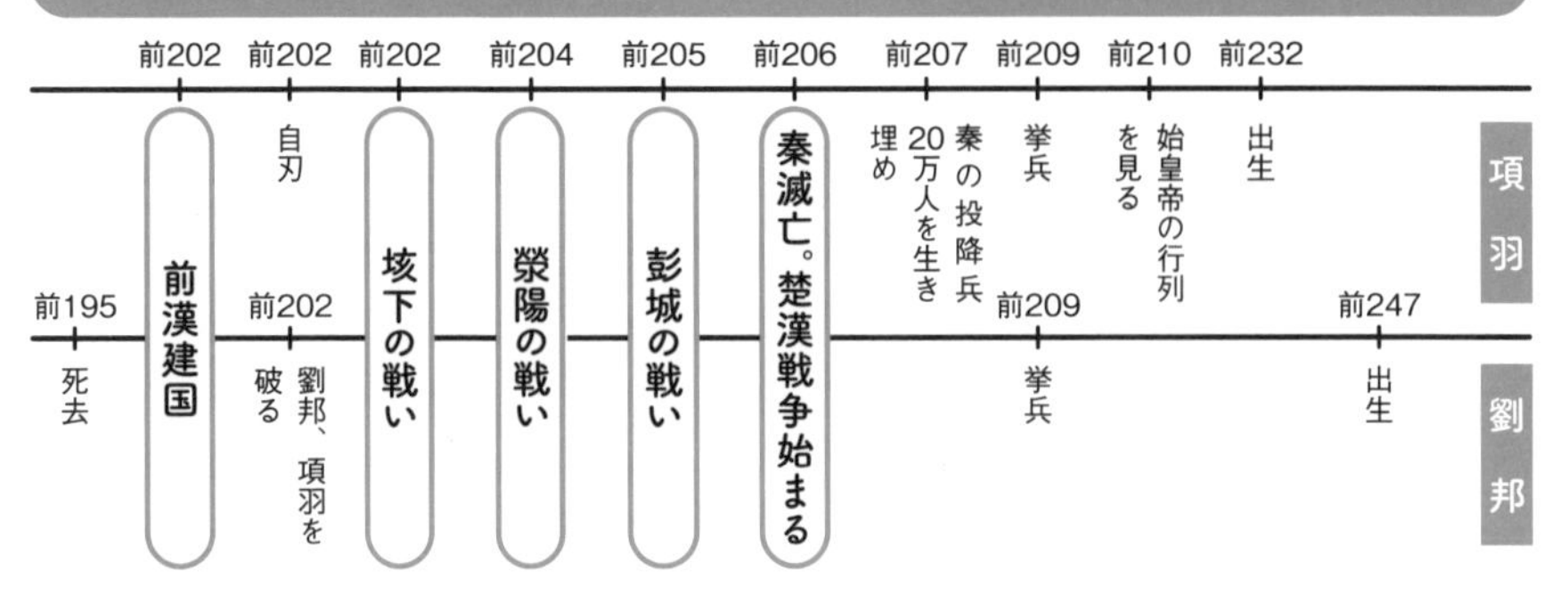

語句・成語

「四面楚歌（しめんそか）」

味方が敵に寝返り孤立無援

垓下の戦いで、劣勢に陥った項羽率いる楚軍の周囲を、劉邦の漢軍が取り囲んだ時、漢軍から楚の国の歌が聞こえてきた。項羽は楚が落ちて楚の民衆が裏切ったことを知り、完全に敗北したことを悟ったという。やがて孤立無援を表す故事成語になった。

項羽
おおらかな天子の風貌をそなえた劉邦に対し、項羽は怒りっぽく威圧的だったという。

その時世界は？
［前2世紀頃］ヘレニズム期の古代ギリシアで、ミロのヴィーナスが作られる

秦をブラッシュアップした前漢
漢王朝はなぜ400年も続いたのか？

Point

劉邦が築いた前漢は当初、クーデタなどの混乱が続いたが、呉楚七国の乱を経て安定期に。

始皇帝時代を生かした劉邦

楚漢戦争を制した劉邦は前202年、皇帝に即位。**約400年にわたる漢王朝**の始まりである。劉邦は始皇帝の後継争いと同じ轍を踏まぬよう、まず皇后と皇太子の地位を定めた。失敗に学ぶ一方で、都は秦の旧都・咸陽から近く、守りやすく穀倉地帯でもあった**長安**に定め、官職制度（**三公九卿**）も据え置くなど、踏襲できる点は活用した。

郡県制は中央の厳しい管理が反乱を招いたため、**郡国制**という折衷案を施行。建国の功労者は周の封建制のように各地の王に任じ、直轄地にのみ郡県制を適用した。ただし劉邦は劉氏一族による支配基盤を固めるべく自らの死まで7年をかけて、異姓の諸侯王を徐々に粛清もしている。

外交では**匈奴の君主・冒頓単于**に大敗。和議により王室の女性を公主（天子の娘）として嫁がせ、毎年贈り物をする関係は7代・武帝まで続いた。

劉邦亡き後の混乱と立て直し

劉邦の没後、**皇后・呂雉**（**呂后**）の子の**劉盈**（**恵帝**）が即位したが、呂后は対抗馬となり得る劉邦の側室と子どもを殺害。あまりの残虐さに恵帝の心は荒み、早世した。呂后は3代・4代と帝位を継いだ孫たちの背後でも実権を握り、劉邦の願いに反し呂氏一族が要職を占めることになった。

呂后の死後は**劉邦の遺臣らがクーデタ**を起こし、外戚勢力を一掃。劉邦の子・**劉恒**（**文帝**）が5代、その子・**劉啓**（**景帝**）が6代皇帝となり、減税を度々行い農村が豊かになるなど、**文景の治**と呼ばれる比較的安定した社会を実現した。

景帝は劉氏一族の中でも半ば独立状態にあった呉・楚・趙などを警戒し、所領の削減にも着手。反発した7国が**呉楚七国の乱**（前154）を起こすが、3カ月で鎮圧。結果として中央集権体制が強化され、7代・武帝の世の漢王朝最盛期の礎となった。

人物　**冒頓単于**　生没 ？～前174　皇帝在位 前209～前174

遊牧民・匈奴の王を「単于」という。冒頓単于は前200年、騎馬と弓矢による強力な軍事力で前漢の劉邦を攻めて大勝。漢を従属させた。さらに中国と西アジアを結ぶ交通幹線を掌握して、中央ユーラシア東方最初の遊牧国家を樹立した。

前漢による統一と匈奴の脅威

秦の滅亡後、楚漢戦争に勝利し天下を統一した劉邦によって漢が建設され、長安を都とした。しかし前3世紀末に強大な遊牧騎馬民の匈奴に圧迫された。

その時世界は？

［前149〜前146年］第3回ポエニ戦争でカルタゴがローマに滅ぼされる

描かれた匈奴

前3〜前1世紀にかけてモンゴル高原を支配した遊牧国家。匈奴は冒頓単于の時代に劉邦を破り、全盛期を築いた。

「三才図会」より

封建制・郡県制から郡国制へ

漢は秦のように強制的に全土に中央集権体制の「郡県制」を敷くことはせず、周の時代の「封建制」を復活。折衷案ともいえる「郡国制」を採用し、現実的な政策を行った。

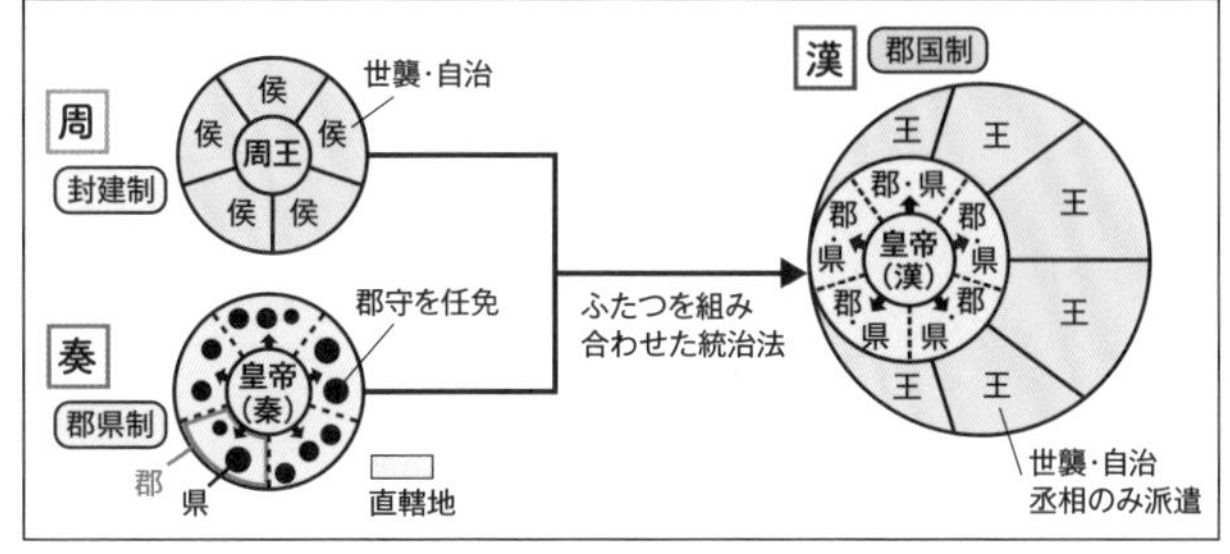

人物伝

劉邦（高祖）

生没 前247〜前195
皇帝在位 前202〜前195

庶民の出自から天下人へ

若い頃には侠客（きょうかく）のように暮らし、大酒飲みの女好き。だがなぜか仲間に慕われる人気者だったという。始皇帝の巡行を目にして項羽は「いつか取って代わってやる」と意気込んだが、劉邦は「偉丈夫だなぁ、あのようになりたい」と大らかに感心したそうだ。正妻の呂后も側室への仕打ちなどから中国三大悪女といわれるが、その呂后すら劉邦のため貧しい時代は身を粉にして働いた。長い中国史で庶民出身の皇帝は劉邦と明の朱元璋のみだが、稀に見る「人たらし」だったといえそうだ。

劉邦
死後廟号（びょうごう）の高祖が贈られ、漢の高祖と呼ばれた。

武帝による中華支配の確立 匈奴への攻勢と西方進出

武帝の時代に最盛期へ

漢は歴代が進めた国力の強化が実り、7代・**武帝**の治世（前141～前87）に最盛期を迎えた。

高祖（劉邦）が匈奴と結んだ和睦条約は屈辱的なものだったが、結果として外交の脅威が除かれ、国内経済・軍事力の増強が可能となり、農業生産力も向上。漢代初期、王朝の直轄地は全体の3分の1程度だったが、呉楚七国の乱を経て、武帝期に中央政権による**全国統一支配**が完成した。さらに**儒教を官学**（国の認めた学問）とし「皇帝を中心とした世界秩序の構築」が推し進められた。

そして充実した国力を背景に、北と西で隣接する**匈奴への遠征**を本格化。皇后の弟・衛青や、その甥・霍去病の軍功により、匈奴をゴビ砂漠の北へ退却させ、**万里の長城**を延伸した。南の南越（ベトナム北部）や東の衛氏朝鮮も征服して郡を置き、前102年、その**版図は漢代最大**となった。

漢王朝の拡大政策と社会不安

武帝は匈奴対策のため、中央アジアのイラン系遊牧民・**大月氏**との挟撃を模索。軍事同盟は結ばれなかったが、使者として派遣した**張騫**が現地の貴重な情報を持ち帰り、漢王朝の**西域経営**や**シルクロード交易**の道が開かれることになった。

しかし度重なる戦争のほか治水事業、宮殿築造などで財政は悪化。再建を目指し**塩・鉄・酒を専売**とし、新通貨・**五銖銭**を発行した。五銖銭は唐初まで流通するほど根付いたが、貧農は納税に必要な銅銭を入手するため土地を手放し小作人にならざるを得ず、社会構造の変化は以降の治世に影を落とした。物価を統制すべく**均輸法**（地方の特産物を貢納させ不足地に転売する制度）や**平準法**（豊作時に物資を国が購入し不作時に販売する制度）も導入されたが、人々は徴兵・重税・賦役にあえぎ、社会不安の増大が王朝の動揺を招いた。

Point

武帝は匈奴を攻撃し西方支配を拡大。交易路を開き、前漢の最大版図を築いた。

人物 **張騫**（ちょうけん） 生没 ?～前114

大月氏と同盟を組み匈奴に対抗しようとした武帝の命により、西域に派遣された軍人。匈奴に拘留され、脱走して再び西に向かい、ついに大月氏に辿り着く。同盟は結べず、帰途も匈奴に捕らえられたが13年後に帰還し、漢に西域の情報を伝えた。

武帝の治世の頃の前漢の版図

武帝は高祖（劉邦）以来、屈辱的な外交を強いられていた北方の匈奴を討伐すると、西方に河西4郡を置き、通商を開いた。さらに南越を滅ぼして南海9郡を置き、朝鮮半島の衛氏朝鮮を滅ぼして楽浪郡などを置いた。

その時世界は？

【前133年】ローマのグラックス兄弟が、ローマ共和制の維持のための改革を行う

人物伝

武帝

生没 前156～前87

皇帝在位 前141～前87

前漢の最大版図を描いた第7代皇帝

16歳で即位後、中国歴代3位となる在位54年を誇る。儒教の官学化や史上初めて元号を採用するなど、施策の数々は後世の帝政の基礎となった。匈奴征討に抜擢した衛青は皇后の弟だが、皇后はもともと身分の低い歌姫で、いとこだった前妻と離縁して結ばれたという。強大な権力を掌握後、前110年には始皇帝以来となる封禅の儀式を挙行。晩年は不老不死を求めて仙人が好むとされる高楼を何棟も築くなど、神仙思想にも傾倒した。没後に武勲から、武帝という廟号を贈られた。

前漢7代皇帝で、天子を名乗った。

2000 1950 1900 1800 1600 1400 1200 1000 800

中華人民共和国 | 中華民国 | 清 | 明 | 元 | 金 南宋 | 遼 北宋 | 五代十国 | 唐

中国史における正史と正史の第一となった司馬遷の『史記』

正史の模範、司馬遷の『史記』

正史とは中国を代表する歴史書で、**『史記』**から『明史』まで24あることから、**「二十四史」**とも呼ばれる。

その筆頭『史記』の著者・司馬遷は、前漢で太史令（文書管理を司る史官の長）を務めた父・司馬談から、未完の史書の執筆を託された。匈奴に降伏を余儀なくされた将軍・李陵を擁護した罪に問われ、宮刑に処せられたが、挫けず全130巻を完成。従来の**編年体**（事績を年代順に並べる記述法）ではなく、項目ごとに分類する**紀伝体**を創始し、黄帝から前漢・武帝期までの歴史を、**本紀**（帝王・皇帝の年代記）、**世家**（諸侯の歴史）、**表**（年表）、**書**（諸制度）、**列伝**（人物伝と外国勢力の記録）としてまとめ上げた。

中国の正史・二十四史

清の時代、『史記』から『明史』までの24の正史が選定され、「二十四史」となった。

成立年	書名	著者	巻数
前97年（前91とも）	史記	司馬遷（前漢）	130巻
82年	漢書	班固（後漢）	120巻
432年	後漢書	范曄（南朝宋）	120巻
3世紀末	三国志	陳寿（晋）	65巻
648年	晋書	房玄齢他（唐）	130巻
488年	宋書	沈約（南朝梁）	100巻
6世紀前半	南斉書	蕭子顕（南朝梁）	59巻
636年	梁書	姚思廉（唐）	56巻

司馬遷　生没 前134？～前87？（異説あり）
10歳で古文を諳んじ、20歳頃天下漫遊の旅に出る。22歳頃、武帝の侍従になり巡遊に随行。父の死後、史書編纂事業を継承する。匈奴征伐に失敗した李陵を擁護し宮刑に処されるが、『史記』130巻を完成させる。

『史記』

636年	陳書	姚思廉（唐）	36巻
554年	魏書	魏収（北斉）	114巻
636年	北斉書	李百薬（唐）	50巻
636年	周書	令狐徳棻他（唐）	50巻
656年	隋書	魏徴・長孫無忌（唐）	85巻
659年	南史	李延寿（唐）	80巻
659年	北史	李延寿（唐）	100巻
945年	旧唐書	劉昫他（後晋）	200巻
1060年	新唐書	欧陽脩・宋祁（北宋）	225巻
974年	旧五代史	薛居正他（北宋）	150巻
1053年	新五代史	欧陽脩（北宋）	74巻
1345年	宋史	脱脱他（元）	496巻
1345年	遼史	脱脱他（元）	116巻
1345年	金史	脱脱他（元）	135巻
1370年	元史	宋濂・高啓他（明）	210巻
1739年	明史	張廷玉他（清）	332巻

中国深掘り

王朝を牛耳る者もいた!?
宦官の制度とは

清末期の下級宦官

去勢した男性の官吏のこと。去勢は捕虜、あるいは刑罰（宮刑）として罪人に施されたが、のちに立身出世の手段にもなる。前漢の司馬遷、また製紙法を改良し行政や文化に革新を起こした後漢の蔡倫ら偉大な功績をあげた宦官も多いが、男子禁制の後宮などで皇帝に近侍するため権力を掌握しやすく、秦、後漢、唐、明では王朝衰退の一因ともなった。宦官制度は日本では例がないが、中国では殷代から、またオリエント世界やギリシア、ローマ、トルコ、インド、朝鮮などでも広く導入されていた。

なぜ〝正〟史といわれるのか

中国では伝統的に学問を、権威のある順に4分野（四部）＝①**経**（儒教の注釈書）②**史**（歴史書・地理書）③**子**（儒教以外の諸子百家）④**集**（その他）に分ける。四部はさらに経と史、子と集に大別され、経と史こそエリートが学ぶべきものとされた。

経学で重要とされる経典・**四書五経**の一つで、孔子が編纂したとされる魯国の年代記『**春秋**』は、史実を通じて孔子の理念を明らかにしようとした。

その狙いを『史記』も踏襲。史学の祖・司馬遷は、経学の祖・孔子に倣って史書を編み、史実に基づきつつも、時に「**儒教としての正しさを伝えること**」を史実より重んじた。正史が〝正〟史たるゆえんである。司馬遷以降も個人による正史の著述は受け継がれ、唐代からは正史の編纂は王朝が主導する**国家事業**となった。

漢はなぜ一度滅亡し光武帝によって再興できたか？

漢の衰退と新・王莽の三日天下

漢7代・武帝は王朝の最盛期を築いたが、拡大戦略で経済が疲弊し、国力の回復が急務となった。8代・**昭帝**は8歳で即位後、霍去病の弟・霍光らの補佐を受けながら、外征はせず防衛に専念。10代・**宣帝**は貧民に土地を与えるなどして、**中興の祖**と称えられるほど国勢を盛り返し、外交でも匈奴の内乱に乗じて西域の支配強化に成功した。しかし儒教に傾倒しすぎた11代・**元帝**が民を慈しむがゆえに塩・鉄の専売を止め、財政は再び悪化。12代以降は外戚・王氏の専横を許し、ついには一族の**王莽**がまだ幼少の15代目・孺子嬰から禅譲を受ける形で帝位についた。〈後8〉漢は一度、滅亡した。

王莽は国号を**新**と改め、儒教が理想とした周王政の復活を目指すが、時代錯誤な施策による混乱に加え飢饉も発生。眉を赤く染めた反乱軍による**赤眉の乱**〈18～27〉などが起こり、新も1代15年で滅んだ。

前漢から後漢へ、復興と凋落

新の滅亡後、景帝の子孫・**劉秀**が反乱軍を制し漢を再興。25年に**光武帝**として即位した。新の前を**前漢**、後を**後漢**とも呼び、都が長安から洛陽へ東遷したので、中国では西漢・東漢と称している。

光武帝は前漢の政治を復活させ、減税など漢の再起に尽力。各地に儒教を学ぶ施設も作り、優れた人材を登用した。2代・明帝は分裂した匈奴のうち南匈奴を臣従させ、北匈奴も討伐。3代・章帝も寛容な統治で、後漢は最盛期を迎えた。

しかし4代・和帝以降、宦官と外戚の権力争いが激化。寒冷化による凶作や遊牧民の侵攻も続き、宗教結社・**太平道**が黄色い頭巾を目印に起こした**黄巾の乱**など、各地で農民反乱が勃発した。

前後合わせて約4世紀、儒教を普及させ、**最古の字書**『**説文解字**』を作り漢字文化圏を広めるなど、中国古典文化を確立した漢の崩壊が始まる。

Point

前漢は政治的混乱の末に滅亡。王莽が興した新もわずか15年で滅び、光武帝が漢を再興。

皇帝　**光武帝**　生没 前6～57　皇帝在位 25～57

一度滅亡した漢を復興し、中華史上屈指の名君といわれる。福岡県の志賀島で発見された「漢委奴国王」の金印は、光武帝が倭奴国（日本）に与えたものといわれる。「志ある者は事ついに成る」「柔よく剛を制す」などの言葉も残している。

00　400　200 \Here!/　BC200　BC1000

南北朝 | 三国 晋 | 後漢・新 | 前漢 | 秦 | 戦国 | 春秋 | 殷周 | 文明の起こり

発展する漢の社会

後漢時代の貯蔵塔

山東省博物館

豪族の生活

豪族たちは困窮した農民を囲って新田開発を行い、荘園を経営。財を蓄え私兵を雇った。当時、農民は半地下の竪穴式住居で暮らしたが、豪族は塀に囲まれた望楼のある屋敷に住んでいた。

社会の移り変わり

- **前漢・武帝期まで**：家族単位で小規模経営を行う自作農が中心。
- **前漢後期**：農民が没落し小作人に。豪族（大土地所有者）が台頭。豪族は郷挙里選により中央政界へも進出。
- **後漢**：豪族が私兵を持って救貧を行うなど、社会の支配層になる。

製紙法の改良

後漢の宦官・蔡倫が、樹皮などを材料に紙（蔡侯紙）を開発し、それまでの情報媒体の絹や竹などに代わって飛躍的に普及した。

古代中国の紙の製造法

工芸品

玉の板、数千枚を金の糸でとじ合わせて作られた葬服。皇帝や皇后、王侯貴族が亡くなると、その遺体に着せた。

金縷玉衣

南越王・趙眜（ちょうばつ）の墓から出土。

人物伝

王昭君 生没 ?～前1世紀

匈奴の妻とされた悲劇の美女

琵琶を弾く王昭君

　王昭君は前漢の元帝（位前48～前33）の宮女で、楊貴妃・西施・貂蝉と並ぶ古代中国四大美人の一人。前33年、匈奴の攻勢に苦しんでいた前漢は、匈奴の単于(王)の求めに応じ、和睦のため彼女を嫁がせた。異国に嫁ぐ日、王昭君が琵琶をかき鳴らすと、その悲しい調べに空を飛ぶ雁が次々と落ちてきたという。後世、『漢宮秋』などの元曲や唐詩で、悲劇の美女として語り継がれた。墓はいくつか伝えられるが、現在の内モンゴル自治区、フフホトにあるものが有名である。

その時世界は?

［前27年］ローマのオクタウィアヌスが初代皇帝となり帝政が始まる

知恵と教訓を授ける故事成語 その由来となったエピソードを知る

中国史に育まれた珠玉の言葉

中国には、歴史のエピソードを背景にした成語が多く、**故事成語**と呼ばれる。「**臥薪嘗胆**」なら呉と越の親子2代にわたる興亡と教訓が、「**宋襄の仁**」なら春秋五覇の戦いぶりと後世の評価が、わずか数文字に凝縮されている。

また日本に漢字文化が伝わったのは奈良時代、王仁が『論語』や『千字文』を伝えてからといわれるが、『平家物語』でも「屋島の戦い」の那須与一のシーンで、美女を「**傾城**」（「城＝国家」の意）と記し、「国を傾けるほどの美女」を鮮やかに描き出している。

故事成語は現代も我々に、知恵や教訓を与えてくれるのみならず、深く豊かな表現をもたらしてくれる。

臥薪嘗胆

春秋時代、呉王・夫差は父を越に殺された恨みを忘れぬよう、毎晩、薪の上で寝た。越王・勾践は夫差の復讐に敗れてから毎日、苦い肝を舐め雪辱を誓い、呉を滅ぼした。この経緯から「目的達成のため苦労を重ねる」こと。

薪の上に寝て、その痛みで毎日屈辱を思い出した夫差と、天井から動物の肝を吊るし、朝起きるとその肝をなめて苦さに堪えた勾践。

宋襄の仁

宋の襄公が河岸で楚と戦った際、敵が川を渡り終え、陣形を整えるまで出撃を待ち、大敗を喫したことから「無用な情けをかけてひどい目に遭う」という意味になった。しかし襄公は敗戦後も「君子は弱みにつけこまない」と語ったという。

杞憂

戦国時代、杞国の人が「天が落ちてきたら？」と憂えた故事から「心配する必要のないことを心配する」という意味。原典の『列子』では「天地は崩れるかもしれないが思い悩んで何になる？」といかにも道家らしく語られている。

呉越同舟（ごえつどうしゅう）

呉と越は「臥薪嘗胆」でも知られる通り、夫差の父の死から呉滅亡までだけでも20年以上の宿敵。兵家の孫子は兵の統率方法を問われた際「呉と越でも同じ舟に乗り嵐に遭えば助け合う」と例え、協力せざるを得ないようにせよ、と説いた。

人事を尽くして天命を待つ

できる限りの努力をしたら、あとは天の定めた運命に身を任せるという意味。天命とは「天が人に与えた使命」という意味。五胡十六国時代、東晋の宰相・謝安は「淝水（ひすい）の戦い」で、前秦の苻堅率いる100万の大軍に対し、様々な作戦を駆使して８万の兵で勝利。「人事を尽くして天命に聴（まか）す」と称された。

折檻（せっかん）

家臣の諫言に前漢・成帝が激怒。追われた家臣は「我が命より王朝の行く末が心配」と檻（てすり）にしがみついて訴え、檻が折れてしまう。その後、成帝は猛省しその家臣に感謝する。本来は体罰の意ではなく「真心を持って人を諫める」ことを表す。

桃李（とうり）もの言わざれども下自ずから蹊を成す

前漢の老将軍・李広が民衆に慕われた様子を、『史記』では「かぐわしい桃や李の木の下には自然と道ができる」と評した。『史記』の作者・司馬遷の宮刑は、奮戦むなしく匈奴に降った将軍・李陵を擁護したためだが、李陵は李広の孫である。

傍若無人（ぼうじゃくぶじん）

始皇帝暗殺未遂を起こした荊軻は、「傍らに人無きがごと」く、酔うと歌ったり泣いたりした。『史記』刺客列伝で高く評価された荊軻だが、のちに「わがまま勝手に振る舞う」という悪い意味の成語も残してしまった。

髀肉（ひにく）の嘆

『三国志』の英雄・劉備が40代の半ば、酒宴のトイレで髀肉（太ももの肉）のたるみに気づき、曹操らの活躍をうらやみながら「昔は締まっていたのに」と嘆いたことから「力を発揮できる機会に恵まれずくやしく思う」意を表す。

箕子（きし）の憂い

殷の最後の王・紂王が象牙の箸を使い始めたのを見て、叔父の箕子は「これから贅沢になり国が滅ぶ」と嘆いたとされる。「小事から将来を見極める」という意味で、渋沢栄一も10代の頃、父からこの故事を引いて諭されたそうだ。

中国の正史の記述からわかる古代日本（倭国）の姿とは？

中国の「正史」に記された日本

倭や日本について説明された記述のうち、その一部を紹介する。

『漢書』
倭人百余国に分立。一部、楽浪郡と交渉。

『後漢書』
倭奴国王、後漢に朝貢し光武帝より印綬を授かる。

『三国志』（「魏志」倭人伝）
倭の諸国が女王・卑弥呼を共立し邪馬台国を中心に連合。卑弥呼、魏に遣使し「親魏倭王」の称号と金印、銅鏡100枚を授かる。

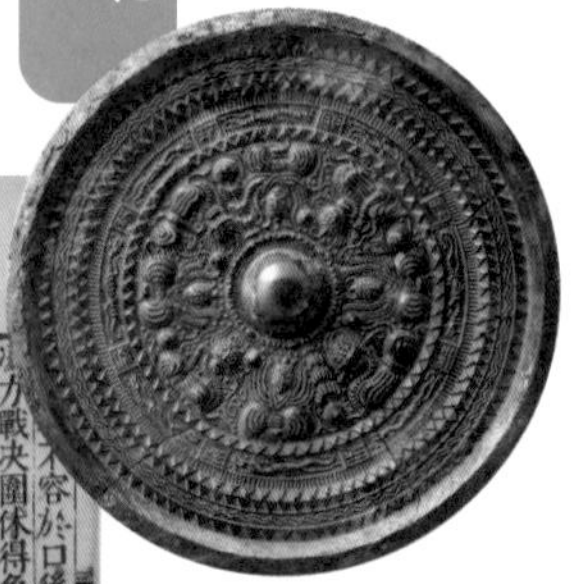

三角縁神獣鏡
魏から卑弥呼へ贈られたといわれる（黒塚古墳）。
奈良県立橿原考古学研究所蔵

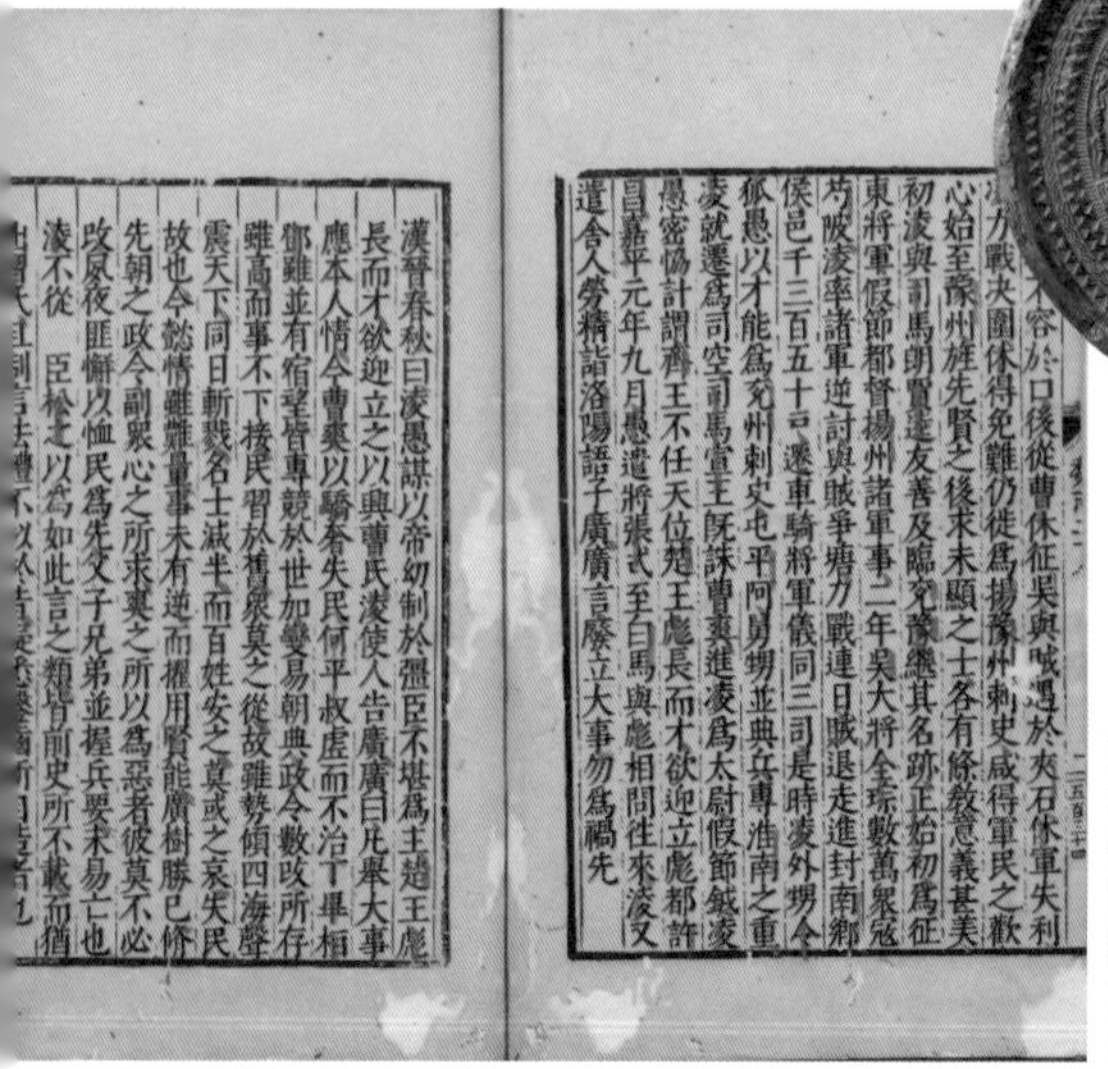

「魏志」倭人伝
「正史」の『三国志』に収められた「魏書（魏志）」には「東夷伝」という条があり、その中に2世紀後半の邪馬台国と卑弥呼についての記述が残る。日本の地理や倭人の習俗などについても記されている。

初登場は「楽浪海中の倭人」

文字を持たない古代日本の様子は、中国の歴史史料に見ることができる。日本（倭）が最初に認められるのは、漢・高祖から新までを記した正史『**漢書**』**地理志**である。「夫れ楽浪海中に倭人あり。分かれて百余国を為す。歳時を以て来たり献見すと云う」つまり前1世紀頃「楽浪（朝鮮半島）の海の向こうに倭人がいて、国は百余りに分かれ、定期的に貢物を献じた」とある。

後漢について記した正史『**後漢書**』**東夷伝**は、光武帝に倭奴国が朝貢し金印を賜ったこと、107年に倭国王・帥升が奴隷を献上したこと、2世紀後半に「倭国大いに乱れ」、争乱（**倭国大乱**）があったことを伝えている。

『晋書』
倭国、東晋に朝貢。

『宋書』
倭が宋に朝貢。宋は倭王・武に百済を除く朝鮮半島と倭の6カ国の軍事権を認める記述がある。

『南斉書』
太祖・高帝は倭王・武を安東大将軍から鎮東大将軍に進めた。

『梁書』
梁の武帝、倭王・武を征東将軍に進めた。

『北史』
倭国の位置、風俗、外交史など。

『南史』
倭国の風俗、倭の五王など。

『隋書』
新羅・百済は倭を敬い使いを通わせる。倭王・多利思比孤（たりしひこ）は隋に国書を送り、煬帝は官庁の役人を遣わした。

『旧唐書』
「倭国伝」「日本国伝」の二つの記述。

『新唐書』
日本の天皇の系譜と主な出来事。桓武の時代に橘逸勢や空海らが留学。

中国から日本へ

金印「漢委奴国王」は真偽が疑われていた!?

1784年、福岡県の志賀島で「漢委奴国王」と記された金印が見つかり、『後漢書』に「紀元57年に倭奴国が貢物を奉じて来朝し（中略）光武帝は印綬を賜った」という記述にある金印だといわれた。当時の皇帝は、諸国の王に臣下の証しとして金印を与えていた。当時の日本の倭奴国も、後漢の後ろ盾を得て優位に立とうとしたようだ。長らく真偽が疑われていたが、1981年に中国江蘇省でそっくりの金印が出土し、今では本物の金印とされている。

「漢委奴国王」の金印

福岡市博物館蔵
金印の印面

邪馬台国と倭の五王

三国についてまとめた正史『**三国志**』の「**魏志**」**倭人伝**には、邪馬台国の**卑弥呼**が登場。**親魏倭王**の称号と金印と銅鏡を賜った。朝貢は魏が当時の第4勢力・公孫氏を滅ぼした翌年239年のことで、倭について巻中最大の紙幅を割いていることから、魏（および魏から禅譲された西晋）の勢力を誇示する狙いがあったとみられる。一方で邪馬台国も敵対する狗奴国に、後ろ盾をアピールしたかったようだ。その後も『**晋書**』に、邪馬台国の**壱与**が晋に朝貢したことが記されている。

南朝の宋の正史『**宋書**』の**倭国伝**には**倭の五王＝讃・珍・済・興・武**が姿を見せ、武（雄略天皇）の時に朝鮮半島と倭の6カ国の軍事権を認め、安東大将軍・倭王にした。なお、正史は王朝の正統性を主張すべく編纂されていることに留意しておきたい。

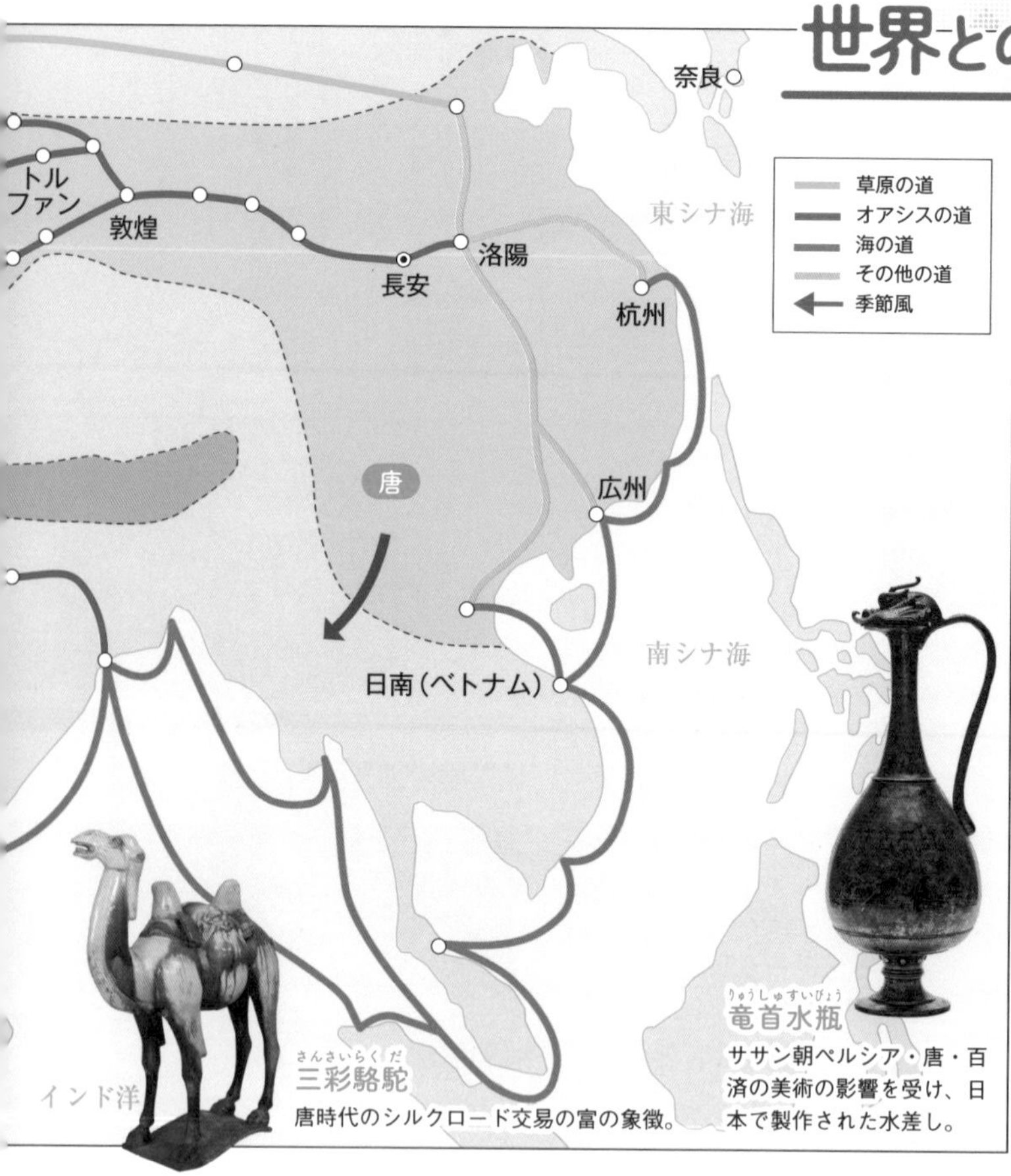

草原の道
オアシスの道
海の道
その他の道
季節風

奈良
トルファン
敦煌
長安
洛陽
杭州
東シナ海
唐
広州
日南（ベトナム）
南シナ海
インド洋

三彩駱駝（さんさいらくだ）
唐時代のシルクロード交易の富の象徴。

竜首水瓶（りゅうしゅすいびょう）
ササン朝ペルシア・唐・百済の美術の影響を受け、日本で製作された水差し。

ユーラシア大陸の東西を結んだ大動脈 シルクロードはどのように発展したのか？

東西をつなぐ広域ネットワーク

シルクロードはその名の通り「**絹の道**」である。中国の絹がヨーロッパへ運ばれ、様々な文化がユーラシアの東西を結ぶ交易路を通じて伝えられた。

主要な3ルート＝①天山山脈南側のオアシス都市を結ぶ**オアシスの道**（**天山南路**）②天山山脈北側の草原（ステップ）地帯を通る**草原の道**（**天山北路**）③東シナ海・南シナ海・インド洋・アラビア海を巡る**海の道**（**海上路**）のみならず、実際には網の目のように広がる交易ネットワークであった。また中央アジアは草原の遊牧民とオアシスの農耕民が交わるエリアであり、イラン系のソグド人や、トルコ系の遊牧民などが活躍した。

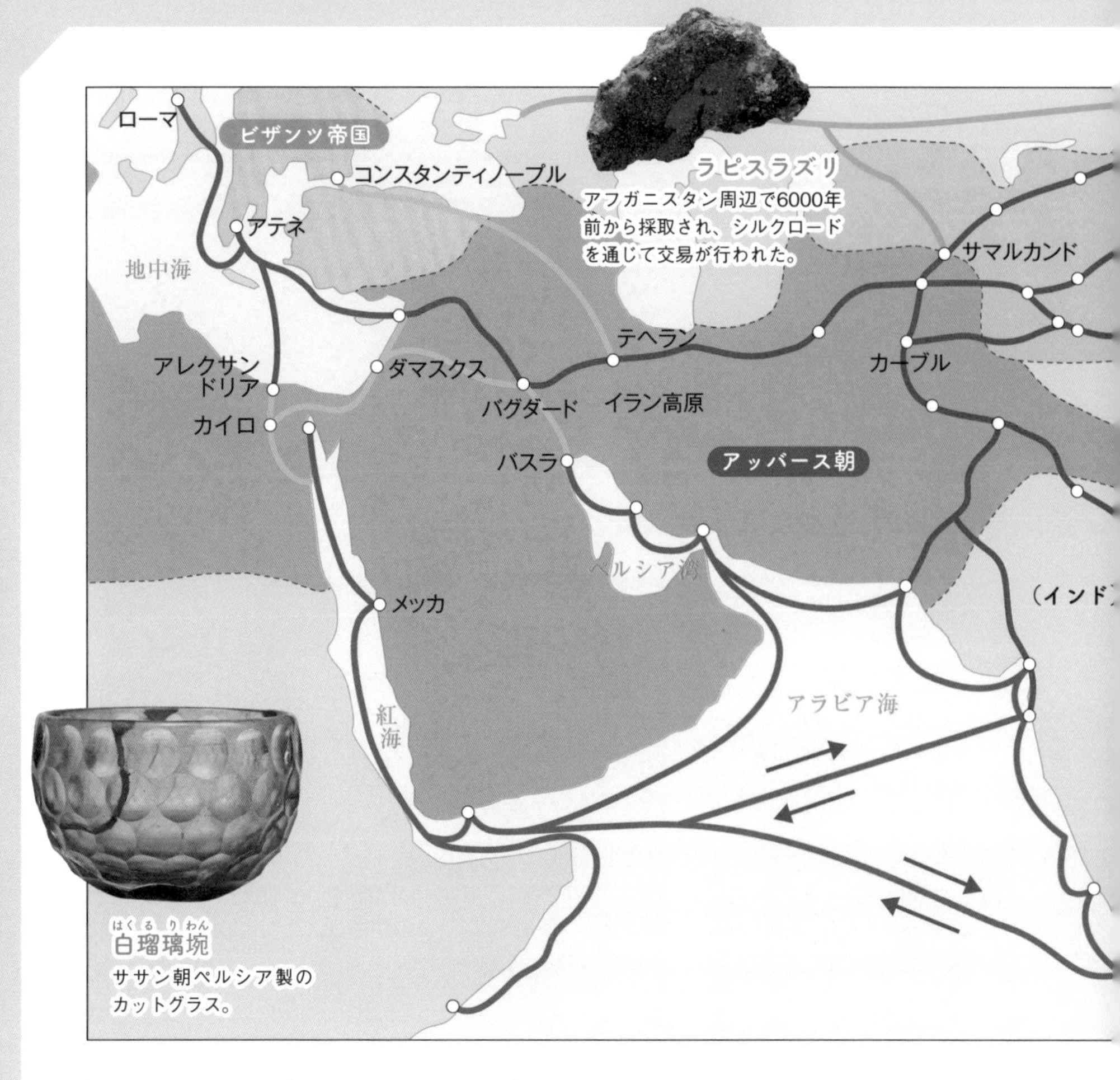

交易で栄える漢とローマ

前漢時代は、武帝の使者・**張騫**が約13年もの旅の末、西域の特産を持ち帰る。武帝は大宛の「血のような汗を流し一日千里を走る」と称された**汗血馬**に魅了され、西域経営を活発化させた。

後漢時代にも**班超**が「虎穴に入らずんば虎子を得ず」と語った勇戦で西域諸国を服属させている。

166年には**ローマ皇帝・大秦王安敦**の使者が日南郡（ベトナム）を訪れた。安敦はマルクス・アウレリウス・アントニヌスとされる。漢王朝とローマ帝国はこの時期、交易を介して互いに影響し合い、共に繁栄したといえるだろう。

唐代になると、**都・長安**は世界中の学問や文化が集まる**国際都市**になった。日本は、唐から高度な文化を取り入れ、シルクロードの終着点と呼ばれる。正倉院には、当時の交易の繁栄を伝える御物が伝えられている。

中国世界遺産ガイド

文化遺産～古典文明・春秋戦国・秦・漢

5000年以上前の初期都市国家の様子がわかるといわれている。

① 良渚古城遺跡

浙江省杭州市
前3500～前2200

新石器時代後期に長江下流域に稲作農耕文化圏があったことを伝える城郭遺跡。土製の記念碑や水保全システム、多様な玉器などが出土し、中国文明の起源となった長江文明を裏付けたともいわれる。

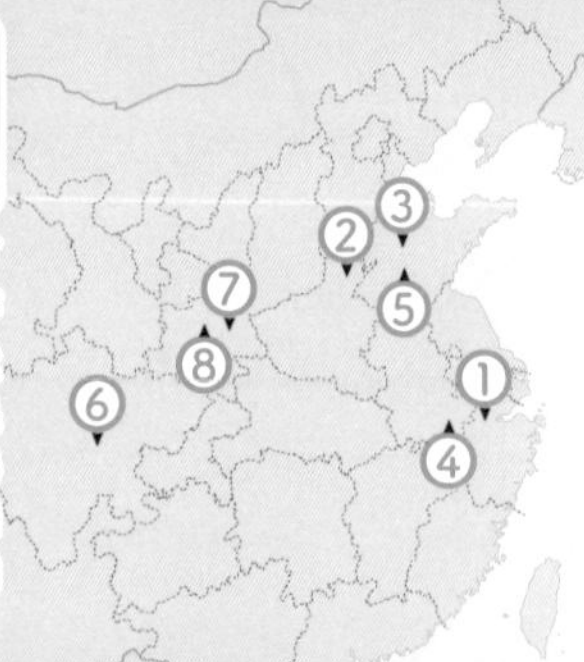

③ 泰山

山東省泰安市
秦 漢

道教の聖地といわれる五岳の中で最も尊いとされている。秦の始皇帝が不老不死を願い、山頂で天を祀り（封）、山麓で地の神を祀る（禅）封禅の儀式を行った。標高1545m。

泰山は、中国の5元紙幣の裏側の図柄にもなっている。

多くの皇族の陵墓や宮殿が発掘された。

② 殷墟

河南省安陽市
殷

殷王朝後期の首都の遺跡。文献や資料で実証された中国最古の遺跡。深さ20mを超える王の地下墳墓など、陵墓が十数カ所発見され、亀甲文字が彫られた獣骨や青銅器も多数出土した。

④ 黄山

安徽省黄山市
唐 など

標高1800m以上の天都峰・蓮花峰・光明頂の三つの主峰を持つ名勝で、水墨画の原風景といわれる。古代の伝説の王・黄帝がここで仙人になったという伝説があり、唐の玄宗皇帝が黄山に改名した。

「黄山を見ずして、山を見たというなかれ」ともいわれる。

⑤曲阜の孔廟、孔林、孔府

山東省曲阜市

春秋～清

儒教で最も重要な聖地。孔子の生誕地である魯国の古都・曲阜にあり、祭祀が行われる孔廟、一族の墓地である孔林、私邸や役所跡である孔府などで構成される。

孔廟では年に一度、孔子を祀る祭りが行われる。

⑦秦の始皇帝陵

陝西省西安市

秦

始皇帝の絶大な権力を伝える地下宮殿。70万人余の人手により40年の歳月を費やして造営された。兵馬俑坑には秦の大軍団が再現され、6000体もの陶製の兵隊や軍馬などが発掘された。

規模の大きさと写実的な造形美で世界中を驚かせた。

都江堰は今も成都（チャンドゥ）平原の農地を潤している。

⑥青城山と都江堰水利（灌漑）施設

四川省都江堰市

戦国 後漢 唐 など

青城山は後漢時代に道教の創始者・張陵が布教を始めた聖地。都江堰は戦国時代に秦の李冰が始めた古代の灌漑施設。洪水と干ばつに苦しんでいた秦や蜀を大穀倉地帯に変えた。

⑧シルクロード：長安－天山回廊の交易路網

カザフスタン・キルギス・中国

前漢～明

長安～西アジア～インドを結ぶシルクロードのうち、長安から中央アジアのタラス渓谷に至る総延長距離8700kmの交易路線に点在する、宮殿や石窟寺院など、33の構成遺産。

唐の高僧・玄奘がインドから持ち帰った経典を納めた大雁塔（西安市）。

第3章 分立から統一へ

三国　晋　五胡十六国
南北朝　隋　唐

時代	年代	出来事
後漢	184	太平道の信者が起こした黄巾の乱を契機に後漢が衰退 ⬇P82
	208	赤壁の戦いで孫・劉連合軍が勝利 ⬇P84
三国	220	献帝が曹丕に禅譲し後漢が滅亡
	この頃	門閥貴族の形成が始まる ⬇P88
	263	司馬昭が蜀を滅ぼす
	265	司馬炎が曹奐から禅譲を受け、西晋を建国する
晋	280	司馬炎が呉を滅ぼし、三国を統一する
	290	八王の乱で西晋が弱体化する（～306）
五胡十六国	316	西晋滅亡。江南に東晋が興り、華北は五胡十六国時代となる ⬇P86
	この頃	敦煌で石窟寺院の造営が始まる ⬇P90
	383	淝水の戦いで東晋が前秦を破る
南北朝	439	北魏が華北を統一する
	この頃	雲崗・竜門で石窟寺院の造営が始まる
	581	北周重臣の楊堅（文帝）が隋を建国する
	584	隋による大運河建設が始まる（～610）

寒冷化の影響による自然災害や遊牧民の流入に悩まされていた**後漢**は黄巾の乱を契機に衰退し、**魏・呉・蜀**が並立する三国時代が始まる。魏から禅譲を受けた**西晋**が統一を果たすも、短期間で滅亡。華北は遊牧民が建てた小国が分立する**五胡十六国時代**へ突入する。一方、開発が進む江南の南朝では、華北からの亡命貴族による文化が花開いた。

再び統一したのは**隋**の文帝だった。文帝は律令制を整え、南北を結ぶ大運河を開削。これらは次代の**唐**に引きつがれた。唐を興した鮮卑系の李氏は、漢人と共存する「胡漢一体」で王朝を安定させ、首都・長安は世界屈指の都市として栄える。しかし、安史の乱を契機に中央政府の支配の範囲は縮小し、唐の栄華は潰えていく。

王朝	年	出来事
隋	589	隋が南朝の陳を滅ぼし、南北朝を統一する
隋	607	日本（倭）の厩戸王が煬帝に遣隋使を送る ⬇P94
唐	618	煬帝が殺害され、李淵（高祖）が唐を建国する
唐	626	李世民（太宗）がクーデタを起こし即位する（玄武門の変）⬇P96
唐	629	玄奘が唐を密出国し、インドへ向かう（645年に帰国）⬇P104
唐	660	高宗が百済を征服。668年には高句麗も征服する ⬇P98
武周	690	武照（則天武后）が即位し、国号を周（武周）と改める（～705）
唐	710	韋皇后が簒奪を図るが李隆基（玄宗）によってはばまれる
唐	この頃	玄宗が開元の治を行う
唐	742	この年までに十節度使が設置される
唐	755	安史の乱が始まる（～763）⬇P108
唐	807	白居易が「長恨歌」をつくる ⬇P100
唐	875	黄巣の乱が始まる（～884）
唐	907	朱全忠により唐が滅ぶ

曹操・劉備・孫権ら群雄が割拠 なぜ三国に分立したのか？

Point

太平道の反乱を機に後漢は衰亡。魏・呉・蜀の三国鼎立を経て、西晋が中華を統一する。

黄巾の乱と曹操の覇権

2世紀後半、後漢は**寒冷化による自然災害**の多発、地方の発展に伴う**諸部族の台頭**に悩まされた。184年に宗教集団の太平道が蜂起して**黄巾の乱**が勃発。後漢は急速に衰退していく一方、名家出身の袁紹をはじめ、豪族が各地で割拠した。

中でも、後漢の官僚だった**曹操**は献帝（劉協）を擁立し、漢の復興を名目として勢力を拡大。軍隊だけでなく流民にも土地を与えて税を徴収する新しい**屯田制**をしいて国力を増強し、**官渡の戦い**〈200〉で袁紹を破って河北を平定した。

これに対抗したのが、長江下流の江東を支配する**孫権**と、前漢・景帝の末裔を称する**劉備**であった。曹操が荊州を制圧して江東に迫ると、孫権は劉備と連合し、赤壁の戦い〈208〉で曹操軍を撃破。**劉備は西側の益州**を奪って拠点とし、**孫権は江東の**支配を盤石にして、**華北の曹操**と**天下を三分**した。

王朝交代のモデルとなった漢魏革命

216年、曹操は献帝から魏王に封じられ、跡を継いだ曹丕は、献帝から帝位を譲られる「**禅譲**」の形で即位し魏を建国する〈220〉。これは**漢魏革命**と呼ばれ、以後数百年にわたり**王朝交代の手本**となった。劉備と孫権も皇帝に即位してそれぞれ蜀と呉を建国し、**魏・呉・蜀の三国時代**が幕を開ける。

劉備の死後、蜀では丞相の**諸葛亮**が実権を握り、魏の打倒を目指して北伐を繰り返したが失敗する。一方、魏では司馬氏が台頭し、263年に蜀を滅ぼすと、2年後、司馬炎（武帝）が禅譲により即位。魏を滅ぼして西晋を建国する。孫権の孫・孫皓の暴政により衰退した呉も司馬炎に滅ぼされ、**西晋によって統一**された〈280〉。

後漢末から呉の滅亡までの動乱の歴史は、西晋の歴史家・陳寿によって『**三国志**』として結実し、中国・日本の歴史や思想に大きな影響を与えた。

皇帝 **司馬炎（武帝）** 生没 236～290 皇帝在位 265～289

祖父は諸葛亮の北伐を阻止した司馬懿、父は蜀を滅ぼした司馬昭。父の跡を継いで晋王となった後、魏帝・曹奐に迫って禅譲を受け、西晋を建国した。280年に呉を滅ぼし三国統一を達成するが、その後は酒におぼれ、政治に興味を失ったという。

三国に分かれた中国

後漢崩壊後、割拠する群雄を制した曹操・劉備・孫権による三国鼎立が始まった。

その時日本は?

［239年］邪馬台国の女王・卑弥呼が魏の明帝から「親魏倭王」の金印を授かる

諸葛亮

生没 181 ～ 234

三顧の礼によって劉備に仕え、蜀建国に貢献。劉備の死後、5度北伐を敢行するが、五丈原で陣没する。

COMIC GUIDE

『三国志』

三国志マンガの金字塔

マンガ界の巨匠・横山光輝の代表作。吉川英治の小説『三国志』をベースとして描かれた大作で、吉川本とともに日本における『三国志』関連作品に大きな影響を与えた。明代の『三国志演義』が呉の滅亡までを描いているのに対し、本作は蜀の滅亡で幕を閉じ、劉備・諸葛亮を主人公とする意図をより明確に表している点に特徴がある。生き生きとした人物描写、マンガならではの明快なセリフも大きな魅力。

［作者］横山光輝
［巻数］全60巻（希望コミックス版）
［刊行］1974～88年
［出版］潮出版社

曹操 生没 155 ～ 220

猛将・呂布や袁紹を破って中原の覇者となる。軍事・政治・文学に優れ、魏の礎を築いた。

劉備 生没 161 ～ 223

前漢・景帝の末裔を称した。関羽・張飛とともに乱世を流浪した末、益州に蜀を建国する。

孫権 生没 182 ～ 252

豪族連合である呉をまとめて江東に割拠。魏・蜀に対抗して皇帝に即位する。

三国鼎立を形づくった赤壁の戦い

208年に曹操軍が南下すると、荊州に寄寓していた劉備は夏口へ逃れ、孫権軍と同盟を結ぶ。孫・劉連合軍は赤壁で曹操軍を破り、曹操の天下統一をはばんだ。

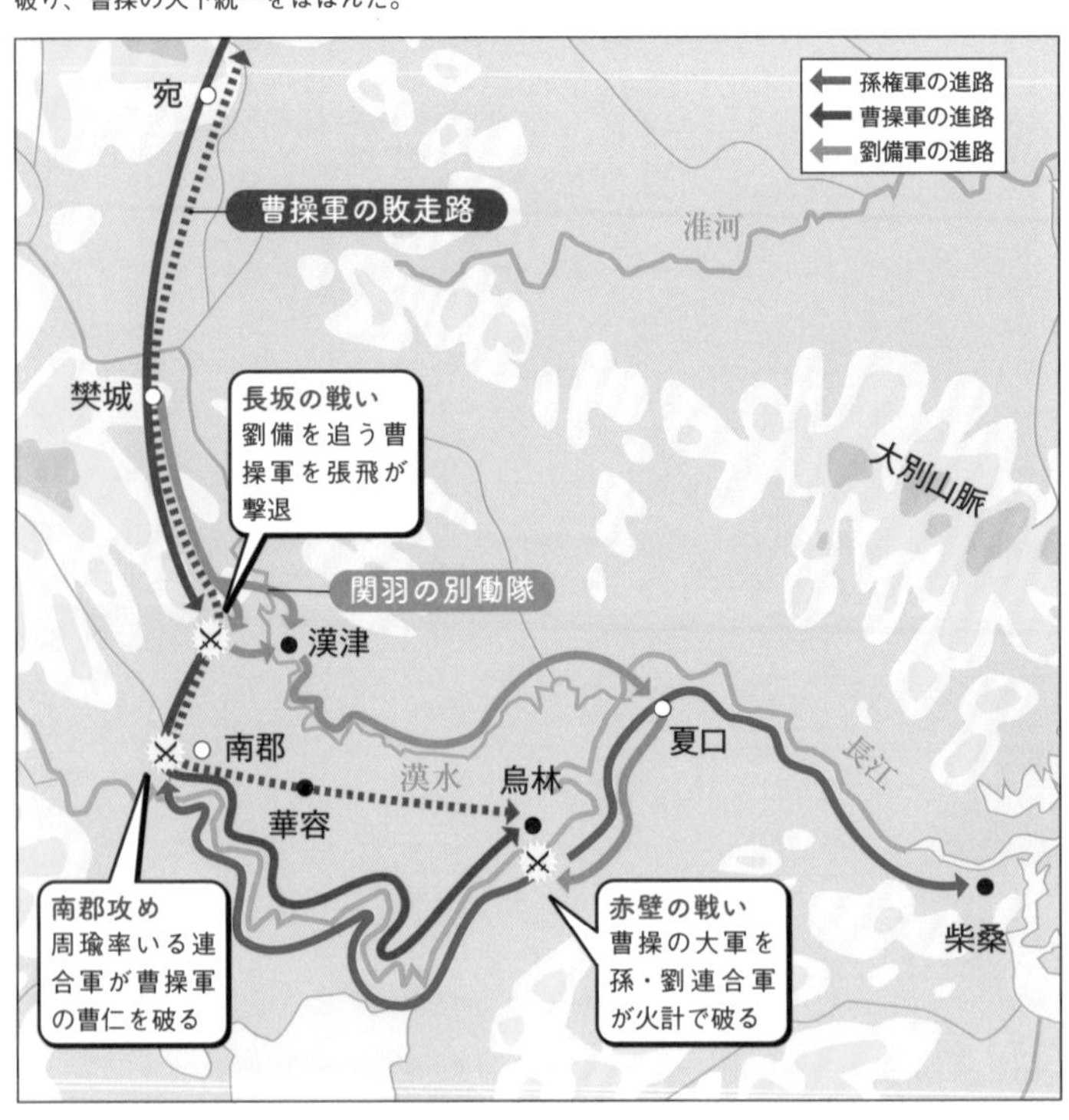

三国鼎立の契機となった赤壁の戦いの勝敗のゆくえ

周瑜の主張で徹底抗戦に決す

官渡の戦い後、袁紹の残党を支援していた烏桓（うがん）を征討し、**華北を平定**した曹操は、208年、中華統一を目指して南下を開始する。戦わずして荊州を制圧し、樊城（はんじょう）にいた劉備を退けた曹操は、孫権に「呉に会猟（かいりょう）せん（一戦交えようではないか）」と宣戦布告する。

重臣の多くが孫権に降伏を勧める中、徹底抗戦を主張したのが側近の**周瑜**（しゅうゆ）である。曹操率いる北方の兵は**水戦に不慣れ**で、南方の気候により**病人が続出する**と周瑜は考えていたのだ。こうして軍議は開戦に決し、周瑜は3万の水軍を編成。同盟を結んでいた劉備とも合流して長江を下り、**赤壁**で80万を称する曹操軍と対峙したのである。

燃える赤壁
数で劣る孫・劉連合軍は、偽投降で呉将・黄蓋を曹操の船団に近づかせて火を放った。CG／成瀬京司

COMIC GUIDE

『蒼天航路』

［作者］漫画／王欣太、原作／李學仁
［巻数］全36巻（電子書籍で発売中）
［刊行］1995〜2006年
［出版］講談社

曹操を英雄として描いた歴史漫画

1994年から11年間、「週刊モーニング」で連載された。正史『三国志』や小説『三国志演義』をベースに、悪役として描かれることが多い曹操を主人公として描いている。人材の登用に心血を注ぎ、既成の価値観にとらわれず軍事・政治を刷新した改革者、文学から音楽、料理、医学までマルチな才能を備えた才人として曹操を描き、新たな「三国志」像を示した。

周瑜 生没 175 〜 210
孫権の兄・孫策の代から孫家に仕える。文武に優れ、曹操が自軍に引き抜こうしたこともある。赤壁の戦いでは抗戦を主張し、火計で曹操軍を破った。

火攻めにより曹操軍は壊滅

緒戦は孫・劉連合軍が勝利し、曹操は赤壁の北岸（烏林）に退却した。ここで孫軍は**黄蓋**の献策をいれて、密集している敵船団に向けて**火攻め**を敢行。

黄蓋が曹操に降伏を申し入れて油断させた上で、数十艘の戦艦に木や草を満載して油を注ぎ、追い風が吹くのを待って行動を開始。川の中ほどで戦艦に火を放ち、敵陣に突入させたのである。炎は敵船を焼き尽くし、**曹操軍は総崩れ**となった。曹操は劉備軍の追撃を受け、泥道にはばまれながら、命からがら華北に逃れたという。

この一戦で曹操の中華統一の野望は潰えた。一方、孫権は**江東の支配を固め**て北方進出のきっかけをつかみ、傭兵隊長にすぎなかった**劉備は自立**して荊州、さらに益州へ支配を広げ**蜀の基盤**をつくった。赤壁の戦いは**三国時代**を招く分岐点となったのである。

なぜ北方の遊牧民が興した小国家が華北に割拠したのか？

Point

西晋が滅び、華北は小国の分立状態となる。西晋の皇族は江南へ逃れ、東晋を築いた。

寒冷化により諸部族が南下

西晋では司馬炎の死後間もなく、諸王の対立から**八王の乱**と呼ばれる内乱が発生し、国内は混乱した。この時、諸王は北方の騎馬遊牧民を味方にして戦力としたため、**鮮卑・匈奴・羯・氐・羌の五胡**と呼ばれる諸部族が台頭。**世界的な寒冷化**の影響もあって、五胡は積極的に華北に南下し、次々と小国家を建国した。以後、5世紀前半までの混乱の時代を**五胡十六国時代**と呼ぶ。

その混乱の中、魏・西晋に仕えた**匈奴の劉淵**が自立して**漢**（前趙）を建国する。子の**劉聡**は洛陽・長安を攻めて、316年に**西晋を滅ぼした**。この時、西晋の皇族・**司馬睿**は江南に下り、建康（現在の南京）を首都として**東晋を建てる**。

一方、漢は内紛により滅亡し、その跡を継いだ前趙も存続できず、4世紀半ばになって華北を統一したのは**前秦の天王・苻堅**（氐族）であった。

南北朝時代も分立状態が続く

こうして北に前秦、南に東晋が並立する状態が生まれたが、前秦は**淝水の戦い**（383）で東晋に敗れ、諸部族の離反を招き滅亡する。勝った東晋も衰退し、軍人の**劉裕**が禅譲によって宋を建国した。その宋も数代で滅び、以後、**斉・梁・陳と王朝交代**を繰り返した。宋から陳までの歴代を**南朝**と呼ぶ。

この間、華北では鮮卑の拓跋珪が**北魏**を建国し、北燕や夏などの小国家を倒して**華北を統一**する。北魏は農民に土地を与え、負担を課す均田制などで発展したが、漢人文化に傾倒したため反乱が続発し、西魏と東魏に分裂。さらに両国とも宮廷の勢力争いにより東魏は北斉に、西魏は北周へ王朝交代が行われた。この時代の華北を**北朝**と呼ぶ。

華北と江南はもともと気候も文化も異なる**分立した地域**であった。それぞれ独自の発展を遂げていたことが、統一を困難にしたといわれている。

用語　「天王」

五胡十六国時代に君主の多くが使用した称号。周代にも使用された例があるが、五胡十六国の天王号は、皇帝と同等の力を持っていたものの、敵対勢力がある局地的な権力にすぎないことを自覚し、皇帝を名乗るのを遠慮するために使われたと考えられている。

南北の分立

西晋の滅亡後、華北は小国が興っては滅びる群雄割拠状態となる。439年に北魏が華北を統一するが、南朝を併呑することはできず東魏と西魏に分裂する。

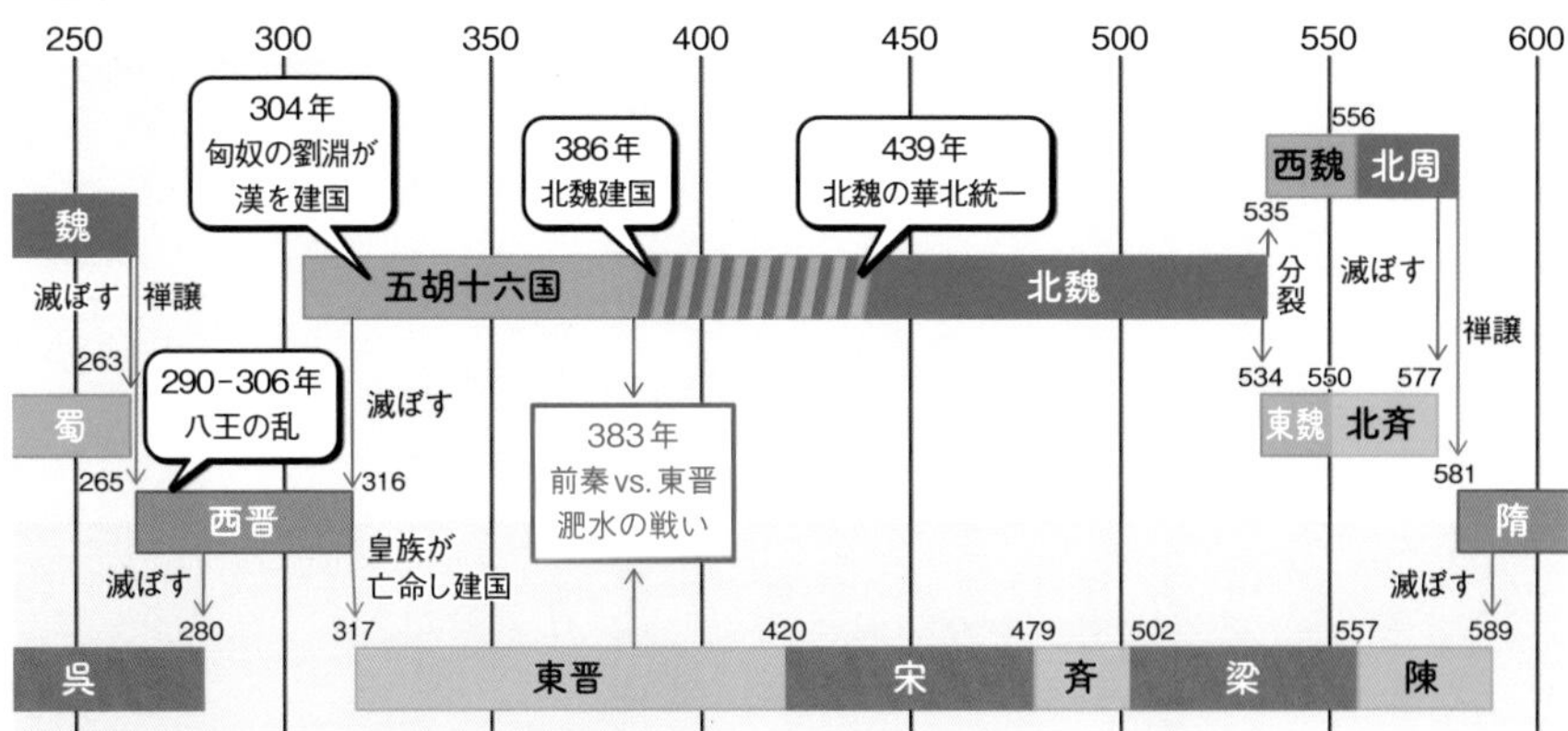

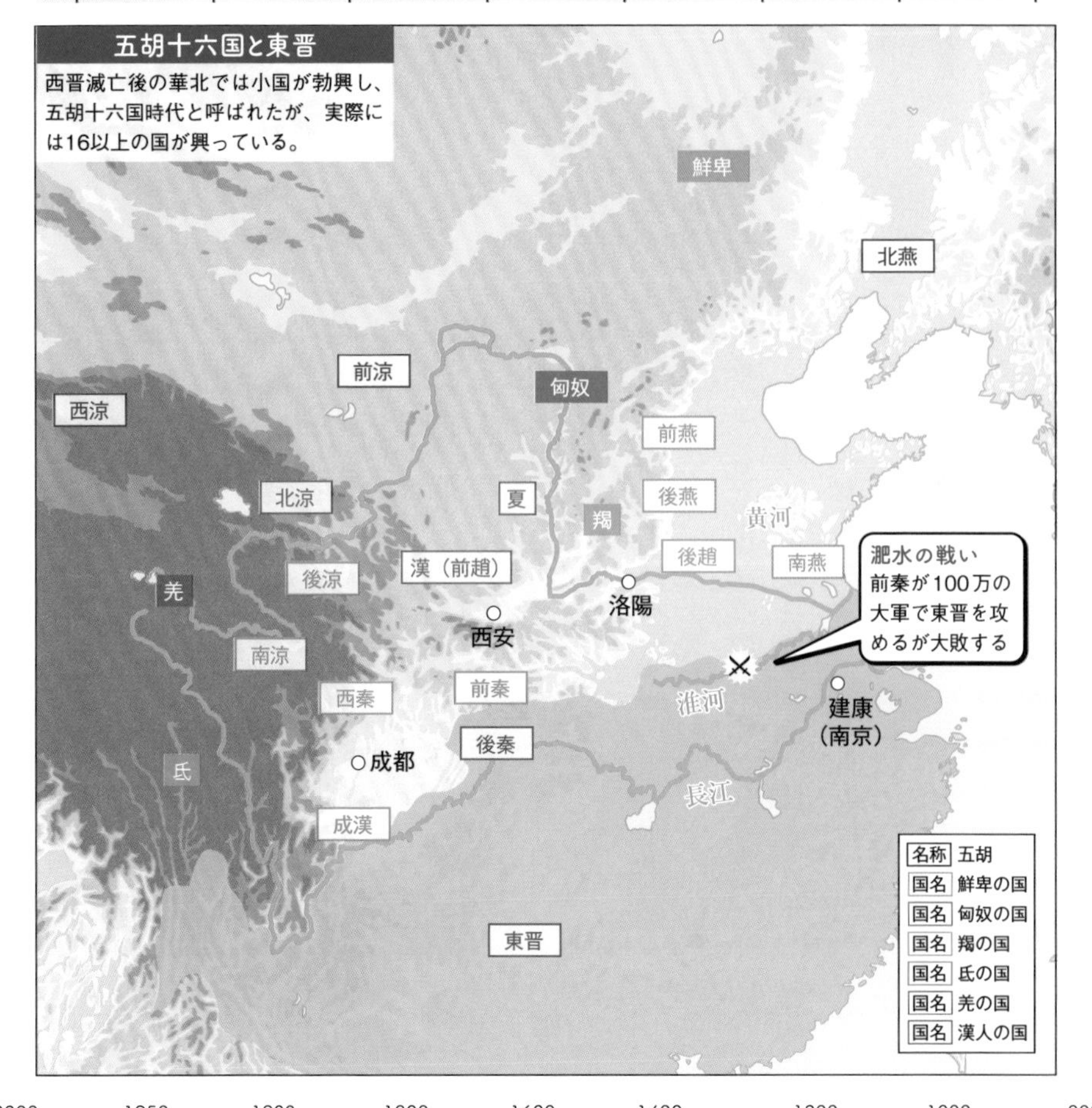

五胡十六国と東晋

西晋滅亡後の華北では小国が勃興し、五胡十六国時代と呼ばれたが、実際には16以上の国が興っている。

その時世界は？

［392年］ローマ皇帝・テオドシウス1世がキリスト教を国教とする

貴族が主導して花開いた魏晋南北朝時代の六朝文化

門閥貴族の誕生

魏・西晋から南北朝時代は、多くの王朝が興亡を繰り広げる一方、多彩な文化が花開いた時代でもある。その背景には貴族の誕生があった。

貴族が生まれるきっかけの一つは、魏の曹丕が創設した**九品官人法**(きゅうひんかんじんほう)であった。もともと、才能や名声をもつ地方の名士を官吏に登用してランクを与える制度であったが、西晋の時代になると家柄が重視されるようになり、やがて**門閥貴族**が形成され**官職を独占**するようになる。貴族と一般庶民の間に大きな身分差ができたのである。

やがて西晋が滅び、江南に東晋が建国されると、華北の貴族たちも南下し、南朝において優雅な貴族文化(**六朝文化**(りくちょう))を花開かせる。一方、華北の胡族にも貴族になる者が現れ、遊牧民らしい質実剛健な文化が成立する。**北魏の孝文帝**(こうぶんてい)のように、積極的に**漢人文化を取り入れる**王朝もあった。

各方面で花開いた六朝文化

魏晋南北朝時代には、芸術・思想面においても大きな変化が起こった。文学や絵画では、自然や人物など自由な題材が好まれるようになり、画聖とうたわれた**東晋の顧愷之**(こがいし)、**自然美を歌った詩人の陶潜**(とうせん)(淵明(えんめい))、書では**書聖と称された王羲之**(おうぎし)が輩出した。文学では南朝梁の昭明太子(しょうめいたいし)によって**古典の名文を集めた『文選』**(もんぜん)が編纂され、後世、科挙(かきょ)受験者の必読書となったほか、奈良・平安時代の日本の文学・和歌にも大きな影響を与えた。

宗教面においても、漢代は政治と密着した儒教が優勢だったのに対し、**無為自然を説く老荘思想**(ろうそう)が起こり、これらの思想を背景に、知的な会話を楽しむ**清談**(せいだん)が盛んになった。漢代に流入した仏教もこの時代に花開き、壮麗な寺院や仏像がつくられた。のちの中国文化を特徴づける芸術・文学・思想の基礎が、この時代に築かれたのである。

Point

荒廃する華北から逃れた貴族たちが江南を開発し、華やかな六朝文化を花開かせた。

用語 「北魏」

386年に興った鮮卑族の王朝。華北を統一した3代・太武帝は道士の寇謙之を重用し、仏教を迫害した。6代の孝文帝は漢化政策を進め、仏教も保護した。しかし、漢化政策は鮮卑人の反発を呼び、内乱が頻発。東魏・西魏に分裂する形で滅亡してしまう。

門閥貴族の形成と六朝文化

魏晋の時代に門閥を形成した貴族たちは、五胡によって華北が荒廃すると、争いを避けて江南に移住する。彼らは東晋の中枢を握り、江南の開発を進め、六朝文化の担い手となった。

魏
九品官人法（九品中正制）
各郡に中正官を置き、地元の人物を九品～一品にランク付けして推薦させる制度。人材発掘のために始まったが、高位に推薦されるのは有力者の子弟が多かった。

西晋
州大中正（しゅうだいちゅうせい）の設置
司馬懿によって、大中正が各州に設置される。推薦に中央高官の意向が反映されやすくなり、才能よりも家柄が重視され、門閥貴族が形成されていく。

南北朝
貴族の隆盛
南朝では華北から亡命した貴族が権力を独占し、彼らを中心とする六朝文化が花開いた。北朝でも貴族制は維持されたが、軍閥など新興勢力も台頭している。

隋
科挙
試験によって官僚を登用する科挙が始まるが、任子制（父祖の地位に応じて子孫の官職が保障される）によって貴族の地位は維持された。

唐
貴族制の衰退
皇帝と貴族のせめぎ合いの中で新興官僚が勢力を拡大。さらに、唐末の混乱の中で貴族は衰退し、朱全忠の白馬の禍によって壊滅する。

帰去来辞（部分／意訳）

帰去来兮。田園将蕪、胡不帰。
（さあ、帰ろう。田畑は荒れている、帰らずにはいられない。）
既自以心為形役、奚惆悵而独悲。
（生活のため心を殺していたが、もう悲しんではいられない。）
悟已往之不諫、知来者之可追。
（過去は改められない、将来のことを考えよう。）
実迷途其未遠、覚今是而昨非。
（まだ遅くはない、間違った自分を正すのだ。）

陶潜 生没 365 ～ 427
字は淵明。官職を辞して、故郷で農耕生活を送りながら詩作を行った。俗世に背を向け、自然と酒を愛でる彼の詩は「田園詩」と呼ばれ、古くから日本で愛されている。

九州国立博物館蔵／ColBase

深掘り中国

才人だった「竹林の七賢」彼らはなぜ政治から距離を置いたのか？

魏の時代から盛んになった清談は、知識人たちが山中や竹林に集い、酒を飲みながら哲学的な議論を楽しむ遊びである。その象徴が阮籍（げんせき）や嵆康（けいこう）ら「竹林の七賢」と呼ばれる人々である。彼らは老荘思想に基づいて無為自然を説き、形式的な儒教を嫌った。世俗に背を向けたのは、優れた学才ゆえに政争に巻き込まれるのを防ぐためだったとされる。阮籍は失言を避けるため権力者の前で泥酔し政治家の批評もしなかった。類いまれな才人でも、能力を隠さなければ生きていけない時代だったのである。

竹林の七賢を描いた『商山四皓・竹林七賢図屏風』
東京国立博物館蔵 ColBase

その時日本は？
［538年］百済の聖明王から仏像と経典が献上され、仏教が日本に伝来する（年数は異説あり）

2000 1950 1900 1800 1600 1400 1200 1000 800
中華人民共和国 | 中華民国 | 清 | 明 | 元 | 金 南宋 | 遼 北宋 | 五代十国 | 唐

西域から伝来した仏教が中国で隆盛した背景とは？

雲崗石窟（うんこうせっくつ）

北魏・文成帝の時代に曇曜が創建した。最初期の像にはガンダーラ美術の影響が色濃く残る。

菩提達磨

禅宗の祖。南インドの王子だった、嵩山少林寺で9年間座禅を続けたなどの伝承が知られるがその生涯は謎が多い。

「慧可断臂図（模本）」／東京国立博物館蔵 ColBase

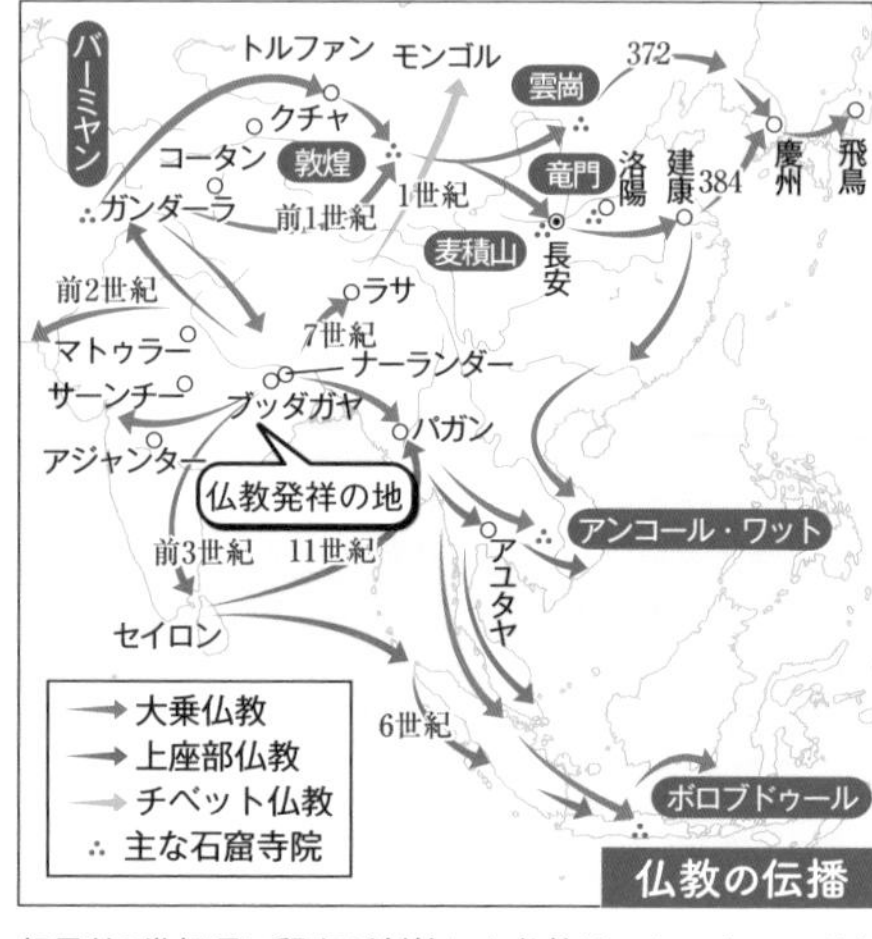

紀元前6世紀頃に釈迦が創始した仏教は、シルクロードを通じて1世紀頃に中国へ伝来する。

西域からの渡来僧が広めた

中国の仏教は後漢の末期、インドから中央アジアを経て華北に入り、西域からの渡来僧によって広められた。五胡十六国の後趙に重用され多くの弟子を育てた**仏図澄**（ぶっとちょう／ブドチンガ）、後秦の長安で**仏典の漢訳に努めた鳩摩羅什**（くまらじゅう／クマラジーヴァ）、北朝の北魏に迎えられ**禅宗の開祖**となった**菩提達磨**（ぼだいだるま／ボーディダルマ）などがその代表である。前秦の時代にはシルクロードの入り口にあたる敦煌（とんこう）において、**莫高窟**（ばっこうくつ）と呼ばれる巨大な**石窟寺院**の造営も始まった。

また、インドのグプタ朝を訪れて**『仏国記』**を記した東晋の**法顕**（ほっけん）、敦煌から**インドに赴いた宋雲**（そううん）など、中国から聖域に赴く者も増え、彼らによって中国仏教の基礎がつくられた。

竜門石窟
北魏から唐中期にかけて造営が行われ、9万もの像が制作された。写真は奉先寺洞。

仏教の広まりと石窟寺院

北魏の孝文帝は仏教を保護。北魏勢力圏を中心に石窟寺院が造立されるようになる。

敦煌莫高窟
造営開始は前秦の時代とされる。塑像や壁画が発達し、寺院内部も美しい壁画で彩られている。

NOVEL GUIDE

『敦煌』

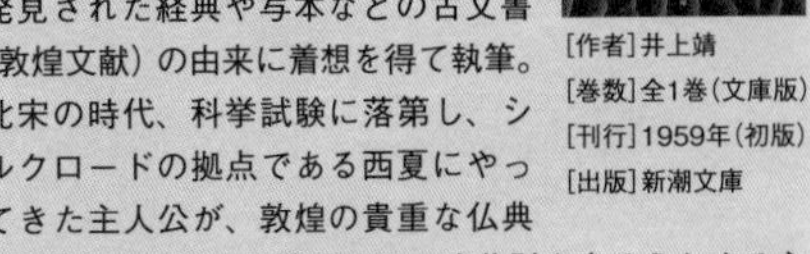

［作者］井上靖
［巻数］全1巻（文庫版）
［刊行］1959年（初版）
［出版］新潮文庫

西域へのロマンをかき立てる名作

芥川賞作家の井上靖が、莫高窟で発見された経典や写本などの古文書（敦煌文献）の由来に着想を得て執筆。北宋の時代、科挙試験に落第し、シルクロードの拠点である西夏にやってきた主人公が、敦煌の貴重な仏典を戦乱から守るため奮闘する。文化財を守ろうとする主人公の情熱に心を打たれるとともに、シルクロードへのロマンをかき立てた傑作である。

唐の時代に最盛期を迎える

仏教は外来の宗教であるため、弾圧を受けることもあった。北魏の太武帝は道教を国教に定め**仏教を排斥**したが、その後の歴代皇帝は保護に努め、敦煌とともに**三大石窟**と呼ばれる**雲崗**や**竜門**の石窟・仏像が造営された。

こうして仏教は政治家から庶民にまで広く浸透し、南朝においても多くの寺院が造営された。隋の文帝（楊堅）は南北統一にあたって仏教を利用し、唐代には**天台・華厳・真言**などの諸宗派が成立し最盛期を迎える。日本からも**最澄や空海**ら多くの僧が唐に留学し、平安仏教の礎を築くのである。

3〜6世紀に仏教が隆盛した背景には、世界的な寒冷化があったといわれる。**気温の低下**が農業や遊牧に悪影響を与え、**生活苦に陥った人々**は、人間関係を重視する儒教に飽き足らず、新興の**仏教に救いを求めた**のである。

南北統一を果たした隋はなぜ急速に崩壊したのか？

Point

隋の楊堅が南北朝を統一。しかし、次代の煬帝の圧制が反乱を呼び、38年で滅亡してしまう。

270年ぶりの南北統一

長い分裂の時代を経て中華を統一したのは、北周の重臣から皇帝となった**楊堅（文帝）**だった。外戚として実権を握った楊堅は、娘婿である宣帝の死後、自ら即位して隋を建国する。楊堅は**刑法（律）**と**行政法（令）**を明文化した**律令制度**を定め、法律による統制を図った。貴族の世襲を防ぐため官吏登用試験である**科挙を導入**し、官僚任命に関する朝廷の権限を強めた。

また、北魏の土地制度である**均田制**を拡大し、税制は**租・調・役**を課して**税収を増やした**。軍制では、西魏以来の**府兵制**を中央の直轄として**軍事力を増強**している。いずれも、南北朝時代の地方分権を改め、中央集権化を図る画期的な政策で、これらは唐にも引き継がれた。

589年には弱体化していた南朝の陳を滅ぼし、西晋以来、**270年ぶりに南北を統一**した。

南北を結ぶ大運河を建設

604年の文帝の死後、跡を継いだのは次男の**楊広（煬帝）**だった。煬帝が最も情熱を注いだのが、交通の大動脈となる運河の建設である。各地の運河を連結させて、**華北平原から江南を結ぶ全長2000㎞の大運河**が完成。江南の豊かな物資を長安まで運ぶことが容易になり、人々の往来が活発化して商業も発展するなど、その後の中国の発展に大きな影響を与えた。この大事業を成功させた背景には、東晋から南朝時代における**江南の経済発展**があったといわれる。

しかし、300万人を動員したともいわれる建設事業は民衆に大きな負担を与えた。さらに、煬帝は臨時税を課して**3度、高句麗への遠征**を行い、いずれも失敗する。圧制への不満から北部で反乱が起こり、煬帝は南の江都に逃れたが部下に殺され、**隋王朝はわずか38年で滅びる**（618）のである。

用語 「租・調・役」

均田農民に課された税。「租」は穀物、「調」は布帛、「役（正役）」は労役を指す。役を免除する代わりに布帛を代納する「庸」もあった。教科書などでは「租調庸」とする記述が多いが、本来の制度に準じると「租調役」と呼ぶのが妥当であろう。

隋による統一と開皇の治

隋の文帝は科挙や均田制などの改革を行った名君として知られる。華北と江南をつなぐ運河建設も文帝が始めた。

その時世界は？
〔610年〕ムハンマドがイスラーム教を創始

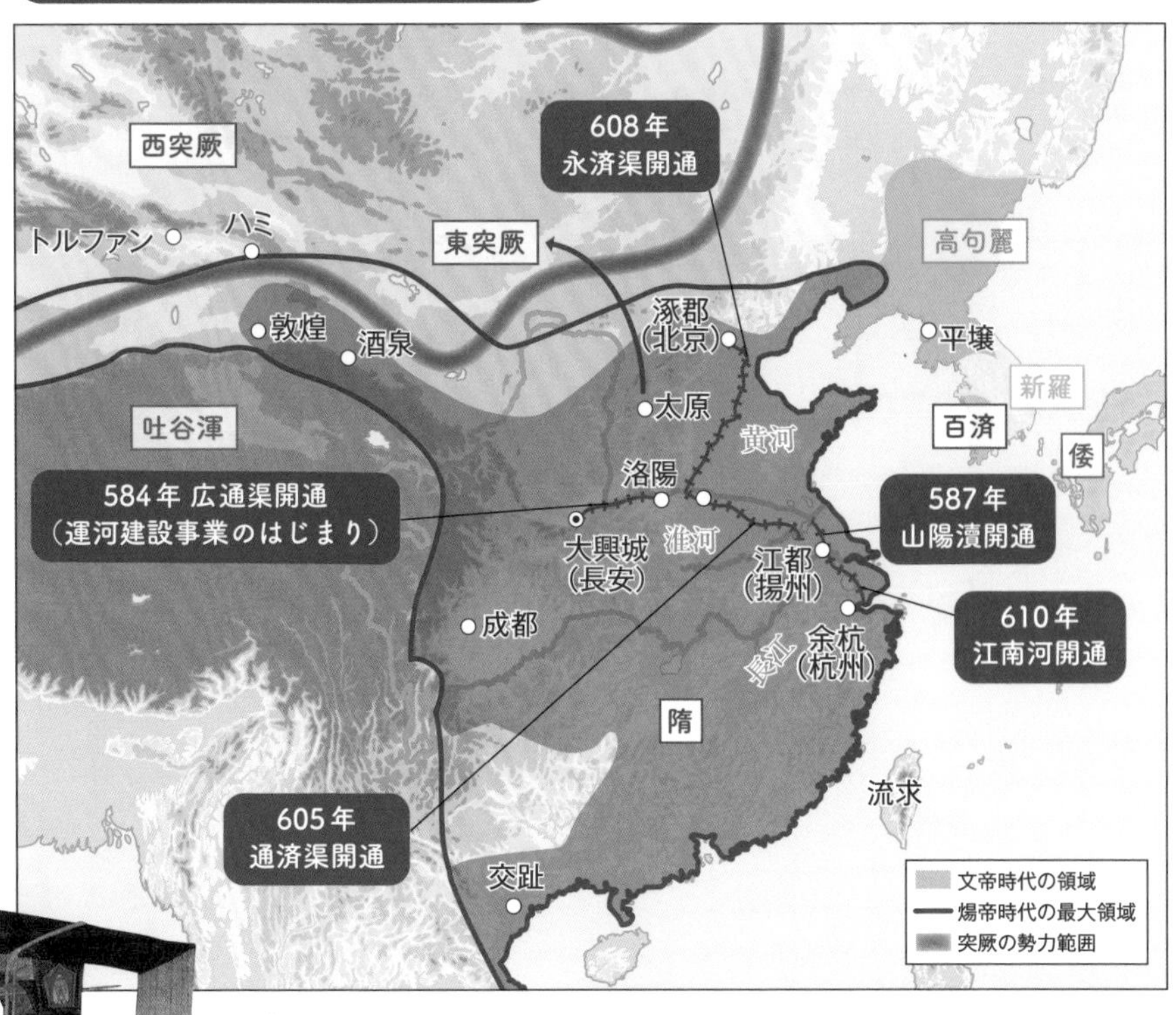

文帝 生没 541 ～ 604

北周の重臣だったが、隋を建国し南北を統一した。統一後は内政に力を注ぎ、その治世は「開皇の治」と評価されている。

文帝の政策

●科挙
貴族の官職独占を防ぐため、試験で官僚を選抜。

●均田制
国が農民に田地を与え、応分の負担を課す。

●府兵制
均田を受ける男子を農閑期に徴発し、衛士や防人とする。

NOVEL GUIDE

『風よ、万里を翔けよ』

伝説の美女の視点から隋末の動乱を描く

『銀河英雄伝説』などで知られる作家・田中芳樹の歴史小説。時代は隋の末期、老父に代わって戦場に臨んだ男装の美女・花木蘭（ディズニー映画『ムーラン』でもおなじみ）を主人公としている。煬帝の高句麗遠征に従軍して功をあげた木蘭は、隋の名将・張須陀の片腕として、国内の反乱鎮圧のために転戦するが、王朝の崩壊はとどまることはなかった……。清朝初期の通俗歴史小説『隋唐演義』をベースに、王朝交代の動乱期を生きた女性将校の活躍を鮮やかに描き出している。

［作者］田中芳樹　［巻数］全1巻（文庫新装版）
［刊行］1991年（初版）　［出版］中公文庫

2000	1950	1900	1800	1600	1400	1200	1000	800

中華人民共和国	中華民国	清	明	元	金 南宋	遼 北宋	五代十国	唐

なぜ、煬帝は日本の国書の一文、「日出づる処の天子」に激怒したのか？

隋と周辺国の関係

敵対
友好
臣従・支配

高句麗
新羅
東突厥
西突厥
隋
百済
倭
吐谷渾
チャンパ
三度の遠征失敗
離間策で分裂させる
朝貢
朝貢
朝貢
公主を降嫁
出兵
征服

南北を統一した隋はさらなる勢力拡大を求めて、高句麗やチャンパなどへ外征を行う。大国の隋に対し、新羅や倭国などは隋へ使節を派遣し朝貢を行った。

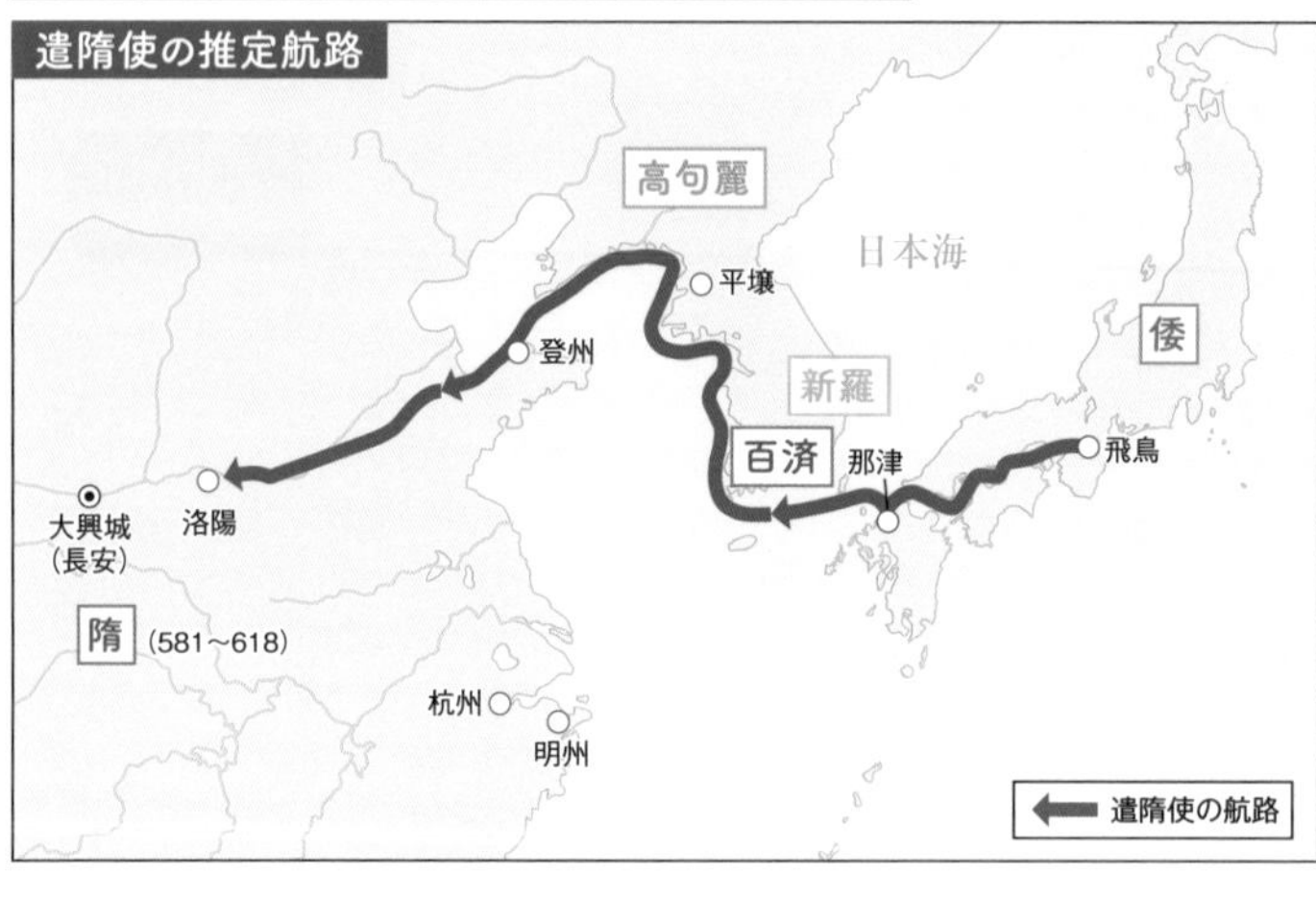

失敗だった最初の遣隋使

日本（倭）が初めて**遣隋使**を送ったのは600年のことである。当時、日本は新羅と**朝鮮半島における権益**を争っていた。新羅や百済が**隋に朝貢**していることを知り、大帝国の隋と直接外交を結ぶ必要性を感じたのだろう。

だが、結果はさんざんであった。文帝から日本の習俗について聞かれた使者は「倭王は天を兄、日を弟とする。夜が明ける前に政を行い、日が出たら政務を止める」と答えたところ、文帝は「道理に合わない」といって改めるよう命じたという。この出来事は『隋書』だけに記され、**『日本書紀』には記述がない**。外交の失敗を隠すために、あえて記録しなかったともいわれる。

煬帝を激怒させた遣隋使

倭国は隋の建国後から遣隋使を派遣していた。しかし、第2回の遣隋使で厩戸王（聖徳太子）が送った国書は煬帝を激怒させてしまう。

600年　第1回遣隋使

『隋書』によると、倭王・アメノタリシヒコの使者が遣わされている。文帝が使者に倭の風俗を尋ねると、倭王は天が兄、日が弟であり、兄は夜明け前に出て政治を聞き、日が出ると仕事を止めて弟に委ねると答えた。これに対し、文帝は不道理であるから改めよ、と訓令したとされるが、『日本書紀』には記載されていない。

607年　第2回遣隋使

推古天皇の摂政・厩戸王（聖徳太子）は小野妹子を派遣し、煬帝に国書を送った。

> 日出處天子致書 日沒處天子無恙云云
> （日が昇る国の天子が、日が沈む国の天子に手紙を差し上げます。お変わりありませんか…）

煬帝は東夷の首長にすぎない倭王が「天子」を称したことに不快感を示すが、高句麗遠征を控えていたため、倭と敵対するのは得策ではないと判断。妹子に返書を持たせ、裴世清を勅使として派遣する。

608年　第3回遣隋使

裴世清を帰還させるため、妹子が再び派遣される。この時、妹子は高向玄理ら留学生を伴っていた。

煬帝

厩戸王
（聖徳太子）
奈良国立博物館蔵／ColBase

「天子」の使用が逆鱗に触れる

以後、日本では大臣・**蘇我馬子**と**厩戸王**（聖徳太子）により、冠位十二階や憲法十七条が定められ、**天皇を中心とする官僚機構**が整備された。

この成果を踏まえ、**607年の遣隋使**では使者の小野妹子が「**日出づる処の天子**、書を**日没する処の天子**に致す。恙無きや」と書かれた国書を捧げ、**煬帝を怒らせた**という。天命を受けた唯一の天子（皇帝）を自負する煬帝にとって、蛮国の王が天子を名乗ることは無礼であると考えたのだ。

しかし、煬帝が日本の遣使を拒むことはなく、翌年、小野妹子は再び隋に渡り、**南淵請安**や**僧旻**らに隋の制度や文化を学ばせた。彼らの知識・経験が後年、**大化の改新**を**推進**する力となる。

隋の滅亡後も遣唐使が派遣され、9世紀に廃止されるまで大陸の文化・技術が日本の発展を支えたのである。

唐

クーデタにより即位した太宗が大唐帝国繁栄の礎を築く

兄弟を殺害して即位した太宗

崩壊した隋に代わって唐を建国したのは、楊堅の甥で地方長官を務める**李淵**（高祖）であった。煬帝の死後、禅譲により即位した李淵は、次男・李世民の活躍により各地の対抗勢力を破って国内の平定を実現する。

しかし、高祖の統治は長くは続かなかった。626年、李世民が**玄武門の変**と呼ばれるクーデタを起こし、皇太子の兄と弟を殺害して**高祖を退位させ**、太宗として即位したのである。兄たちが自身の声望をねたんで暗殺を企てたため、先手を打って殺害したというのが太宗の言い分だが、真相は闇の中である。

太宗は東西分裂や内乱により弱体化していた**東突厥**（**モンゴル高原のトルコ系遊牧国家**）を滅ぼし、**西突厥**も破って中央アジアを制圧し、その支配は遠く**ペルシア**にまで及んだ。

胡漢一体で国内の安定を図る

謀略により即位した太宗であったが、政治においては優れた手腕を発揮した。**三省六部制**と呼ばれる中央官制の整備、**府兵制の発展**による軍事力の強化、**均田制や租・調・役の整備**による税収の安定化など、隋の制度を発展させて唐王朝の支配体制の基盤を築いた。

また、中央アジアの安定を背景として**シルクロード**の交易路が確立され、首都・**長安**は国際都市として繁栄する。「道の忘れ物が盗まれない」といわれるほどの平和が続いた太宗の治世は、後世「**貞観の治**」とうたわれた。

安定した治世は、唐が胡族と漢人が一体となった「**胡漢一体**」の政権だったためともいわれる。鮮卑系の唐王朝は漢人を排除せず、武略に秀でた胡と、文化に優れた漢が共存したことで、安定した支配体制を築くことができたのである。

Point

隋に代わり、唐の高祖が王朝を樹立。次代の太宗は「貞観の治」で律令体制を整えた。

皇帝 李淵（高祖） 生没 566 ～ 635 皇帝在位 618 ～ 626

隋の武将だったが、反乱を起こし大興城を占領。恭帝を立てて禅譲を受けた。各地の群雄を倒しほぼ統一するが、皇太子・李建成と武功に優れる李世民の間で後継者争いが起こる。李世民がクーデター（玄武門の変）を起こすと、李淵は彼に譲位し隠棲した。

00 400 200 0 BC200 BC1000

南北朝 | 三国 晋 | 後漢・新 | 前漢 | 秦 | 戦国 | 春秋 | 殷周 | 文明の起こり

唐の統治機構

隋宗室に連なる李氏が唐を建国。唐は隋の制度を取り入れ改良し、安定政権を築く。

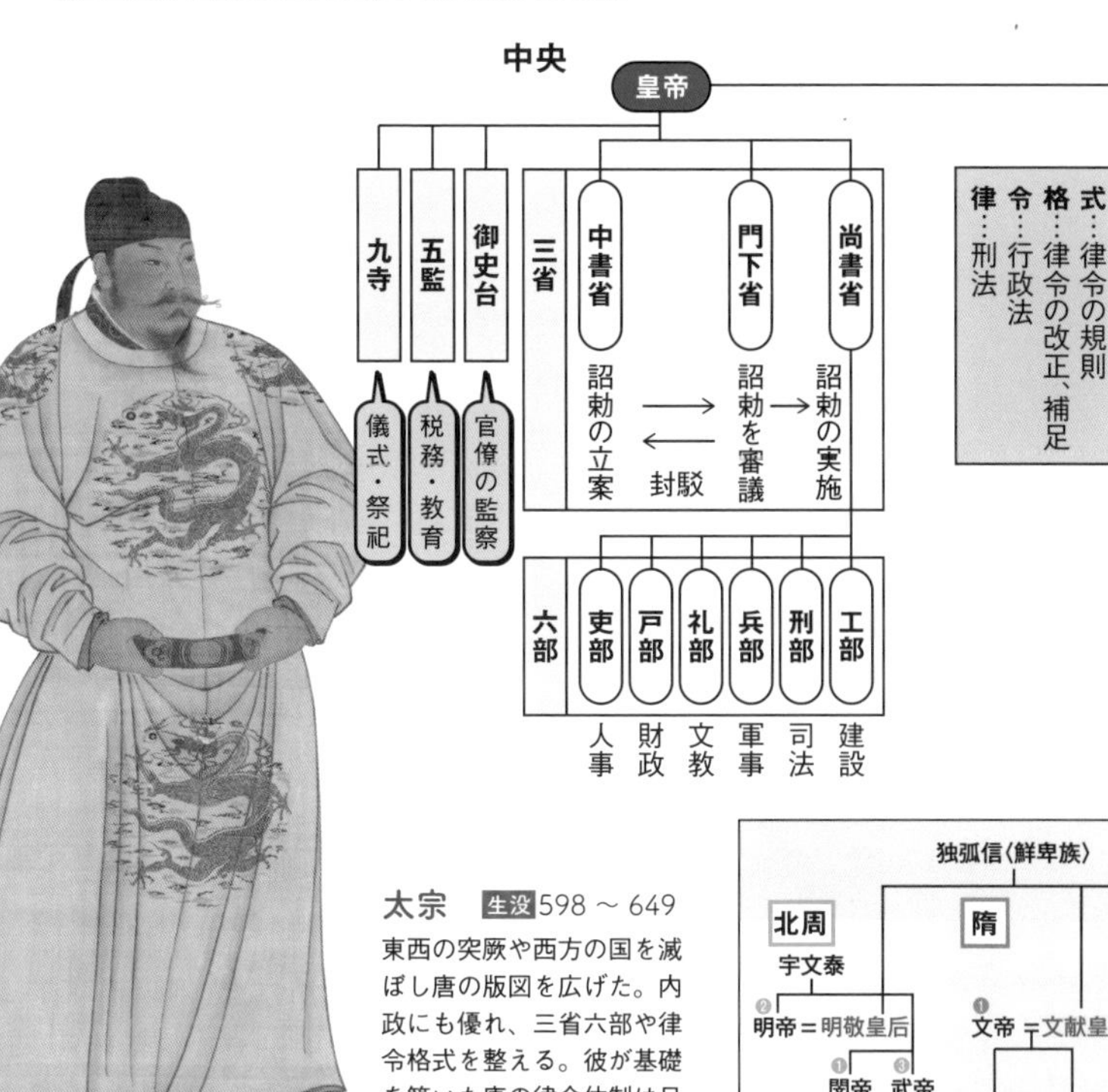

太宗　生没 598 ～ 649
東西の突厥や西方の国を滅ぼし唐の版図を広げた。内政にも優れ、三省六部や律令格式を整える。彼が基礎を築いた唐の律令体制は日本や朝鮮も手本とした。
故宮博物院（台北）蔵

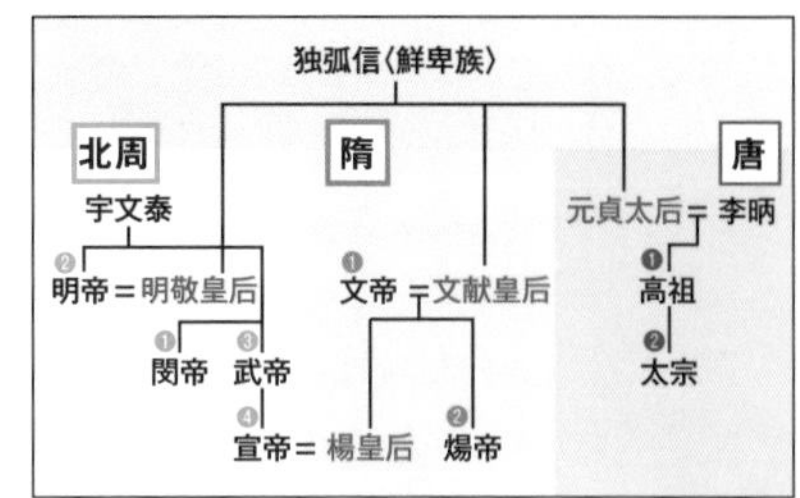

その時日本は？
〔645年〕中大兄皇子らが蘇我蝦夷・入鹿を討ち、大化の改新を開始する

中国深掘り　帝王学の必読書となった『貞観政要（じょうがんせいよう）』

太宗の治世が安定した背景には、有能な人材の登用もあった。房玄齢（ぼうげんれい）や杜如晦（とじょかい）を宰相として政務を任せ、魏徴（ぎちょう）を側近に登用し、臣下からの諫言や批判にもよく耳を傾けた。この名臣たちとの問答を記録したのが『貞観政要』である。後世、帝王学の教科書として歴代皇帝はもとより、日本・朝鮮の為政者の必読書ともなった。歴代王朝の正史編纂にも力を入れた太宗は、記録の効用を熟知していたといわれ、『貞観政要』には自身の事績を後世に伝える目的があったともいわれている。

『貞観政要』は日本でも為政者の必読書とされていた。
国立公文書館蔵

\Here!/

2000	1950	1900	1800	1600	1400	1200	1000	800

中華人民共和国｜中華民国｜清｜明｜元｜金・南宋｜遼・北宋｜五代十国｜唐

唯一の女帝である則天武后が誕生した理由とは？

中国史上唯一の女帝

太宗の死後、高宗が跡を継いだが、政治を主導したのは皇后の**武照**（**則天武后**）であった。武后は平民の出身であったが、美しく教養もあったことから高宗の寵愛を受け、皇后の地位を得た。病がちな高宗に代わって実権を握り、新羅と結んで**百済・高句麗を滅亡**させ、唐の勢力を拡大させた。

高宗の死後、武后は子の中宗・睿宗を順に帝位につけたのち、自ら即位して女帝となる（690）。国号も**周**に改め（**武周革命**）、都を洛陽に移した。だが武后の時代、辺境では**突厥**や**契丹**が力を蓄え、国内では土地を捨てて逃亡する**逃戸**が増えるなど体制は動揺し、武后はクーデタにより退位。皇太子の中宗が復位して唐を再興したが、政治の主導権を狙う**韋皇后**に毒殺された。

睿宗の子の**李隆基**（**玄宗**）が韋皇后を殺害して父を復位させることで、ようやく混乱は収まった（710）。

唐に全盛期をもたらした玄宗

武后・韋后の時代は、後世「**武韋の禍**」と呼ばれ、女性が政治を乱した時代とされる。しかし、武后は家柄によらず**科挙合格者を官僚に抜擢**し、有能な人材が政治に参画する道を開くなど政治の刷新を図っており、評価は修正されつつある。

混乱の時代を経て即位した玄宗は、「**開元の治**」と呼ばれる善政をしいた。形骸化した府兵制・都護府を改め、**兵士を募集して雇う募兵制**や**辺境警備を行う節度使**を設置。**逃戸の税を軽減**して農業に従事させ、耕作面積や収入により税額を決める**地税・戸税を導入**して国力の増強を図った。

一連の改革により人口は大幅に増加し、産業・文化・芸術など様々な分野が発展を遂げる。成功の要因は有能な臣下の補佐のもと、現実社会の課題に即した改革を進めた点にあった。**唐は最盛期を迎え**、首都・長安は空前の繁栄を謳歌する。

Point

高宗～中宗の時代、則天武后・韋皇后により唐は動揺したが、玄宗によって安定を取りもどす。

人物 韋皇后 生没 ?～710

4代皇帝・中宗の皇后で、夫が則天武后により房州（湖北省）へ流された際は、配流地に従い苦労をともにしたという。中宗が復位すると娘・安楽公主とともに政治の実権を握り、即位をもくろんで中宗を毒殺した。しかし、玄宗に殺害され野望ははばまれる。

拡大する唐の版図

太宗死後も唐は西方や朝鮮半島へ勢力を拡大した。周辺国の多くが唐の冊封を受け、その傘下となっている。その版図は則天武后の時代に最大となった。

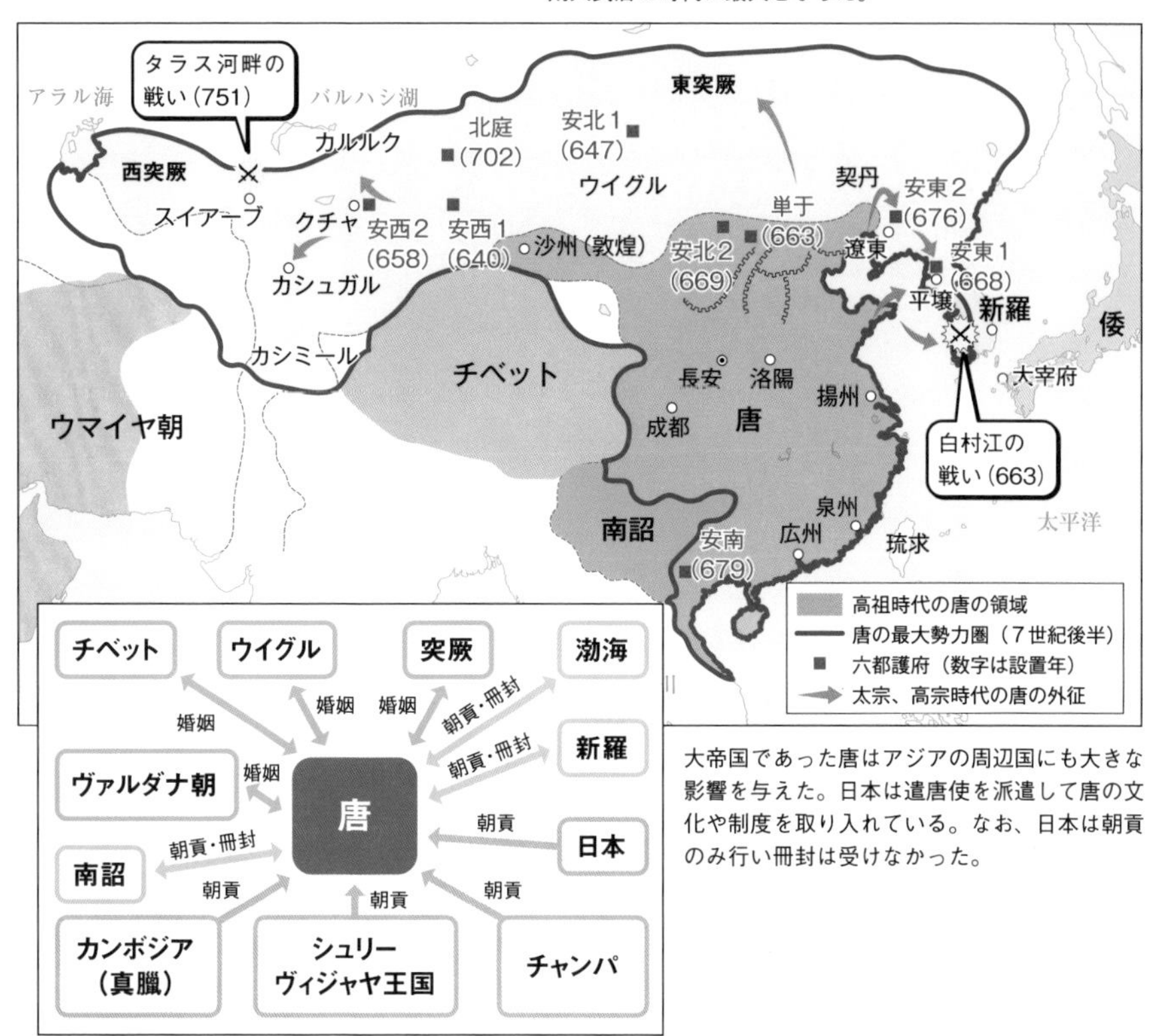

大帝国であった唐はアジアの周辺国にも大きな影響を与えた。日本は遣唐使を派遣して唐の文化や制度を取り入れている。なお、日本は朝貢のみ行い冊封は受けなかった。

その時日本は?

［701年］持統天皇の命令で作成されていた大宝律令が完成する

武照(則天武后)

生没 624頃～705
皇帝在位 690～705

仏教を利用し皇帝を超える権威をまとう

武照(則天武后)

武后は仏教をあつく信仰したが、それは自身の異例の即位を正当化するためでもあったといわれる。自分は弥勒菩薩の化身であると称し、そのイメージを浸透させるため、女帝の出現を預言した『大雲経』に基づき、諸国に大雲経寺をおいて布教に努めた。これが日本の国分寺・国分尼寺造営事業のモデルになったといわれる。武后は仏教世界の統治者である金輪王を称した。人間世界の枠組みにとどまらない、至上の君主として自らを位置づけることで、皇帝の地位をも超えようとしたのである。

国際色豊かな文化で彩られた世界随一の大都市・長安の繁栄

Point

唐代の長安は交易で栄えた国際都市だった。玄宗の時代は詩や書画などの文化も隆盛する。

長安の経済を支えたソグド人

長安は南北8・7km、東西9・7kmの**碁盤目状に区画された街**の周囲を、高さ5mの**城壁で囲んだ都城**である。日本の**平城京**(へいじょうきょう)**・平安京**(へいあんきょう)**のモデル**とされたが、内部面積は平安京の3・5倍とはるかに大規模であった。

玄宗の開元の治により唐が全盛期を迎えると、**シルクロードの東の終着点**である首都・長安も**世界一の国際都市**として繁栄を誇る。東西交易の活発化によって**イスラームやヨーロッパの文化や文物が流入**した。

これらの交易品は主にイラン系商業民である**ソグド人**によってもたらされた。かつて中央アジアの交易ルートは東突厥が掌握していた。太宗の時代にこれを制圧したことが、富裕な**ソグド人の往来**を容易にし、その経済力が長安を発展させる力となったのである。

多彩な芸術・文化が花開く

太宗・玄宗は文人や詩人、画家、音楽家を庇護したため、唐では芸術・文化が隆盛した。詩の分野では**「詩仙」の李白**(りはく)、**「詩聖」の杜甫**(とほ)、玄宗と楊貴妃(ようきひ)の悲恋を描いた**「長恨歌」**(ちょうごんか)**の白居易**(はくきょい)、絵画では**山水画の革新者である呉道玄**(ごどうげん)、書では**楷書の大家である顔真卿**(がんしんけい)が活躍した。

学問も発展し、図書を**経**(儒教の経典)・**史**(歴史)・**子**(儒教以外の諸子百家)・**集**(文学などその他)に分ける**四部分類**が確立し、清の時代まで用いられた。儒教では、**孔穎達**(こうえいたつ/くようだつ)が**『五経正義』**(ごきょうせいぎ)により経典の解釈を定め、**玄奘三蔵**(げんじょうさんぞう)はインドから大量の仏典をもたらして翻訳し、仏教の発展に貢献した。

長安には西域の音楽・舞踊、衣服・食事、**ゾロアスター教やマニ教**などの外来宗教も流入した。隋以来の胡漢一体体制のもと、エキゾティックな文化で彩られたのである。

人物　**杜甫**(とほ)　生没 712～770

唐を代表する詩人で「詩聖」と呼ばれる。官僚を志すが果たせず、放浪生活を送った。役人を目指していた頃は社会や政治の矛盾を題材にすることが多かったが、穏やかな生活を送った晩年は自然の善意を詠う。帰郷中に船上で亡くなったとされるが真相は不明。

国際都市・長安

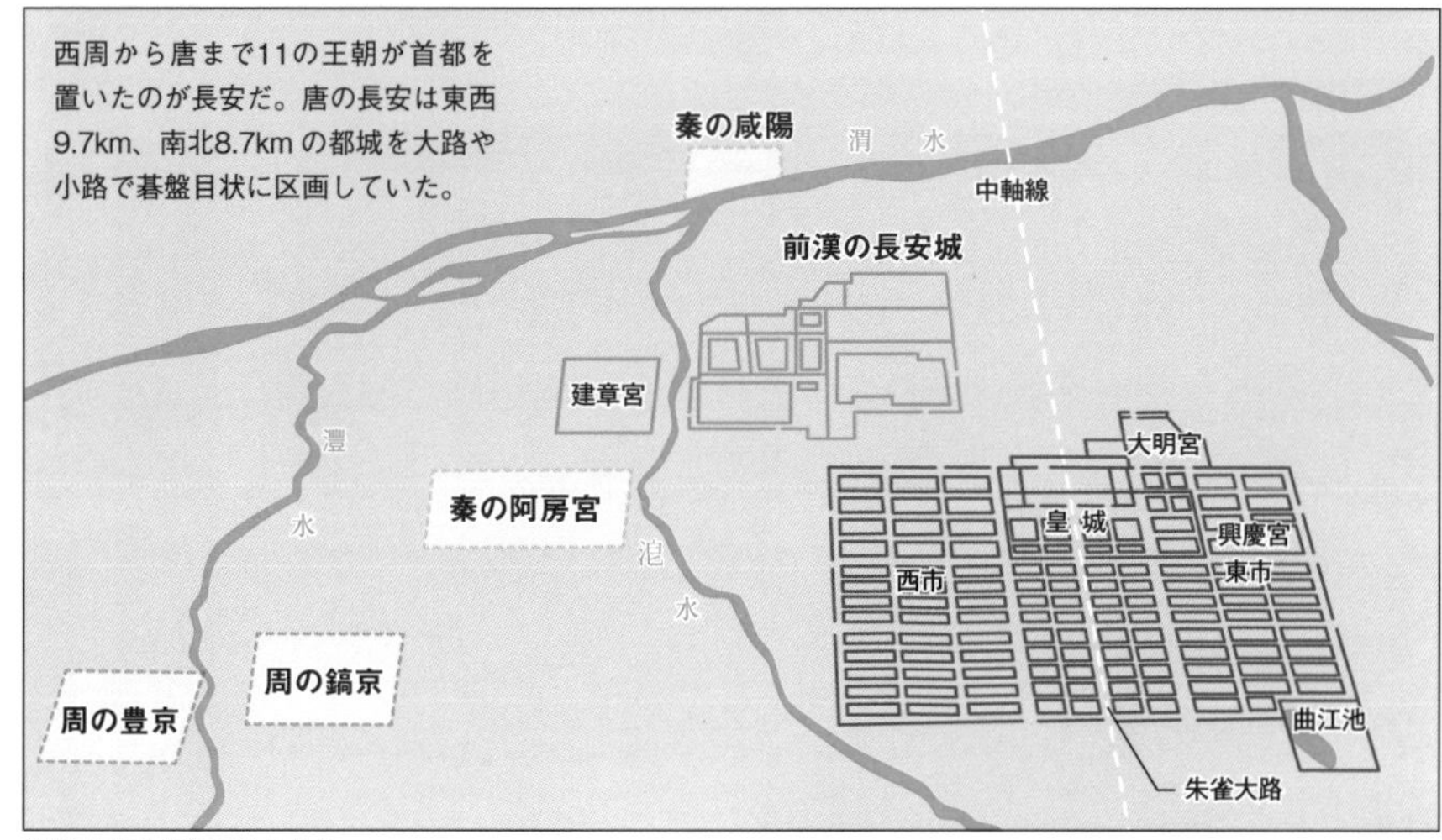

「中国歴史地図」掲載の図をもとに作成

外国の使節

国際都市・長安には多くの外国使節が訪れた。画像は章懐太子墓所の壁画で、長安を訪れた外国使節が描かれている。

中国深掘り 中国文化を支えた製紙技術の発展と伝播

古代中国において記録媒体として使われたのは竹や絹であった。初めて紙が現れるのは前漢の時代であるが、広く普及し始めるのは、後漢の宦官・蔡倫（さいりん）が樹皮や古布や麻などのリサイクル素材を活用する新製法を考案してからである。以後、製紙技術は日進月歩で進化し、3世紀以降、中国全土に広がり中国の文字文化を支える基盤となり、朝鮮や日本にも伝播した。8世紀半ばには、唐とアッバース朝によるタラス河畔の戦いを機に西方に伝えられ、世界の文化にも影響を与えたのである。

静夜思（意訳）

牀前看月光（寝台の前にさしこむ月光を見ると）
疑是地上霜（地上に降りた霜と見まがう輝きだ）
挙頭望山月（頭を上げて山上の月を見て）
低頭思故郷（頭をたれて故郷のことを思うのだ）

李白 生没 701 ～ 762

盛唐を代表する詩人。自由奔放にして豪放な作風で絶句（四句詩）に優れる。酔って水月を取ろうとして溺死したという伝説が残るほど、酒と月を愛していた。

超難関な科挙試験が1000年以上も続いた理由とは？

実力本位の公平な試験

科挙は**儒教についての理解度**を問い、試験の合格者に官僚になる資格を与える制度で、6世紀末の隋に始まり、清朝末期の**1905年まで続いた**。

それ以前は家柄のよい豪族や門閥貴族が世襲により官僚のポストを独占した。時にはそうした世襲貴族が、**君主の地位を脅かす**ほどの勢力を誇ることもあった。そこで、皇帝自身が思いのままに利用できる**有能な官僚を確保**するために、家柄ではなく個人の能力により選抜する試験制度がつくられたのである。合格すれば**士大夫**（したいふ）となり、**労役や納税の免除**など様々な特権を得て高級官僚にもなれるが、その地位が子どもに世襲されることはない。

実力本位で官吏を選抜

儒教の知識を問う科挙では四書五経や注釈書の暗記が必須。経典数は膨大で、すべてを暗記するには年単位の時間がかかった。

科挙で暗記するおもな書物と文字数

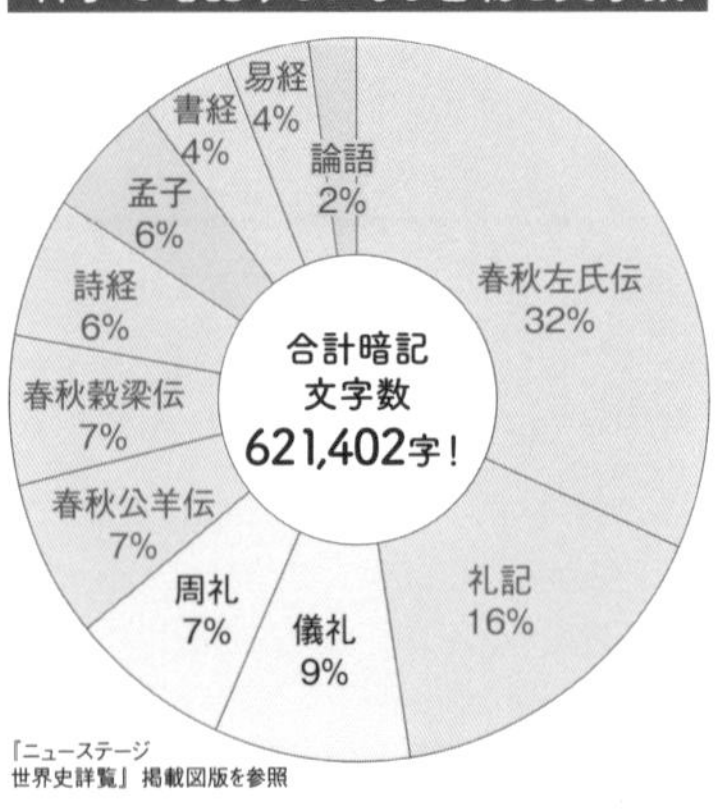

『ニュースステージ世界史詳覧』掲載図版を参照

種別	書名	文字数
四書	論語	13,700
	孟子	34,600
五経	易経	24,207
	書経	25,800
	詩経	39,224
	礼記	99,020
	春秋公羊伝	44,075
	春秋穀梁伝	41,512
	春秋左氏伝	196,840
三礼	儀礼	56,624
	周礼	45,800

※青字＝四書、赤字＝五経。

四書の「大学」「中庸」は「礼記」に収録されている。「礼記」は三礼の一つでもある

合格発表の様子

科挙は身分を問わず受験することができたが、数十万人の受験者のうち、合格者数百人（明末期）という狭き門だった。画像は清代の合格発表の様子を描いた『清梁喜観榜圖』（部分）。

故宮博物院（台北）蔵

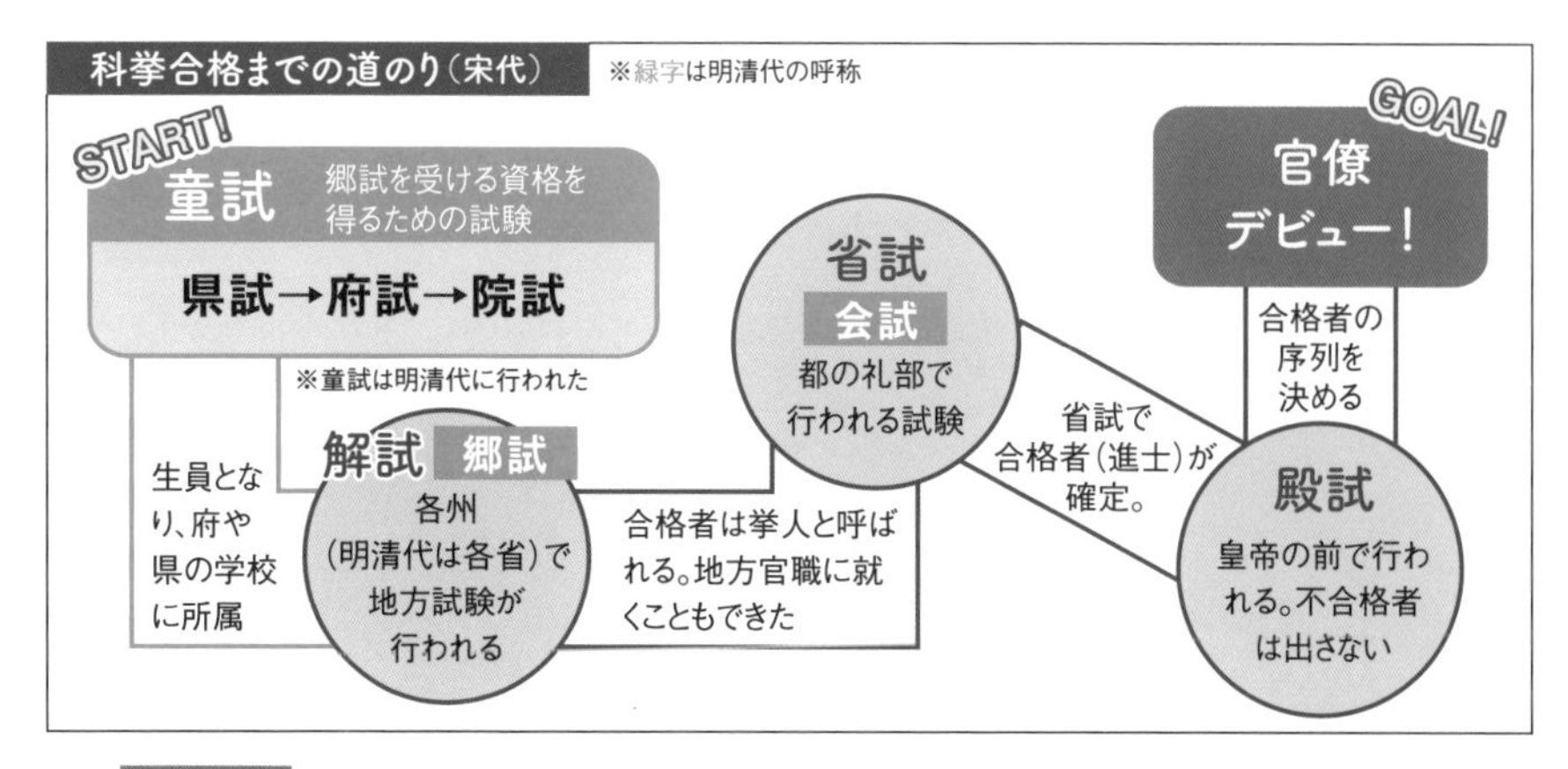

深掘り中国

貴族の前では皇帝すらも三流

貴族の誕生は魏晋の時代に始まった九品官人法がきっかけだった。同法のもと、官僚になる家柄は固定化して高い官職につく勢力家は上品、下級官人を下品とする区別が生まれた。貴族である上品の前では、皇帝すら成り上がりにすぎず、唐の太宗が家柄番付で第３等とされたことに激怒した逸話もある。科挙の採用は、貴族に対する皇帝のコンプレックスも一因だったのである。

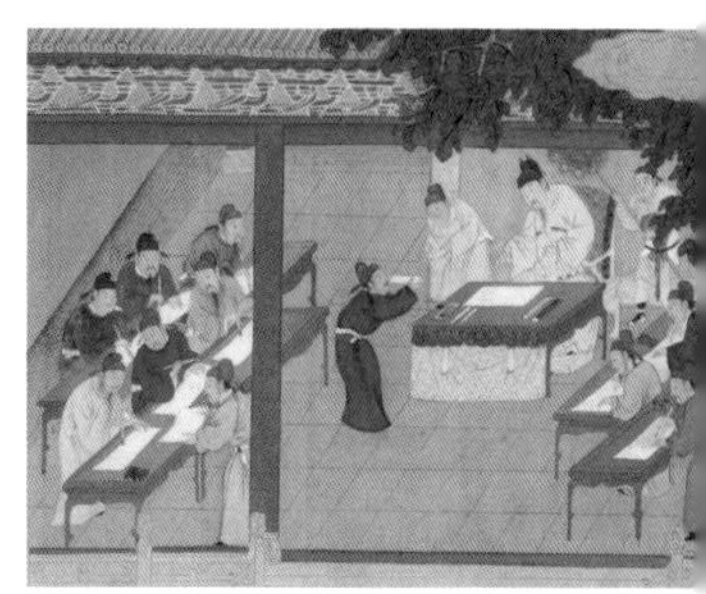

殿試

皇帝が臨席する殿試は官僚の忠誠心を高めるため、宋の太宗により導入された。

科挙により文官の優位が確立

試験は**教養や経典の内容**など知識を問う問題のほか、その知識を使って**詩文や小論文を書かせる**応用的な課題もあった。膨大な儒教の経典や史書をくまなく暗記し、使いこなせなければクリアできない超難問なのである。

ただし官職につく方法は科挙だけではなく、唐では高位高官の子にも官僚になる資格が与えられたため（**任子**）、まだ貴族の力は強かった。宋代に皇帝の試験である「**殿試**」が導入され、官吏登用に**皇帝の意向が強く反映**されるようになって、ようやく朝廷の要職を士大夫が占めるようになる。

科挙が1000年も続いたのは、**官僚の特権と実力主義**を民間が支持したためだ。中国で**武官に対する文官の優位**が確立したのも科挙の功績で、19世紀に西欧で初めて官僚の選抜試験ができたのも中国の影響といわれる。

『西遊記』でおなじみの三蔵法師は史実ではどんな功績を残したのか？

求法のため西域を旅した玄奘

長安を出発した玄奘は険しい陸路を越えてインドへ至った。ブッダガヤに近いナーランダー寺院で修行を積み、各地の仏跡を訪ねた後に帰国する。

玄奘三蔵 生没602？～664
インドから帰還した玄奘は持ち帰った経典の翻訳に余生を費やした。各地から集まった僧の協力を得て、『大菩薩蔵経』『大般若波羅蜜多経』など75部1335巻を翻訳する。
東京国立博物館蔵 ColBase

国禁を犯しインドへの旅へ

孫悟空とその仲間たちが、三蔵法師を妖怪や災難から守りインドを目指す『西遊記』。中国四大奇書とされる物語だが、**唐代の僧・玄奘三蔵が西域を旅した史実**をモチーフとしている。

玄奘は幼い頃から仏典に親しみ、出家後も修行を積んで高僧として尊敬を集めたが、なお仏教の真理をつかめないことに悩み西域への旅を志す。インドの僧に教えを請い、原典から仏典を研究することが目的であった。

しかし、当時の唐は太宗が即位した直後で、突厥との緊張関係が続いていた。そのため、旅行の許可は下りなかったが、玄奘は**国禁を犯して無断で出立**する。629年、28歳の時である。

高昌故城
5世紀半ばに興った漢人王朝。当時の王・麹文泰は玄奘を厚遇し、高昌の国師となるよう要請するが謝絶される。玄奘が帰国中の640年に唐に滅ぼされた。

興教寺
玄奘の死後、遺骨（舎利）を葬るため高宗の命令で創建されたが、当時の舎利塔は黄巣の乱で失われた。写真は中華民国時代に修復された舎利塔。

DRAMA GUIDE

『西遊記』

日本の『西遊記』イメージを決定づけた

四大奇書『西遊記』を原作とする冒険活劇ドラマ。孫悟空を堺正章、三蔵法師を夏目雅子、猪八戒を西田敏行、沙悟浄を岸部シローが演じる。大河ドラマの裏番組だったにもかかわらず、平均19.5%の高視聴率を記録し、後発ドラマで女性が三蔵を演じる先例になるなど、日本の『西遊記』作品に大きな影響を与えた。

[脚本]佐々木守 他　[主演]堺正章ほか
[放送]1978〜80年　[制作]日本テレビ

『大唐西域記』を著す

玄奘の旅は苦難の連続で、砂漠では飢えや渇きに苦しみ、盗賊の恐怖におびえる日々であった。途中、熱心な仏教徒である**高昌国の王の支援**を受けてようやく旅は軌道に乗り、出発から1年余でインドに到着。以後、玄奘は各地の仏跡を訪ね、名僧と対面して教学を深め、**645年に帰国**する。

玄奘は密出国をとがめられることなく、太宗の支援を受けながら、持ち帰った**大量の経典を翻訳**した。また、西域の事情を記した『**大唐西域記**』は、当時のインドを知る一級史料として今も重視されている。

その後、**7世紀末の義浄**も玄奘にならってインドに渡り大量の経典を訳した。玄奘以降の翻訳は4世紀の鳩摩羅什や東晋の法顕らの**旧訳**に対し**新訳**と呼ばれ、原典に忠実な訳は中国や日本仏教の発展にも影響を与えた。

白村江で大敗した日本

唐・新羅の連合軍に百済が滅ぼされると、朝鮮半島への足がかりを失うことを恐れた朝廷は、百済復興のため兵を送るが大敗する。

白村江の戦いで敗れた日本は唐に倣い律令国家を目指す

天智天皇 生没626～671
専横を極める蘇我氏を排し、大化の改新を行う。白村江の敗戦後は唐との友好関係構築を図るとともに、遷都や朝鮮式山城の築造による国内の防衛強化を行った。

敗戦により国防の強化が進む

660年、**百済が唐に滅ぼされる**と、その遺臣たちは復興を志し、日本に救援を求める。中大兄皇子（のちの天智天皇）を首班とするヤマト朝廷は援軍を派遣したが、**白村江の戦い**で**唐・新羅連合軍に大敗**した。

以後、朝廷は海外からの侵略に備えて**国防の強化**を図る。北九州に**防人**（沿岸守備兵）と**烽**（のろし）が置かれ、九州から畿内までの各地に百済の技術を駆使した**朝鮮式山城**が築かれた。667年には防衛力を高めるため飛鳥から**近江大津宮に遷都**する。近江は瀬戸内海から遠く、琵琶湖を経て東国に逃れるのも容易だった。唐の拡大は日本の政治も激変させたのである。

遣唐使と唐の模倣

630年に始まった遣唐使の派遣は16回行われ、最新の政治制度や文化を日本にもたらした。

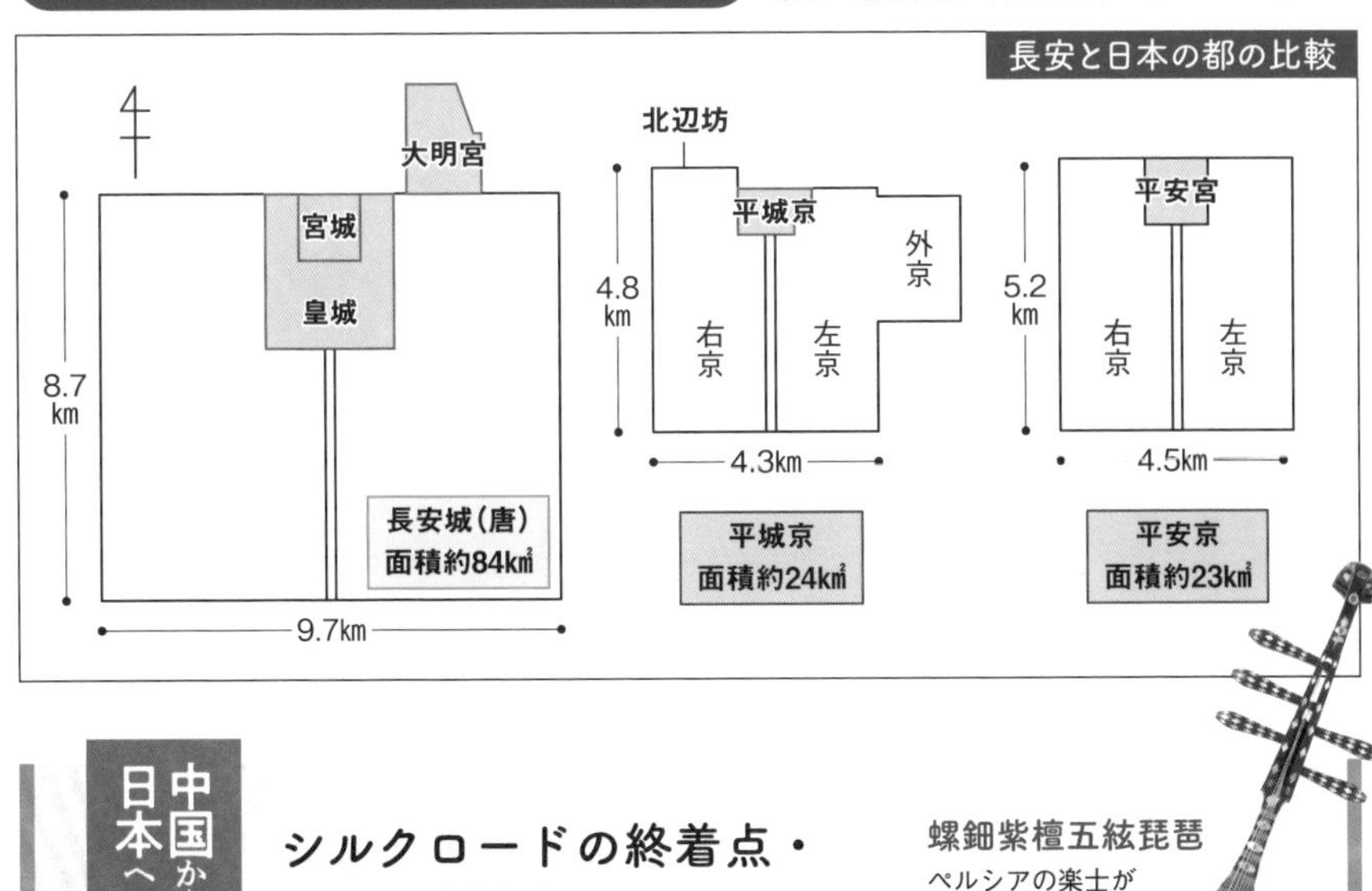

中国から日本へ

シルクロードの終着点・東大寺正倉院

光明皇后が東大寺へ寄進した、聖武天皇遺愛の品を納める正倉院。シルクロードを経て遣唐使船により日本へもたらされた、唐やインド、ペルシアなどの文物が納められているため「シルクロードの終着点」とも呼ばれる。宝物は整理済みのものだけでも約9000点に上るという。

螺鈿紫檀五絃琵琶
ペルシアの楽士が描かれている。

正倉院宝物

唐の模倣からの脱却

日本では定期的に遣唐使を派遣し、唐の制度にならって中央集権化が進められた。天智天皇は初の戸籍である**庚午年籍**を作成し、持統天皇は**飛鳥浄御原令**を制定。701年には唐の律令をもとに**大宝律令**が完成し、長安を模した**平城京**への遷都も行われ律令国家として歩み出す。

一連の政治改革は基本的に中国の模倣だったが、都は長安よりはるかに小さく、律令も**国内の実情に合わず形骸化**していく。そのため8～9世紀にかけて、律令の運用や土地制度など諸方面で日本独自の改良が行われた。

9世紀末には**遣唐使が中止**。ただし関係が断絶したわけではなく、その後も民間レベルでの交易は続き、唐の文物や漢詩文は国風文化にも影響を与えた。遣唐使廃止により、**国家から民間**へと関係の主軸が移行したのである。

安禄山が起こした安史の乱以降、唐末に乱が相次いだのはなぜか？

Point

安史の乱によって唐は衰退。律令体制は崩壊し、黄巣の乱がとどめとなって唐は滅亡する。

王朝を衰退させた安史の乱

唐の全盛期をもたらした玄宗であったが、太平の世が続いたことで、治世の後半は緊張感を失っていく。宰相の李林甫（りりんぽ）は奸計により次々と政敵を失脚させて実権を握り、科挙系官僚の出世をはばむなど、19年にわたって朝廷に君臨した。

やがて玄宗が**后の楊貴妃を寵愛**するようになると、**楊氏の一族の楊国忠**（ようこくちゅう）が台頭し、李林甫に代わって実権を握る。一方、地方では辺境防備を担う**節度使の安禄山**（あんろくざん）が強大な軍事力を背景に権勢を拡大していた。両者は政治の主導権をめぐって対立し、755年、**安禄山は15万の大軍で挙兵**して長安を攻略。帝位について**大燕国**（だいえんこく）を建てた。玄宗は蜀に逃れて退位し、楊貴妃も殺害される。間もなく禄山は息子に殺され、腹心の**史思明**（ししめい）が乱を主導したが、玄宗の孫・代宗（だいそう）が即位すると唐が勢力を盛り返し、乱は鎮圧された（**安史の乱**（あんし））。

地方の藩鎮が勢力を拡大

9年に及ぶ安史の乱は唐を衰退させ、西域ではウイグルやチベットが勢力を拡大。国内では節度使が朝廷から地方の軍事・財政・民政を委任され、半独立勢力として各地に割拠した（**藩鎮**（はんちん））。

朝廷は財政難を補うため、**資産に応じて税額を定める両税法**を導入し、**塩を専売制**にした。このため庶民の負担は増え、塩の密売が横行。やがて、人々の不満をバックに塩の密売業者らによる**黄巣**（こうそう）**の乱**が起こり（875〜884）、全国に拡大する。唐王朝の権威は失墜し、各地で藩鎮同士の抗争が勃発。907年、**節度使の朱全忠**が哀帝（あいてい）から帝位を譲り受けて**梁を建国**し、**唐は滅亡**した。

安史の乱により衰退した唐が、なお1世紀半にわたって存続できたのは、農業生産力の高い江南を掌握し、隋時代にできた大運河を通じて物流が確保できたためといわれる。

人物　楊貴妃　生没 719 〜 756

もともとは玄宗の子・寿王の妃だったが、玄宗に見初められ妃となる。皇帝の寵愛を背景に楊一族は繁栄を極めるが、安史の乱が起こると彼女を乱の原因とみなした将兵らの要求で玄宗から死を賜った。音楽や舞踊が得意で、自ら作曲も行ったという。

安史の乱と唐の衰退

急激な社会変化によって律令体制は動揺。黄巣の乱が決定打となり唐は滅亡する。

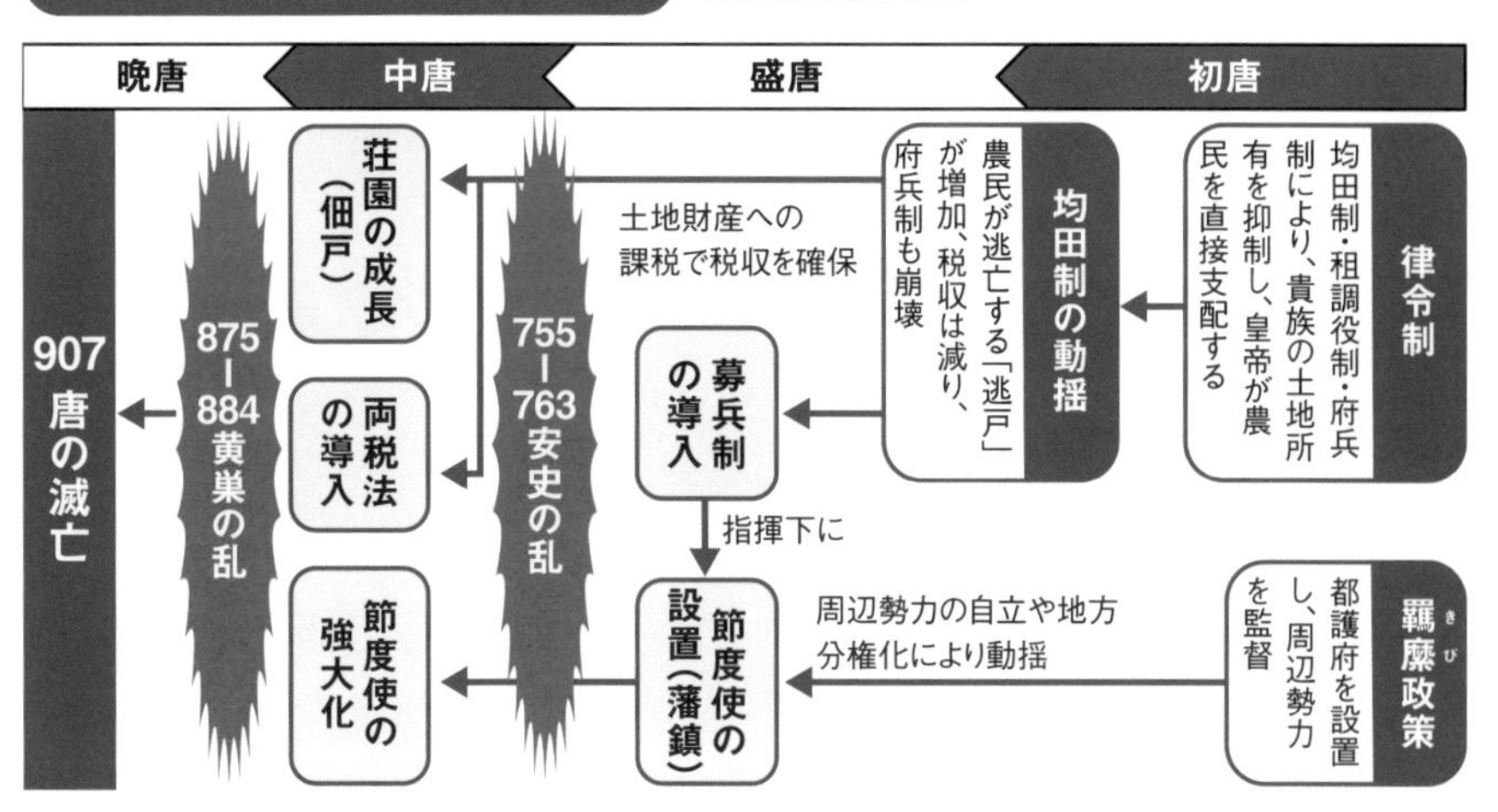

その時世界は?

【800年】カール大帝が教皇からローマ皇帝の帝冠を受け、西ローマ帝国を再興

「長恨歌」と楊貴妃の悲劇

白居易の長編詩。玄宗と楊貴妃の悲恋を華麗な言葉で描き出し、後世の楊貴妃像に大きな影響を与えた。下の絵巻は、玄宗と引き離された楊貴妃が自害を命じられる場面。

長恨歌（部分／意訳）

夕殿蛍飛思悄然
（夕方の宮殿に飛ぶ蛍を見て物思いにふけり）

孤灯挑尽未成眠
（灯りが燃えつきてもまだ眠れない）

遅遅鐘鼓初長夜
（時を告げる鐘鼓は遅々として初めて夜の長さを知る）

耿耿星河欲曙天
（天の川が輝き夜は明けようとしている）

鴛鴦瓦冷霜華重
（オシドリの瓦は冷たく霜が積もり）

翡翠衾寒誰与共
（カワセミの寝具は寒々しく共寝する人はいない）

悠悠生死別経年
（生死を分かってから幾年も経つが）

魂魄不曾来入夢
（愛しい妃の魂は夢にも出てこない）

「長恨歌絵巻」（部分） 国文学研究資料館蔵

人物伝 安禄山

生没 705 ～ 757

謀反を起こし皇帝に

ソグド人を父に、突厥人を母に持つ。母が突厥の安氏と再婚したため安姓を名乗った。6種の「蕃語」を操る能力を持ち、互市牙郎（こしがろう）という下役から営州を管轄する平盧（へいろ）節度使に上る。中央の使者に賄賂を贈り玄宗の信頼を得たことで異例の出世を遂げたのだ。楊国忠と対立し安史の乱を起こした安禄山は、大燕国を興して皇帝となる。一介の胡人から皇帝に上り詰めたが、後継者争いで息子の安慶緒に暗殺され、希代の逆臣はあっけなく世を去った。

安禄山

中国世界遺産ガイド

文化遺産～三国・南北朝・隋・唐

蔣介石や毛沢東の別荘もあった。

①廬山国立公園

江西省九江市
隋 唐 など

長江の南岸にあり、中国最大の淡水湖・鄱陽湖を望む景勝地。古くから皇帝や文人たちを魅了し、李白や白居易など、多くの詩人がこの地を題材に詩を詠んだ。麓の東林寺は浄土宗発祥の地。

②雲崗石窟

山西省大同市郊外
北魏

武周川の断崖に約1ｋｍにわたって掘られた石窟寺院。約53の石窟と5万1000体の石像がある。北魏の皇帝を供養するために460年に開かれ、494年に洛陽に遷都するまで造営された。

5～6世紀の中国仏教石窟芸術の最高峰。

石灰岩の岩山に1352もの石窟が掘られた。

竜門石窟

河南省洛陽市郊外
北魏など

洛陽市郊外の伊水両岸の岩山に南北1kmにわたって開かれた石窟寺院。北魏が洛陽に遷都した5世紀末に造営が始まり10万余体の仏像が彫られた。本尊の盧舎那仏は高さ17m。

⑤五台山（ごだいさん）

山西省忻州市
後漢 唐 清など

五つの平坦な頂がある古くからの仏教の聖地。標高3058m。北魏時代に大浮図寺が建立され、最盛期には300以上の寺院があった。日本からも唐代に玄昉や円仁らが参詣した。

元の時代に建てられた塔院寺の大白塔。

世界最大規模の仏教美術といわれる。

④莫高窟（ばっこうくつ）

甘粛省敦煌市
魏～元

シルクロードのオアシス都市・敦煌の郊外、鳴沙山の斜面に造られた石窟寺院。現存する最古の石窟は五胡十六国時代のもので、元代まで1000年にわたって造営や修復が続けられた。

⑥峨眉山（がびさん）と楽山大仏

四川省楽山市
後漢 唐～清

峨眉山は後漢時代に仏教が伝来すると山頂に中国初の仏教寺院が建立され、仏教の聖地とされた。景色が美しく「峨眉天下に秀なり」といわれる。万年寺の普賢菩薩は中国の重要文化財。

楽山大仏は高さ71m。90年かけて彫られた世界最大の仏像。

黄山・桂林とともに、中国人が一生に一度は訪れたい所といわれる。

⑦武夷山（ぶいさん）

福建省武夷山市
五代十国～南宋

36の峰、99の奇岩、武夷山中を9回曲がる九曲渓などがあり、虎などの野生動物や昆虫も豊富に生息している。前漢の王城遺跡や、朱子学の祖・朱熹が創設した武夷精舎などがある。

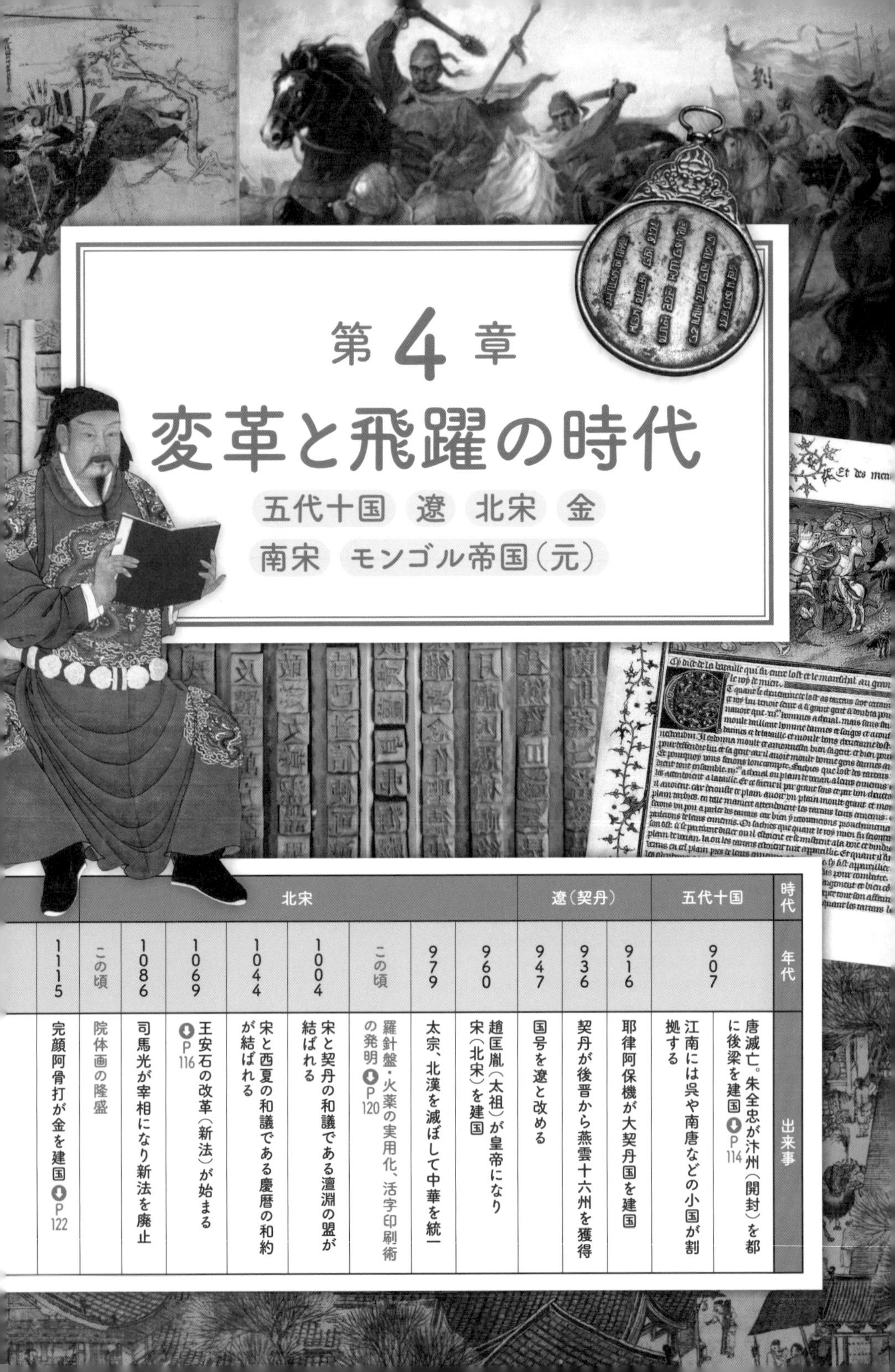

第4章 変革と飛躍の時代

五代十国　遼　北宋　金
南宋　モンゴル帝国（元）

時代	年代	出来事
五代十国	907	唐滅亡。朱全忠が汴州（開封）を都に後梁を建国 ⬇P114
		江南には呉や南唐などの小国が割拠する
	916	耶律阿保機が大契丹国を建国
遼（契丹）	936	契丹が後晋から燕雲十六州を獲得
	947	国号を遼と改める
北宋	960	趙匡胤（太祖）が皇帝になり宋（北宋）を建国
	979	太宗、北漢を滅ぼして中華を統一
	この頃	羅針盤・火薬の実用化、活字印刷術の発明 ⬇P120
	1004	宋と契丹の和議である澶淵の盟が結ばれる
	1044	宋と西夏の和議である慶暦の和約が結ばれる
	1069	王安石の改革（新法）が始まる ⬇P116
	1086	司馬光が宰相になり新法を廃止
	この頃	院体画の隆盛
	1115	完顔阿骨打が金を建国 ⬇P122

唐が滅びると、華北では五つの短命の王朝が続き、南方では10近い小国が乱立する**五代十国**の時代となる。小国が分立したのは各地が独自に経済成長を遂げ、特に江南の開発が進んだことを意味する。

960年に成立した**宋**（**北宋**）は、君主独裁制と官僚制を徹底することで社会の変化に対応した。北方に誕生した女真人の**金**に開封を奪われると、宋は江南に逃れて**南宋**を再興。宋の時代は温暖化とともに経済発展が進み、人口が急速に増え、学問や文化が著しく発展していく。

やがて、モンゴル高原を平定したチンギスとその子たちがユーラシア全土へと遠征して帝国を樹立。クビライの**元**は人種を問わない「混一（こんいつ）」の支配体制を実現した。

金／南宋	1125	金が遼を滅ぼす
	1126	金が開封を占拠
	1127	徽宗・欽宗らが金に捕らわれる 北宋滅亡
	1127	高宗が江南に逃れて南宋建国
	1131	秦檜が宰相となる。主戦派（岳飛）と和平派（秦檜）の対立
	1142	南宋と金の和議である紹興の和議が結ばれる
モンゴル帝国（元）	1206	チンギスがモンゴル高原を平定 P124
	1234	オゴデイが金を滅ぼす
	1241	ドイツ・ポーランド連合軍とのワールシュタットの戦い
	1271	クビライが国号を大元とする P126
	1274	1回目の日本遠征（文永の役） P132
	1276	臨安を占領し南宋滅亡
	1281	2回目の日本遠征（弘安の役）
	1299	マルコ・ポーロが『東方見聞録』を出版 P128
	1351	紅巾の乱（白蓮教徒の乱）が起こる P134

契丹の脅威にさらされながら唐以来の統一王朝・宋が建国

五代十国と契丹の勃興

907年、唐を滅ぼした**朱全忠**は**後梁**を建国し、大運河の要衝である汴洲（開封）に都を置いた。だが、各地にはまだ**節度使**などの諸勢力が割拠しており、後梁は15年ほどで滅亡する。以後、華北では後唐・後晋・後漢・後周と短命の王朝が続く。やがて、内陸部の各地や江南でも節度使が独立し、南唐・呉越・閩・荊南・楚・南漢などが建てられた。華北に五つの正統王朝、南北に10を数える小国が興亡したこの時代を**五代十国**と呼ぶ。

この間、北方ではモンゴル系の**契丹**が勢力を拡大し、916年、**耶律阿保機**が複数の部族を統一して大契丹国を建国。首長の位につき、のちに皇帝を称した。926年には2世紀にわたって大陸の東北を支配してきた**渤海**を征服し、10世紀半ばには後晋から**燕雲十六州**を獲得し、また華北にも侵攻して国号を中国風の**遼**に改めた（947）。

文治主義を徹底した宋

この時代に北方の動きが活発化した背景には、温暖化による**農業生産の向上**と、技術革新による**金属器の増産・発達**があった。特に後者は、戦闘能力の向上とともに工具の発展をもたらし、遊牧国家でも農業地帯の支配が容易となったのである。

960年、華北では後周の**世宗**（柴栄）が急逝し幼帝が即位したのを機に、部将の**趙匡胤**（太祖）が即位して宋を建て、開封を首都とした。以後、1127年の臨安遷都までを**北宋**と呼ぶ。太祖は節度使を解体して武官の台頭を抑え、科挙を改革して文官を重用するなど**文治主義**をとった。

太祖の死後、後を継いだ**太宗**は呉越や北漢を滅ぼし南北の統一を果たす。しかし、依然として北は遼（契丹）、西北はタングート人の西夏、南はチベット系の大理国の外圧を受けたため、北宋の支配領域は歴代の統一王朝で最も狭かった。

Point

唐滅亡後、北方は遼（契丹）が支配。五代十国の後周の部将・趙匡胤が宋を建国する。

皇帝 **趙匡胤（太祖）** 生没 927 ～ 976 皇帝在位 960 ～ 976

北宋の初代皇帝。世宗死後の皇帝がまだ幼かったため、遼の侵攻を恐れた近臣や軍部に推されて、禅譲というかたちで皇帝に就いた。宴席の場で有力者を説得してその権利を返上させた逸話は、「杯酒を以て兵権を釈（と）く」という成語で知られている。

その時世界は？

［962年］オットー1世がローマ皇帝の帝冠を授かり神聖ローマ帝国を建国

五代十国の興亡と遼（契丹）の脅威

唐滅亡から北宋建国までの10世紀は混乱の時代だった。華北のおよそ五つの王朝のほか、南北ではおよそ10の地方政権が割拠し、北方では遼が皇帝を称するまでに勢力を拡大させた。

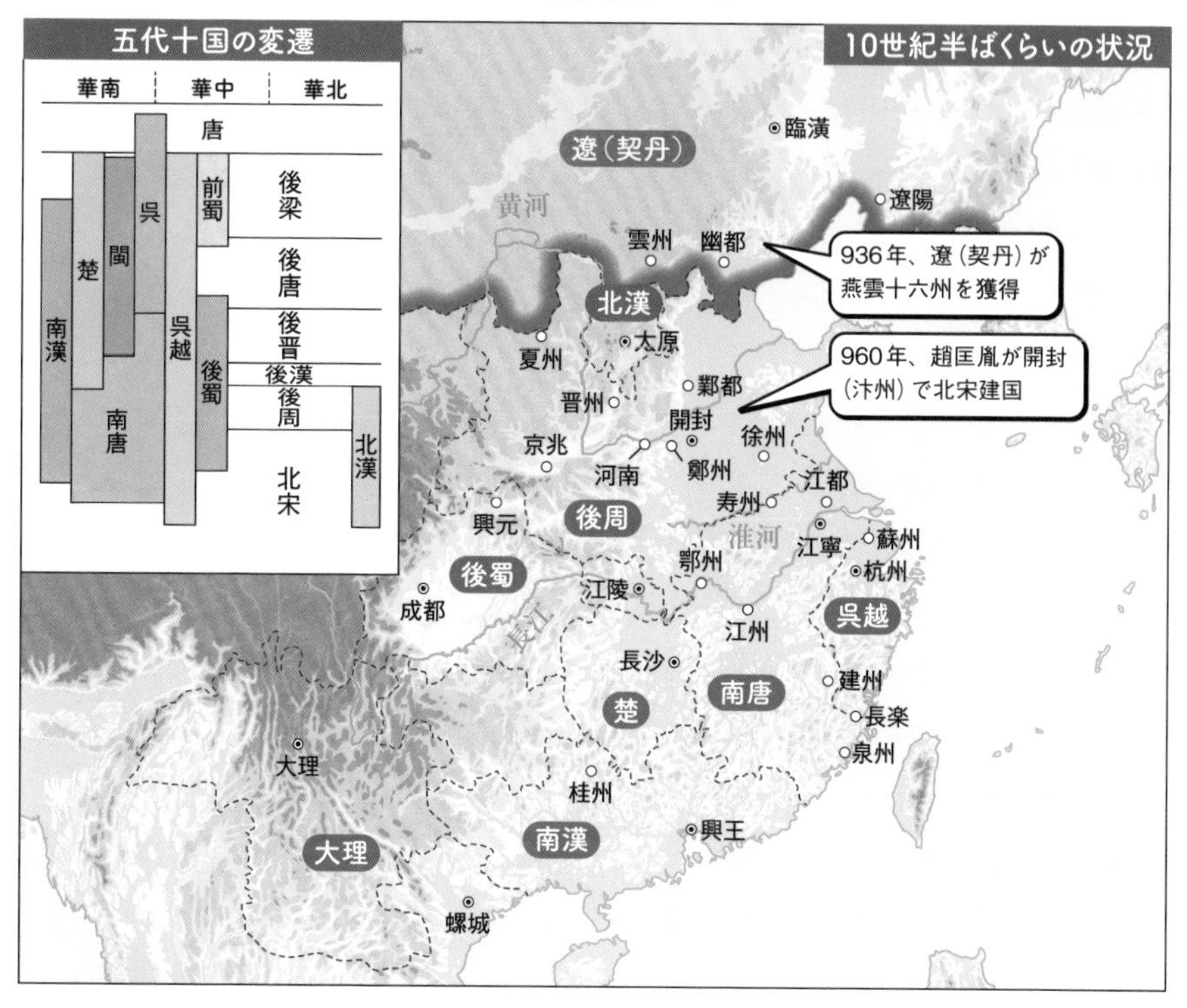

人物伝

世宗（柴栄）

生没 921 ～ 959
皇帝在位 954 ～ 959

合理主義で中華統一を目指す

後周の世宗（柴栄）は五代きっての名君といわれる。皇帝直属の禁軍を充実させて、後蜀や南唐、契丹に次々と攻め込み、５年半で20以上の州を奪って勢力を広げた。合理主義の持ち主で、銅銭を鋳造するために仏像の供出を命じ、自ら仏像を砕いたとさえいわれる。特権を持つ仏教教団を整理し、財政の安定化を図ることが狙いだったという。内政の充実も図り中華統一を目指すも、契丹遠征中、病にかかり39歳で早世。統一事業は宋の趙匡胤に引き継がれたが、その道筋をつけたのは世宗の功績であった。

世宗（柴栄）
名君だが仏教の破壊者とも評価される。

2000　1950　1900　1800　1600　1400　1200　1000 Here!　800

中華人民共和国 | 中華民国 | 清 | 明 | 元 | 金 南宋 | 遼 北宋 | 五代十国 | 唐

王安石の新法と唐宋変革 唐から宋へ何が変わったのか？

Point

北宋は財政難に陥ると王安石に新法という改革を行わせるが、旧法派の抵抗で頓挫する。

王安石の財政再建

外圧にさらされた**北宋**では、辺境防備のための軍事費が大きな負担であった。遼や西夏と国境を定める見返りとして銀・絹を送る「**歳幣**（さいへい）」も財政難に拍車をかけた。そこで11世紀半ば、神宗（しんそう）は**王安石**（おうあんせき）に**新法**とよばれる改革〈1069〜〉を行わせる。

新法の特徴は、政府が直接、**民間の経済や流通に介入する**点にあった。民政においては、高利貸しから農民を守るために政府が低利で銭を貸す**青苗法**（せいびょうほう）、中小規模の商人に政府が資金を貸し付ける**市易法**（しえきほう）など、軍政では傭兵制を改め農村を軍団として組織する**保甲法**（ほこうほう）を導入。庶民の地位向上と富国強兵を目指す画期的な改革で財政は好転したが、既得権を持つ官僚や商人、地主などの反発を招き、神宗の死後、反対派の**司馬光**（しばこう）らにより新法は廃止〈1086〉。北宋朝を通じて**新法派**と**旧法派**の対立は続き、北宋滅亡の遠因になったといわれる。

中国史を画す「唐宋変革」

宋代は軍事的には劣勢だったが、政治・経済・文化など諸方面で発展を遂げた。唐から宋への変化は「**唐宋変革**」と呼ばれ、中国史の重要なターニングポイントになったといわれる。

最大の特徴は**皇帝を頂点とした文治主義**がとられたことだ。たびたび争乱を引き起こした節度使については、配下の地方官を中央政府が任命することで**文民統制**を実現した。また、争乱によって没落した門閥（もんばつ）貴族に代わって、科挙合格者を優遇することで**官僚政治**が確立された。

大運河の要衝にある**開封**を首都としたことで流通が活発化し、地方の経済も発展。対外貿易も活発化し、**新興の商人が東アジアをつなぐ**役割を果たすようになる。学問・文化・技術も進展し、西欧のルネサンスとも比肩される**革新的な時代**となったのである。

用語 「**節度使**（せつどし）」

唐代に辺境に派遣された武官で、その地方の行政も掌握した。安史の乱後には国内にも置かれ、唐の滅亡を招いた黄巣の乱後には各地で自立し、五代十国の諸国を樹立した。北宋を建てた趙匡胤（太祖）は節度使の解体に注力する。

中国社会ががらりと変貌した「唐宋変革」

唐から宋へと移行した10世紀前後に起こった政治・社会変革は、中国史最大のターニングポイントだったといえる。門閥貴族が没落して皇帝の独裁体制が確立したことで、唐までの王朝には見られなかったほど、宋王朝は安定した政治体制となる。

その時日本は?
〔1053年〕藤原頼通の開基で平等院鳳凰堂が建立される

宋代に起きた社会変化

エネルギー革命
コークス（石炭を原料とした燃料）の利用が始まり、鉄器や金属器の大量生産が可能に

大運河の利用
華北と江南の物資運搬や交易が活発化。宋の首都（開封／杭州）は大運河沿いとなる

貨幣経済の成立
エネルギー革命により貨幣の増産が可能になり、税収が物品や労役から銭に置き換わる

江南の開発
湿地帯の開拓技術が向上し、江南のデルタ地帯が水田へと生まれ変わる

商業の発展
江南に広州などの港湾都市が誕生し、国内や外国との交易が盛んになる

人口増加
新田開発により江南の人口が増加。華北と江南の人口が逆転する

新たな都市の誕生
城郭都市の外に城郭を持たない商業都市が生まれる

岡本隆司『教養としての「中国史」の読み方』の解説をもとに作成

唐から宋への変化

宋 ←		唐
皇帝独裁官僚体制	政治	貴族的律令体制
新興地主や士大夫層	支配層	門閥貴族を中心とした官僚
消極的・和親政策	対外関係	積極的な領域拡大
科挙制の徹底。皇帝自らが最終段階の口頭試問を行う殿試が追加される	官吏の任用	科挙制が実施されるが、安史の乱以前は門閥貴族の優位性が残る（蔭位の制）
佃戸制。佃戸（小作人）が労働力の中心となる	土地	均田制（農民に土地が分け与えられる）。安史の乱後に荘園が成長
土地により税収が区別される両税法を受け継ぐ	税制	租（穀物）、調（布）、役（義務労働）が課される（唐中期まで）
開封＝至る所に商店が並ぶ。深夜営業の夜市が開店	商業	長安＝坊の中の東西の市しかない。夜間は外出・営業が禁止

『アカデミア世界史』の掲載図版をもとに作成

王安石 生没 1021 〜 1086

新政に挑んだ「拗ね者宰相」

若くして父を亡くした王安石は、22歳で科挙に合格し揚州の地方官としてキャリアを踏み出す。家族を養うため中央への出仕を拒み、収入の多い知事を務めたが、民政における実績がのちの新政のモデルになった。やがて、中央官僚となった王安石は、地方官の経験を踏まえて政治改革の必要性を説き、神宗に登用される。反対派を退けて強引に改革を進めたため、後世「拗相公（拗ね者宰相）」とも揶揄されたが、王安石の改革への情熱は、地方行政で得た自信、持ち前の合理主義と意志の強さの表れでもあった。

王安石
最後は政争に負け失脚。

2000 1950 1900 1800 1600 1400 1200 \Here!/ 800
中華人民共和国 | 中華民国 | 清 | 明 | 元 | 金 南宋 | 遼 北宋 | 五代十国 | 唐

江南開発やエネルギー革命により宋代は経済・流通が大発展した

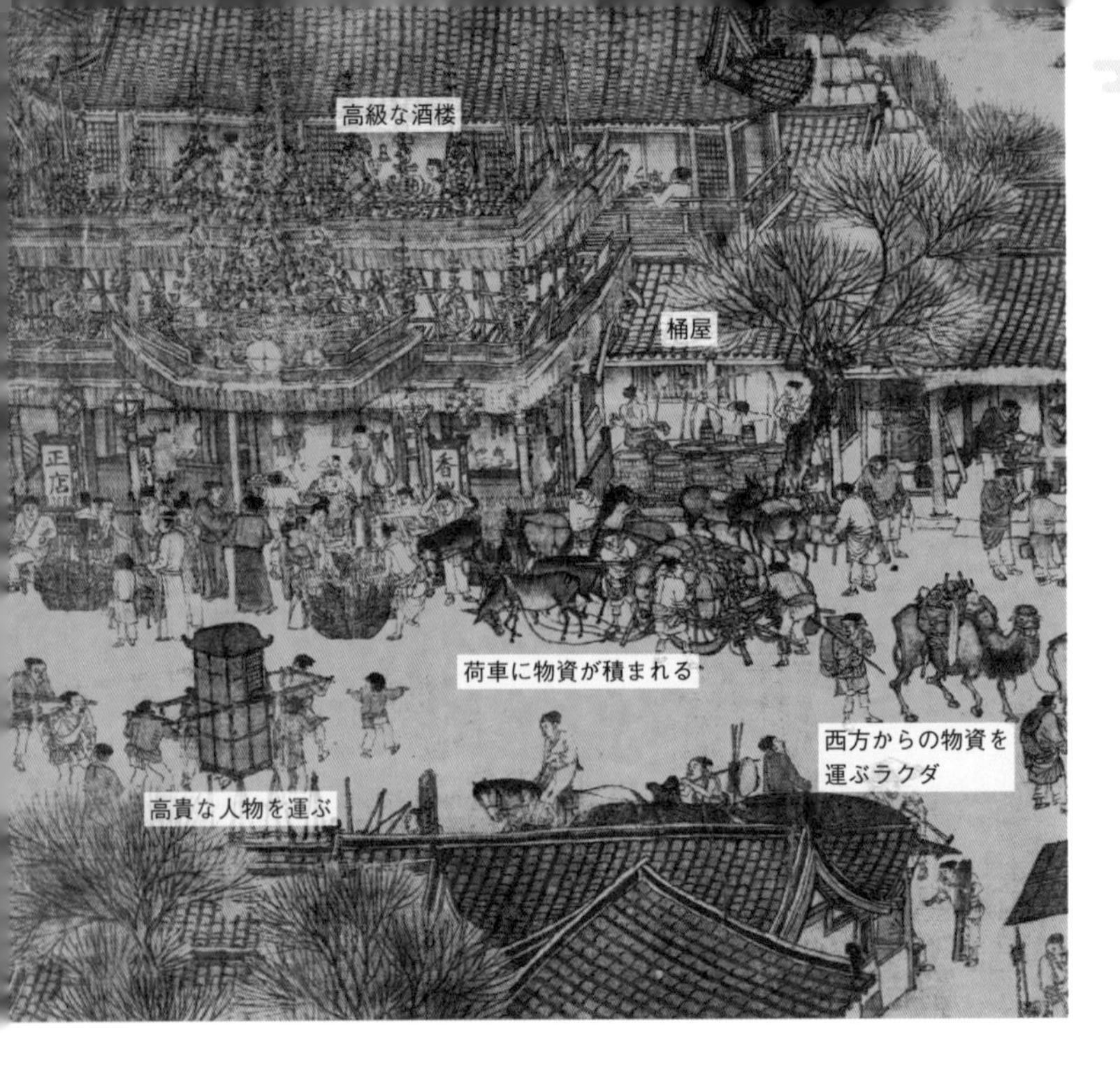

Point

宋代には自由な商売、江南の開発、貨幣の発達などにより未曽有の経済発展を遂げる。

商業の活発化と都市の発展

宋代は中央集権化の進展と、大運河沿いの商業都市・開封を首都にしたことで**経済・流通が発展**した。長安（ちょうあん）は商業区域が限られていたのに対し、開封では区画にしばられず自由な商業が行われた。商業が盛んな大都市では、「**行**（こう）」「**作**（さく）」と呼ばれる商人や**手工業者の同業組合**も生まれる。

流通の活発化により周辺都市や農村も発展し、「**鎮**（ちん）」「**草市**（そうし）」という商業地域が生まれた。それに伴い、**形勢戸**（けいせいこ）と呼ばれる大土地所有者も台頭。小さな土地を買い集めて、**佃戸**（でんこ）と呼ばれる農奴的な小作人に耕作を行わせ、農作物を売って利益を得るビジネスモデルを確立する。重税に苦しむ中小の自作農が没落して佃戸になることもあった。

新興の商人により契丹や西夏、東南アジア、日本との対外貿易も活発に行われ、**広州**（こうしゅう）・**泉州**（せんしゅう）・**明州**（めいしゅう）の沿海部に貿易を管理する**市舶司**（しはくし）が置かれた。

宋代の風俗画、「清明上河図」に描かれた都市のにぎわい

「清明上河図」（部分／12世紀前半作成／故宮博物院［北京］蔵）

開発を支えたエネルギー革命

宋代の経済発展を支えたのは、**江南のデルタ地帯の開発**であった。江南の開発は、三国時代の呉(ご)の建国以来行われてきたが、長江流域は湖沼が多く、唐代になっても**蘇州**(そしゅう)や**上海**(しゃんはい)周辺の広大なデルタ地帯の開発は手つかずであった。

それが唐宋変革の時代、湿地帯の多くが水田になり、温暖化や**米・麦の二毛作の普及**などもあって穀物の収穫量が上昇。唐代は6000万人ほどだった人口は、南宋の時代には1億人に達した。

江南で生産された穀物は隋代に築かれた大運河を利用して華北へと運ばれた。北宋の都である開封、南宋の都である臨安がどちらも**大運河沿いの都市**であることからも、宋代にどれだけ南北の流通・交易が重要視されたかがわかるだろう。

江南開発の背景には**エネルギー革命**もあった。石炭の採掘技術の向上により巨大なエネルギーが生み出され、金属加工技術も向上し**鉄製農具の大量生産**が可能になったのだ。エネルギー革命は**宋銭の鋳造**、景徳鎮に代表される**陶磁器の発展**ももたらした。特に宋銭は日本にも大量に流入し、経済に大きな影響を及ぼした。

2000	1950	1900	1800	1600	1400	1200 Here! 1000		800
中華人民共和国	中華民国	清	明	元	金 南宋	遼 北宋	五代十国	唐

士大夫が牽引した学問・文化と人類の進歩を促した三大発明

絵画の革新〜院体画と文人画

院体画

徽宗「芙蓉錦鶏図」

院体画は写実と色彩を重んじ、花鳥を主な題材とした。徽宗は北宋第８代皇帝であり、宮廷の画院で画家を養成した。

牧谿「遠浦帰帆図」（部分）

文人画は士大夫がたしなみとして描いた絵画。のちに南宗画（南画）と呼ばれ、日本の水墨画に影響を与えた。

文人画

故宮博物院（台北）蔵

京都国立博物館蔵

宋学（朱子学）の登場

宋代は文化面でも革新が起きた。その担い手となったのが科挙合格者や、同等の教養を持った「**士大夫**」と呼ばれる人々であった。士大夫は道教や仏教が社会から目を背けていると批判し、人間の生き方や秩序を重視する儒教こそが**正統な学問**であると説いた。この時代の儒学は「**宋学**」と称される。

唐代までの儒教が経典を一字一句解釈しようとしたのに対し、宋学は四書などの経典を重んじ、**宇宙や人間の本質**を哲学的に理解しようとした。中でも、宋学を集大成した**朱熹の朱子学**は明・清時代の科挙の基準とされたほか、日本でも江戸幕府の官学となり、封建支配の思想的根拠となった。

宋代の三大発明

三大発明はイスラーム商人によって西方へ伝えられ、ルネサンスや大航海時代に影響した。

火薬（武器）
火薬は兵器として利用され、「火槍（かそう）」などが登場。蒙古襲来で元軍が用いて、日本軍を驚かせた。

活字印刷
活字を用いた印刷技術は隋か唐初に発明され、宋代に普及。科挙の学習書や仏典などが出版された。

羅針盤
容器に入れた水の上に磁針を浮かべて方角を測った。西洋に伝わり改良され、大航海時代の端緒となる。

深掘り中国
世界初の紙幣である「交子」が北宋で生まれた理由とは？

宋代は活発な流通経済を支えるため、大量の銅銭や鉄銭が鋳造された。しかし、大量の銅銭は重くて持ち運びに不便であるため、「交子」と呼ばれる紙幣が用いられるようになる。四川の商業組合の取引において、手形として使用されたのが始まりで、やがて北宋政府が交子を発行したことで、正式な紙幣として流通していく。世界初の紙幣の誕生である。南宋では「会子」と呼ばれ、鋳造が激減した銅銭に代わって大量に発行された。銅銭に代わって主要な流通貨幣の地位を確立し、元の貨幣政策に受け継がれる。

宋銭（左）と交子（右）

世界に伝えられた三大発明

思想の深まりは芸術にも新境地をもたらした。絵画では職業画家が描く写実的な**院体画**とともに、作者の主観を墨の濃淡で表現した士大夫の**文人画**が隆盛した。生活水準の向上により、**小説や芝居**、**講談**、**影絵**など庶民文化も発展。瓦子と呼ばれる盛り場には、**飲食店や芝居小屋**、**遊女屋**、**本屋**などの娯楽施設が建ち並んだ。

技術の進歩も著しく、釉薬技術の発展により窯業が盛んになり、**景徳鎮**では精巧で丈夫な白磁や青白磁が大量生産された。読書人の増加を背景に**製紙法**が発達し、**活字印刷**も発明された。唐代に発明された**火薬**は、宋代に武器に転用されて戦争に革新をもたらし、磁場を利用した**羅針盤**は航海技術を発展させた。活字印刷・火薬・羅針盤は中国の**三大発明**とされ、交易や遠征を通じて伝播し世界に影響を与えた。

金への徹底抗戦を訴えた岳飛が処刑されたのはなぜか？

皇帝がさらわれた靖康の変

12世紀初頭、200年にわたって大陸北部を支配した遼（契丹）が、**女真人の建てた金**に滅ぼされる。女真は狩猟・牧畜を営むツングース系の部族で、長らく遼に支配されていたが、**完顔阿骨打**が諸部族を統一して金を建国〈1115〉。北宋と結んで遼を倒した。一方、遼の皇族の耶律大石は中央アジアに逃れ**西遼**（カラ・キタイ）を建国し13世紀まで続いた。

遼の滅亡は北宋にとって、**燕雲十六州奪還の好機**であった。しかし、皇帝・**徽宗**は政治に無関心で、実権を握っていた宰相の蔡京らが重税を課し、各地で反乱が起こっていた。この時、無法者を率いて挙兵した宋江の反乱は、後世『**水滸伝**』のモチーフとなる。しかも、北宋は金に銀・絹を送る歳幣の義務を果たさず対立したため、金は華北に攻め込み**開封を占拠**。北宋の皇帝・皇族、官僚数千人が連れ去られ、北宋は滅亡する（**靖康の変**）〈1126～27〉。

金の臣下に甘んじた南宋

靖康の変ののち、難を逃れた徽宗の九男・趙構は江南に逃れて皇帝に即位し（高宗）、**南宋**を再興〈1127〉する。だが南宋は、その後も金の圧迫を受け、義勇軍の将として数々の軍功をあげた**岳飛ら抗戦派**と、軍事費による財政悪化や武官の台頭を恐れる宰相の**秦檜ら和平派**が対立。やがて高宗の支持を得た秦檜は、謀反の嫌疑により岳飛を逮捕・処刑した。そして1142年、南宋が**金の臣下**となり、銀・絹を送ることを条件に和平が成立し、淮河が国境に定められた（紹興の和議）。この時の屈辱が、漢人が優位に立たなければならないという**中華思想の源流**になったともいわれる。

国境画定により南宋は平和を謳歌し、**江南の開発**が進んだ。しかし13世紀、実権を握る丞相の賈似道と武官の対立により政治は混乱し、1276年、モンゴル帝国に臨安が占領され、滅亡した。

Point

女真人の金の台頭で北宋は滅亡し南宋が誕生。抗戦派と和平派の対立は和平派が勝利する。

皇帝　高宗（趙構）　生没 1107 ～ 1187　皇帝在位 1127 ～ 1162

靖康の変で父・徽宗ら家族が金へ連れ去られる中、南方へ逃れて皇帝に即位。しかし政権が安定しなかったため、首都を臨安（杭州）へと移す。抗戦派と和平派の対立では秦檜が悪者にされがちだが、金との和平策は高宗が望んだ方針でもあった。

中国を二分した金と南宋

南宋は金と屈辱的な和議を結ぶが、対外和親策をとったことで国内は安定し、泰平の時代を迎える。

その時日本は？

「1185年」平氏滅亡。源頼朝が諸国に守護・地頭を設置し、鎌倉幕府が始まる

岳飛 生没 1103 ～ 1141

抗戦派の中心人物。開封防衛戦や金への北伐などで台頭する。民衆から絶大な支持を集めたが、秦檜ら和平派の策略で冤罪を着せられ、最期は謀殺された。

秦檜

岳飛廟とひざまづく秦檜

岳飛がその死後、救国の英雄として祀られた一方、和平を進めた秦檜は売国奴とみなされた。岳飛廟には、後ろ手に縛られてひざまづく秦檜夫妻の像がある。

NOVEL GUIDE

『岳飛伝』

「尽忠報国」を掲げ金に挑む

本作は日本を代表するハードボイルド歴史作家である北方謙三が、岳飛を主人公として南宋成立期の中国を描いた全17巻の大作。農民出身ながら義勇軍に入隊した岳飛は、背中に刻まれた「盡（尽）忠報国」の精神で祖国防衛のための戦いに身を投じる。梁山泊を拠点とする漢（おとこ）たちの奮戦と絆を描いた、「大水滸伝」シリーズ（『水滸伝』『楊令伝』）の完結編にあたる。

[著者] 北方謙三
[巻数] 全17巻（文庫版）
[刊行] 2012～16年（初版）
[出版] 集英社文庫

2000 1950 1900 1800 1600 1400 \Here!/ 1000 800

中華人民共和国 | 中華民国 | 清 | 明 | 元 | 金 南宋 | 遼 北宋 | 五代十国 | 唐

チンギス率いるモンゴルはなぜ世界帝国を築けたのか？

Point

チンギス・カンがモンゴル帝国を樹立。その後も一族で版図を広げ、大帝国を樹立した。

モンゴル帝国の樹立

江南の**南宋**と華北の**金**が対峙していた時代、モンゴル高原ではモンゴル系やトルコ系の**遊牧民**の諸部族が争っていた。その背景には**西遼**の建国があったといわれる。**耶律大石**（やりつたいせき）が西ウイグル国とカラ・ハン朝を征服して西遼を建国したことによって中央アジアが統一されると、モンゴル高原は統一王朝の統制を受けなくなり、モンゴル系諸部族の活動が活発化したのである。

その中で13世紀初頭から台頭したのが小部族の長・**テムジン**であった。西のナイマン部、北のメルキト部など諸部族を次々と従え**モンゴル高原を平定**。１２０６年のクリルタイ（族長会議）において君主を示すカンの称号を得て**チンギス・カン**と称し、**モンゴル帝国**を樹立する。チンギスは各１０００人の兵士からなる95の千人隊を軍事的基盤として、急速に東西に版図を広げていく。

漢の政治方式導入

高原を南下し西夏を屈服させたチンギスは、**金**の首都・中都を陥落させると、西へ遠征を開始。パミール高原以東の支配を固め、西トルキスタンの**ホラズム・シャー朝**を滅ぼし、**東西の貿易路を掌握**する。１２２７年にはホラズム遠征への協力を拒んだ**西夏**を滅ぼした。

この遠征の途中、チンギスは亡くなり、後を継いだ**オゴデイ**が金を滅ぼし、**カラコルム**に都を置く。金の支配を通して、モンゴルは中国の政治制度を学び、土地と都市を占拠して租税をとる支配方式への転換を図った。これが世界帝国として君臨する基盤になったといわれる。

その後、モンゴルは東欧に進出して**ドイツ・ポーランド**と戦い、西アジアでは**アッバース朝**を滅ぼし、チンギスの代から50年ほどで**トルコやロシア、朝鮮にまたがる大帝国**を築いたのである。

人物 耶律大石（やりつたいせき） 生没 1087 ～ 1143

西遼の初代皇帝（グル・ハン）。遼の皇帝一族の契丹人で、遼が滅亡した際に契丹人を引き連れて外モンゴルに逃れ、カラ・ハン朝を倒し、西遼を建国。西トルキスタンに入りウイグル人を服属させ、サマルカンドやブハラも支配したが、故地回復はかなわなかった。

モンゴル帝国の拡大

チンギスがモンゴルを統一すると、2代オゴデイが金を征服。孫のバトゥはヨーロッパに遠征し、4代モンケは西アジア・チベット・イスラーム帝国・高麗を征服。5代クビライが南宋を征服し、国名を元にした。

チンギス・カン
生没 1162 〜 1227
皇帝在位 1206 〜 1227
モンゴル帝国の初代皇帝。人類史上最大の世界帝国の礎を築く。

その時日本は？ [1221年] 鎌倉幕府と朝廷が争った承久の乱で幕府軍が勝利

中国から日本へ

大正時代以降に広まった「義経＝チンギス・カン説」

兄の頼朝に疎まれ奥州平泉で殺されたはずの源義経が、大陸に渡ってチンギス・カンになったという説がある。アイヌ研究家の小谷部全一郎が大正末期に発表したもので、両者の体格や性格、武器や戦術が似ており、チンギスが数字の9を好んだのは義経が九郎（九男）であったことに由来するという。荒唐無稽ながら、一般大衆に広く支持された背景には、悲劇の英雄の生存を願う「判官(ほうがん)びいき」の心情とともに、日本の大陸進出や満洲支配を正当化しようとする国民感情があったといわれる。

義経神社
生き延びた義経が北海道平取町に辿りつき、アイヌと交流したという伝承が残る。

元を建国し東アジア全域に触手をのばすクビライ

クビライの南宋征服

1260年、チンギスの孫の**クビライ**がクリルタイにより**第5代皇帝**となる。当時、モンゴルはチンギスの子孫が各地で**半独立の国家を建設**しており、緩やかな連合体として帝国を形成していた。第4代の兄・モンケから東アジアの征服を任されたクビライは、弟・アリクブケとの抗争に勝利して地位を固めると、カラコルムから**大都**(だいと)（**北京**）に都を移して国号を中国風の**大元**(だいげん)に改め、南宋への攻略を本格化させていく。

クビライの**南宋攻略**は長期に及んだ。大元との国境を流れる淮河以南は湿地帯が多く、モンゴルの騎馬軍団の機動力を生かすことができなかったためである。そこでクビライは、南北の要衝である襄陽(じょうよう)に兵力を集中させ、5年にわたる包囲戦の末に攻略。水軍を編成して長江を下り、1276年に臨安を攻略して南宋を滅ぼした。

朝鮮を制圧し日本に遠征

朝鮮半島の**高麗**(こうらい)は、オゴデイの時代からモンゴルの侵攻を受け、13世紀半ば、太子（元宗）を人質として服属していた。しかし、クビライの即位後も、反乱軍の**三別抄**(さんべつしょう)が抵抗を続けたため、1273年、クビライは元・高麗連合軍を珍島(ちんとう)・済州(さいしゅう)島(とう)に送って鎮圧し、**朝鮮半島を制圧**する。

この間、クビライは日本にもたびたび服属を求める国書を送った。鎌倉幕府がこれを無視し続けたため、**2度にわたって大軍を派遣**したが、日本軍の抵抗と暴風雨により失敗に終わる（**文永**(ぶんえい)**・弘安**(こうあん)**の役**）。このほかモンゴルは、**樺太**や**琉球**、さらに**チャンパ**や**ベトナム**など東南アジアにも遠征軍を派遣した。ビルマのパガン朝を屈服させたほかは、多くが失敗に終わったが、遠征を通じてインド洋の世界貿易に参入し、**東西交易が活発化**する契機になったといわれる。

Point

クビライは、南宋や朝鮮を征服し、日本や東南アジアへも遠征。東西交流が活発になった。

用語 「三別抄」(さんべつしょう)

モンゴルに支配された高麗で抵抗を続けた軍事組織。「別抄」とは軍隊の精鋭部隊という意味で、左右の別抄と神義軍の三つの部隊があったことが名称の由来。珍島や済州島を拠点に抵抗したが敗れ、その翌年、モンゴル軍は高麗軍を動員して日本に侵攻した。

［1261年］ニケーア帝国・ラテン帝国が滅亡し、ビザンツ帝国が復興する

モンゴル帝国の支配地域

13世紀はモンゴルの世紀と呼ばれる。ユーラシア大陸の広範な地域を征服し、チンギスの長男のジュチがキプチャク・カン国、次男のチャガタイがチャガタイ・カン国、チンギスの孫のフラグがイル・カン国の礎を築いた。

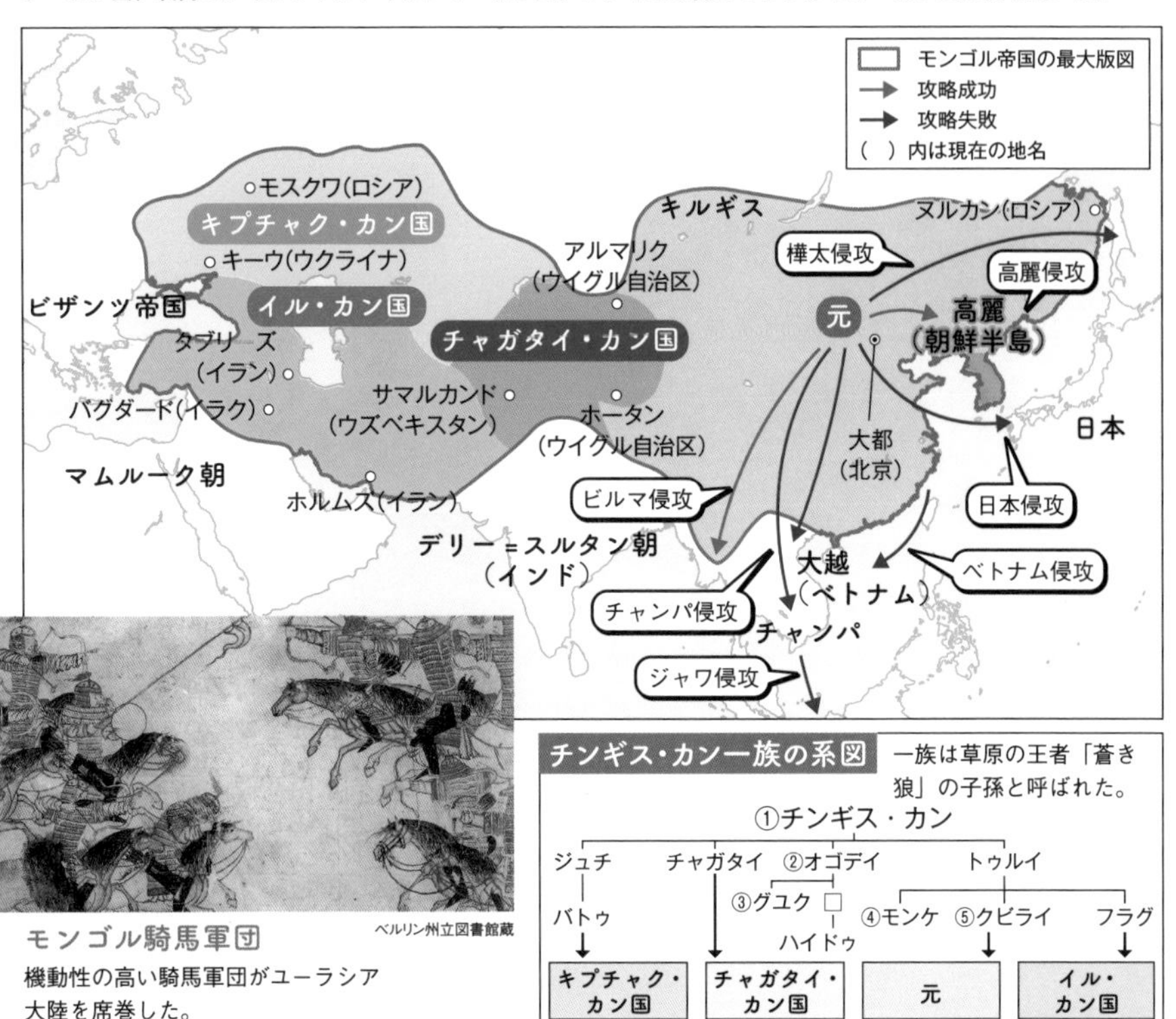

モンゴル騎馬軍団
機動性の高い騎馬軍団がユーラシア大陸を席巻した。

人物伝

クビライ

生没 1215 ～ 1294
皇帝在位 1260 ～ 1294

実力主義を重んじた稀代の為政者

クビライ

華北で育ち、一族の中で最も中国の文化に精通していたクビライは、広大なモンゴル高原ばかりでなく、東アジアの農耕地帯にも将来性を見いだしていたといわれる。しかし1262年、華北で漢人軍閥の反乱が起こるなど、その統治には手を焼いた。モンゴル帝国はかねてより、中央・西アジアの色目人（様々な種類の人）を優遇しており、これにより西域からイラン系のムスリム商人などの人材が流入し、東西の交流がより活発になった。多様な文化を受け入れる懐の深さが、歴代王朝最大の版図を誇る大帝国の基盤となったのである。

モンゴル帝国による庇護と整備により東西の人とモノの交流が活発化

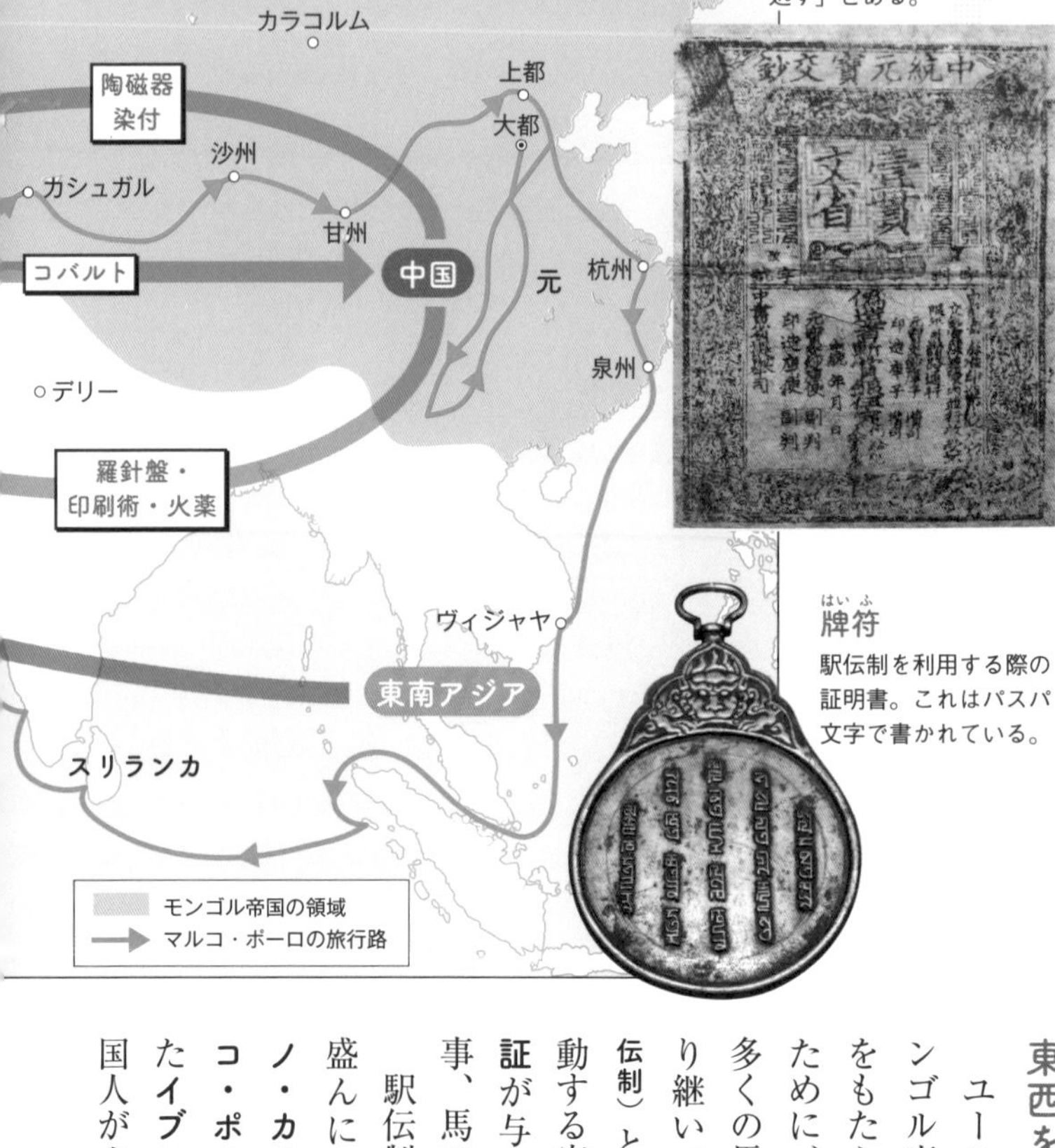

ユーラシア大陸の東西交易

大都はユーラシア大陸の首都になり、三大発明といわれる羅針盤・印刷術・火薬が、元からイスラーム地域やヨーロッパに伝わった。

元の紙幣「交鈔」

中央に「偽造者は死に処す」とある。

牌符

駅伝制を利用する際の証明書。これはパスパ文字で書かれている。

東西を結ぶ街道の整備

ユーラシア大陸の東西にまたがるモンゴル帝国の出現は**東西交流の活発化**をもたらした。広大な領域を支配するために、主要な街道には数十kmごとに多くの馬を用意した駅を置き、馬を乗り継いで情報を伝達する**ジャムチ**（**駅伝制**）という連絡網を整備。公用で移動する官僚や軍人には**牌符という通行証**が与えられ、駅における宿泊や食事、馬の利用が認められた。

駅伝制の整備によって東西の通行が盛んになり、ローマ教皇の使者**プラノ・カルピニ**やヴェネチアの商人**マルコ・ポーロ**、『**三大陸周遊記**』を書いた**イブン・バットゥータ**など多くの外国人がカラコルムや大都を訪れた。

『東方見聞録（イル・ミリオーネ）』

人物伝 マルコ・ポーロ

生没 1254～1324

時代を喚起した冒険譚

ローマ教皇の贈答品を届けるために４年もの歳月をかけて元を訪れたマルコ・ポーロは、クビライに謁見し、以後17年間にわたって彼に仕えた。帰国後に著した『東方見聞録』には、中国の発展した都市や技術、「黄金の国」と紹介された日本の情報などが記され、ヨーロッパに東方貿易のメリットを認識させ、大航海時代へとつながる冒険心を呼び起こした。

紙幣により交易活発化

交通網の発達に加えて、モンゴル帝国では関所や港湾で税の徴収を行わず、自由な交通を保証したため**商業活動が盛んに**なった。

活発な交易を支えたのが銀である。古来、中国では**銅銭**が貨幣として使用され、宋代には持ち運びに便利な**紙幣**も導入された。一方、モンゴルやイスラム諸国では**銀**が使われていたが、クビライは「**交鈔**（こうしょう）」と呼ばれる紙幣と銀の兌換（だかん）を政府が保証する制度を導入。紙幣の信頼を高め、帝国内における交鈔の流通を増やすことで、**イスラーム商人を含む広域の経済活動**が可能になった。一方、不要になった大量の宋銭は日本にもたらされ、鎌倉時代から活発化する貨幣経済を支えた。

東西交流の活発化により、絹や陶磁器などの交易品だけでなく、火薬や羅針盤などの技術も世界に波及した。

支配地に適した政治体制と国際色豊かな元の文化

人種より実力を重視

クビライは元の建国にあたり、それぞれの支配地に応じた統治を行った。かつての**金・西夏では金の制度**を、**漢人の地域では唐・宋の官制**を用いることで統治の安定化を図ったのである。また、地方には従来の県・州より大きい**行中書省**（こうちゅうしょしょう）が置かれ、現在の行政区画である省の始まりとなった。

中央の官僚は科挙合格者に限らず、皇帝に実務能力を認められた者が命じられた。モンゴル人だけでなく、**アラブ人**や**ソグド人**、漢人、ウイグル・チベットの**色目人**（しきもくじん）など、雑多な人々により構成される「混一（こんいつ）」の社会を築いたのである。人種を問わず**有能な人材を政権中枢で重用**したことが、帝国が急速に発展できた理由であった。この混一政策によって、**元の文化は国際色豊か**なものとなり、公文書には**モンゴル文字**や、外国語の表記にも使える表音文字の**パスパ文字**などが使用された。

グローバル化によりペスト大流行

宗教文化も多彩となり、**イスラーム教**や**ネストリウス派キリスト教**、**チベット仏教**（ラマ教）などが流入する一方、**朱子学**が知識人の間に広がり、以後に正統教学となる素地が作られた。

科挙が縮小されたことで士大夫や官僚への出世をあきらめ、文筆活動を行う文化人が増えたのもこの時代の特徴である。歴史書の**『十八史略』**（じゅうはちしりゃく）や農業技術を集成した**『王禎農書』**（おうていのうしょ）などの学術書が編まれる一方、**『水滸伝』『三国志演義』**のもとになる口語体の白話（はくわ）小説、元曲（げんきょく）という歌劇など民間文芸・芸能が発達した。

しかし、グローバル化は負の影響ももたらした。中央アジアで発生した**ペスト**（黒死病）が14世紀のヨーロッパで大流行し、人口の激減をもたらしたのも東西交通の活発化が原因といわれ、元朝衰退の要因の一つにもなったのである。

Point

人種より能力を重視した登用により、急速に発展。国際色豊かな文芸や芸能も花開いた。

用語 「白話小説」

漢文で記された文語調の文言小説に対して、話し言葉に近い口語体で書かれた文学作品のこと。主な白話小説に『三国志演義』『西遊記』『水滸伝』などがある。『三国志演義』は、宋の時代に「三国志語り」が語ったものを、明代に整理したものといわれる。

00 400 200 0 BC200 BC1000

南北朝 | 三国 晋 | 後漢・新 | 前漢 | 秦 | 戦国 | 春秋 | 殷周 | 文明の起こり

元の首都・大都

モンゴル帝国の大カンとなったクビライは、モンゴル本土と中国中原の中間地点に都城を建設。国号を中国風の元に改めると、カラコルムから遷都し、元の首都・大都とした。

元代の大都（北京）の復元

イラスト／香川元太郎、監修／佐竹靖彦

元代の運河と海上輸送

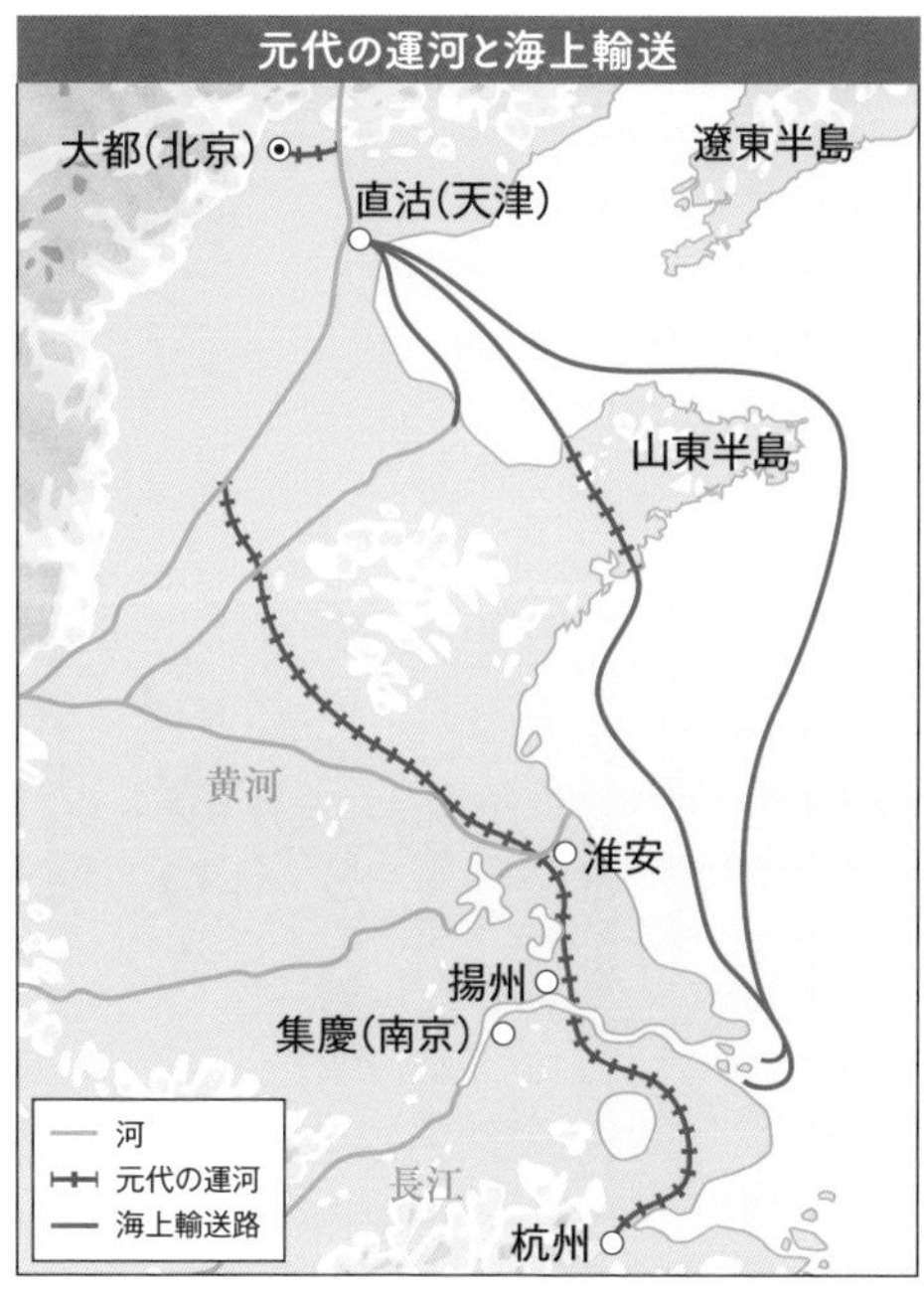

元代に山東半島経由の海上輸送路が発達し、大都には世界中の文物が届いた。

元の中国支配

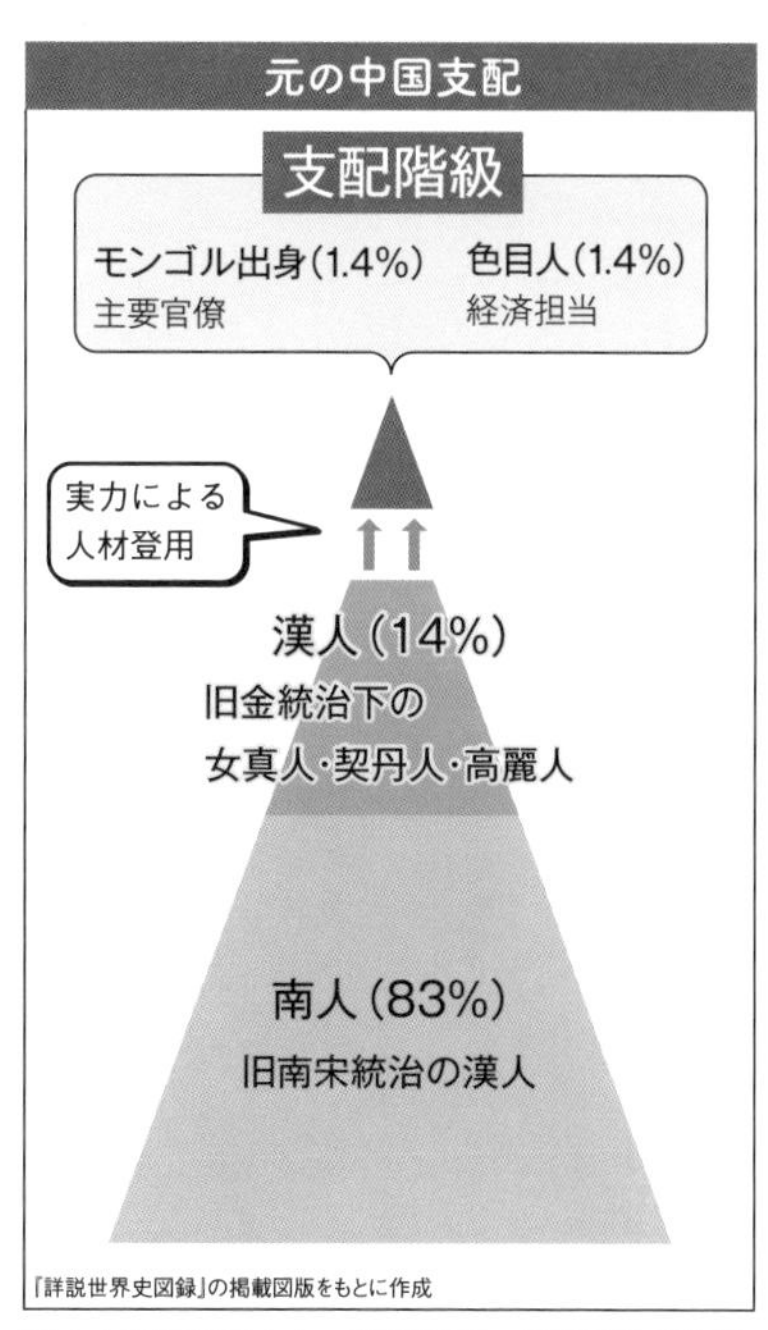

『詳説世界史図録』の掲載図版をもとに作成

実力主義を原則とし、経済に強い西方出身の色目人に経済を担当させた。

その時世界は？
［1291年］神聖ローマ帝国領で、スイス3州の独立闘争が起こる

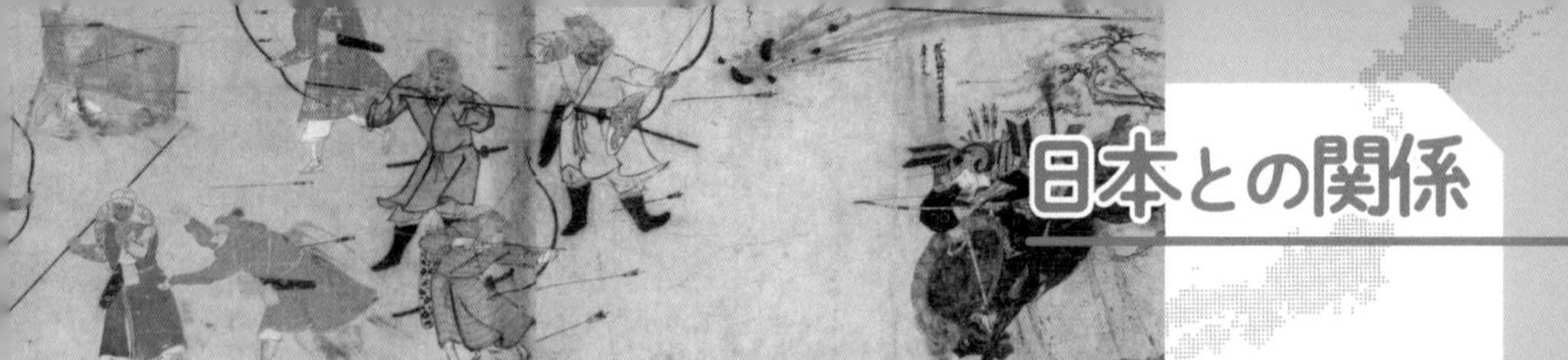
モンゴル軍と日本軍の戦いを描いた「蒙古襲来絵詞」（東京国立博物館蔵）

2度の蒙古襲来と鎌倉武士の戦い
なぜクビライは日本に侵攻したのか？

元軍の日本侵攻

クビライは高麗服属後と南宋征服後の２度にわたって日本に進軍したが、服属させることはかなわなかった。

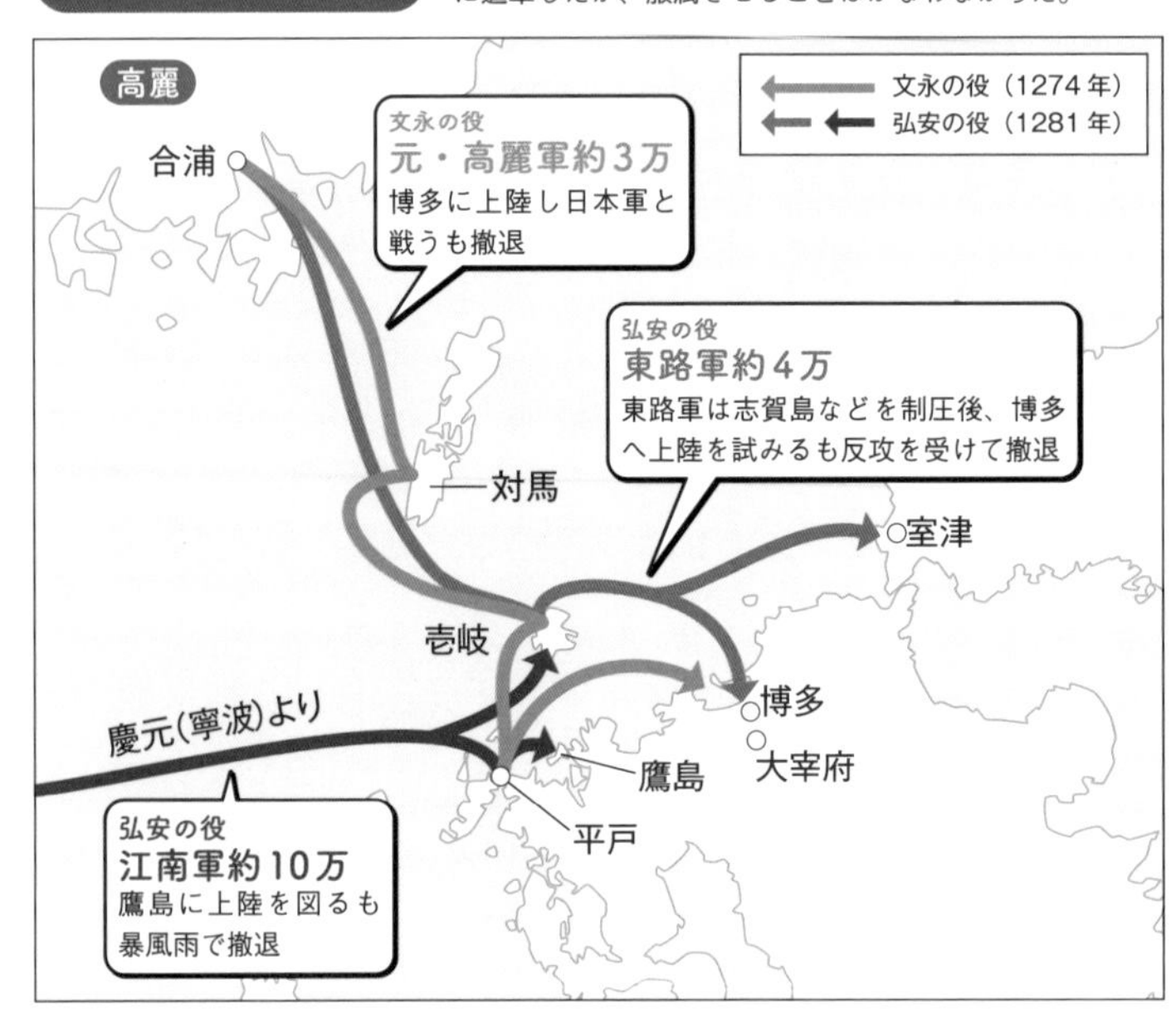

1度目は1日で撤退

クビライから初めて日本に服属を促す**国書**が送られたのは1266年であった。鎌倉幕府は蒙古の襲来に備えるよう**西国の守護**（各国の軍事・警察権を司る職）に命じ、18歳の**北条時宗**（ときむね）が執権（幕府の最高職）となり国難に備えた。以後、たびたび元の使者が日本を訪れたが、幕府は返書を送らず徹底して無視する策をとった。

業を煮やしたクビライは**約3万の兵を擁して北九州に遠征**する。**対馬**（つしま）**・壱岐**（いき）を蹂躙した元・高麗軍は**博多湾**から上陸。集団戦法や火薬兵器で日本軍を苦しめた末に撤退する。理由は不明だが、威力偵察が目的であったとも、内部対立のためともいわれる（**文永の役**（ぶんえい））。

戦場になった博多

文永の役で大きな被害を受けたため、博多湾に約20kmに渡る石垣を築き、弘安の役でモンゴル軍の上陸を阻んだ。

てつはう（鉄砲）

大音響とともに炸裂する兵器に鎌倉武士は恐れおののいたという。

松浦市教育委員会提供

モンゴル軍の鎧

鉄板が縫い付けられた布製の鎧で、龍や唐草の刺繍が施されている。

元寇史料館蔵

元寇防塁

生の松原に復元された石築地。博多湾一帯に築かれた。

COMIC GUIDE

『アンゴルモア 元寇合戦記』

蒙古襲来と鎌倉武士をリアルに描く

蒙古襲来をテーマに鎌倉武士の誇りと侵略戦争をリアルに描いた歴史漫画。対馬に流された鎌倉武士・朽井迅三郎らが、対馬の守護代・宗氏の輝日姫らと共に、北九州上陸前に対馬を攻めた蒙古・高麗軍の大軍を迎え撃つ。

[作者]たかぎ七彦
[巻数]全10巻（博多編既刊7巻）
[刊行]2015～18年（博多編2019年～）
[出版]KADOKAWA

防塁に阻まれた蒙古の大軍

幕府は御家人たちに海岸防備の強化を命じ、博多湾沿いに**石築地**を築いて再度の襲来に備えた。やがて南宋を滅ぼしたクビライは1281年、**約14万の大軍**を日本に送る。しかし日本軍の激しい抵抗により上陸を阻まれ、海上に停泊していた夜、激しい暴風雨に襲われ元軍は壊滅する（**弘安の役**）。

蒙古襲来を防いだ北条時宗は後世、救国の英雄とされたが、実は幕府外交の失敗だったとする見方もある。クビライは日本からの**朝貢**を望んだにすぎず、資源の乏しい島国を占領する気はなかった。しかし幕府は国書を無視し、使者を斬首したため、クビライの怒りを買い侵攻を招いたのだ。

蒙古襲来は防衛戦争であったため新領地が得られず、御家人への恩賞が少なかった。これが武士の不満を招き、**幕府滅亡の遠因**になったとされる。

政治的混乱と相次ぐ天災 史上最大のモンゴル帝国、滅亡

Point

元滅亡の要因は外征の失敗、後継者争い、経済の悪化、天災などで、紅巾の乱が決定打となった。

寒冷化により元朝衰退

クビライの晩年は打ち続く**外征の失敗**や、有力王族である**東方三王家の反乱**に悩まされた。後を継いだ孫の**テムル**は反乱を抑えて一時、平和を取り戻したが、その死後は短命な皇帝が続き、後継者争いにも悩まされ、政情は不安定となっていく。加えて、世界的な寒冷化による**凶作や飢饉**、ヨーロッパのペスト流行に伴う**対外貿易の衰退**などが追い打ちをかけた。政府は財源確保のため**交鈔を大量に発行**したが、これにより**インフレが進み**、庶民の生活は悪化した。

社会不安が広がる中、庶民の間で仏教の弥勒信仰とチベット仏教を融合した**白蓮教**（びゃくれん）が広まり、やがて教徒たちが蜂起し**紅巾の乱**（こうきん）が勃発。この乱で頭角を現し、明を建国した**朱元璋**（しゅげんしょう）が大都を制圧し元朝は滅亡する。皇族たちはモンゴル高原に逃れ北元（ほくげん）を建てたが、内紛により20年で滅びた。

モンゴル帝国の崩壊

元が滅びた頃、大陸の各地では依然としてチンギスの子孫が建てた地方政権が存続していた。西アジアにはモンケの弟フラグがアッバース朝を滅ぼして建てた**イル・カン国**、南ロシアにチンギスの孫・バトゥを祖とする**キプチャク・カン国**、中央アジアにはチンギスの次男・チャガタイが興した**チャガタイ・カン国**があった。

イル・カン国はイスラーム教を国教としてミニ**アチュール**（細密画）などの文化を生み出したが、内紛により衰退し14世紀半ばに滅亡。チャガタイ・カン国は、14世紀半ばに東西に分裂し、西チャガタイから**ティムール朝が勃興**した。キプチャク・カン国はビザンツ帝国と通交し商工業も繁栄したが、支配下の**モスクワ大公国の自立**や**ティムール朝の圧迫**により衰退し16世紀初頭に滅亡。世界を席巻したモンゴルの時代は終わった。

用語 「東方王家」

チンギス・カンの弟たちを始祖とする、モンゴル高原東方に領地を持つ諸王家。チンギスの諸子を始祖とする諸王家は、モンゴル以西に領地を持ち、チャガタイ・カン国などを建国したが、東方王家はクビライの建てた元の勢力下にとどまった。

元、衰退の原因

元の衰退とともに、水害やペスト、冷害による飢饉に苦しむ人々の不満が高まった。貧しい農民を中心に信仰を集めた白蓮教の教徒を中心に紅巾の乱が起き、元は滅亡した。

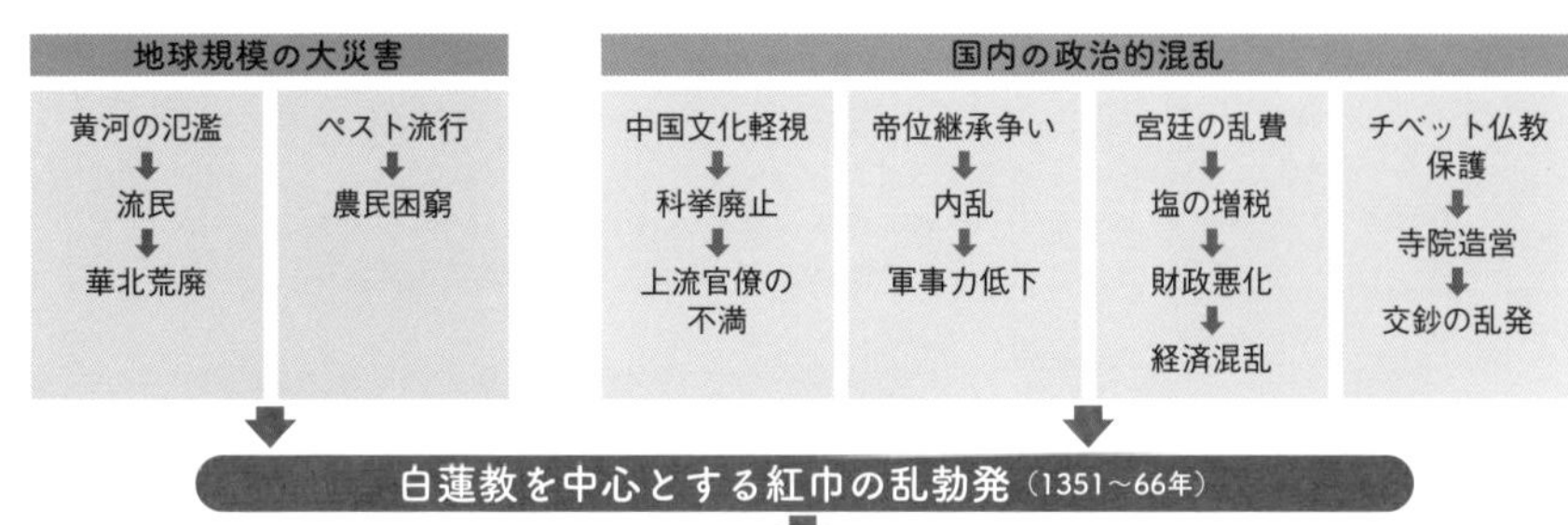

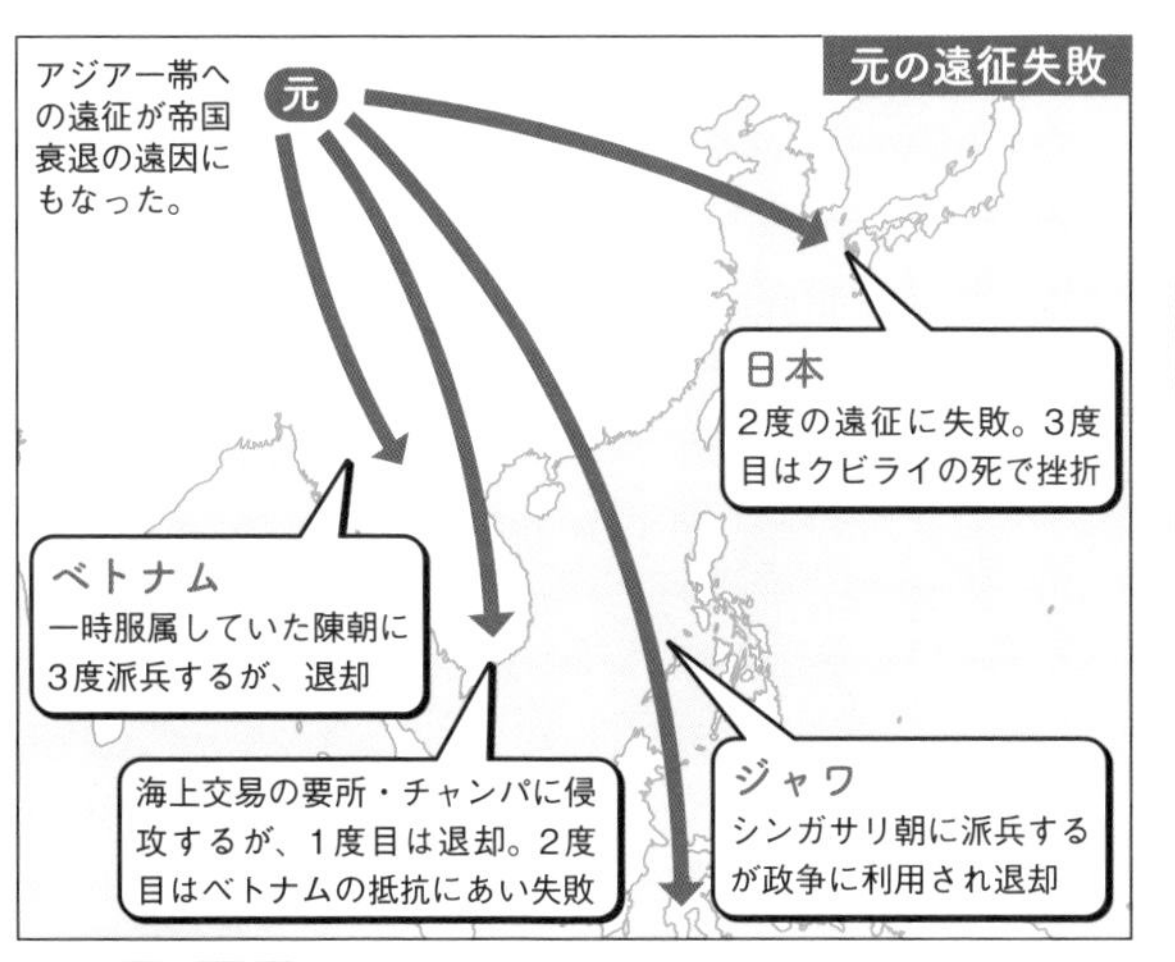

紅巾の乱(白蓮教徒の乱)
黄河の治水工事への強制労働に反発した、白蓮教徒を中心とする漢人の反乱。赤い頭巾を目印にした。

中国深掘り

クビライの庇護を受けたチベット仏教

現在のチベットにあるチベット仏教の礼拝堂。

チベットでは7世紀前半に最初の王国が建てられた。8世紀のチソン・デツェン王の時、国内統合と王権強化のため、密教色の強い後期インド仏教を導入。これと土着の民間宗教であるボン教が融合してチベット仏教が形成された。ラマ(師)から教義が伝えられるためラマ教ともいう。13世紀には元の庇護を受け、指導者のパスパはクビライに重用され、パスパ文字を考案した。17世紀以後、黄帽派(こうぼう)という一派が主流となり、その教主ダライ・ラマが最高位とされ、今も政治・宗教の頂点に君臨している。

中国世界遺産ガイド

文化遺産～宋・モンゴル帝国

元代に建設された観星台。授時暦を作成する際にも活用された。

① 河南登封の文化財“天地之中”

河南省登封市
後漢 明 清 など

天地の中心とされた聖山・嵩山の麓に築かれた九つの王朝の遺跡群。仏教・儒教・道教の廟や嵩山少林寺、天文観測施設など、古代中国の儀式、科学、教育に関する遺跡群。

② 杭州西湖の文化的景観

浙江省杭州市
唐 宋 など

西湖の美しい景観は理想郷とされ、古くから多くの詩人や学者、芸術家だけでなく、日本や韓国の庭園建築にも大きな影響を与えた。寺院、仏塔、人工島、庭園、龍井茶の畑などがある。

自然と人工物が理想的な形で融合している。

③ 三清山国立公園

江西省上饒市など
東晋 唐 宋

標高1817mの懐玉山脈の西に229.5k㎡にわたって広がる景勝地。48の峰々や89の石柱が独特の景観をつくり出している。東晋の時代、葛洪がここで不老不死の薬を作ったといわれる。

虹や雲海などが度々出現する。道教の名山でもある。

④ 泉州：宋・元時代の中国における世界のエンポリウム

福建省泉州市
宋 元

エンポリウムとは商業の中心地という意味。泉州は宋と元の時代の中国の玄関口で、東アジアと東南アジアの経済と文化の発展に貢献した。今も海上貿易で栄えた様を伝えている。

泉州湾に入港する商船のランドマークだった六勝塔。

⑤上都（ザナドゥ）の遺跡

モンゴル自治区

元

クビライが建設した最初の元の首都。南宋を滅ぼし大都（現在の北京）に首都を移すと、夏の首都・上都になった。北アジアにおける遊牧と農耕文化の融合を伝えている。

マルコ・ポーロの『東方見聞録』によって、ヨーロッパに存在が伝わった。

⑥麗江旧市街

雲南省麗江市

南宋 元 など

標高596mの玉龍雪山の麓にある少数民族・ナシ族（納西族）の町。瓦屋根と石畳が美しい旧市街・大研鎮は、宋～元の時代に街づくりが始まり、800年の歴史を持つ。

街には多くの水路が流れ、ナシ族のトンパ文字も使用されている。

⑦福建の土楼

福建省南靖県など

金 清

唐代以降に南下した移民のハッカ（客家）が、一族で居住する要塞のような建物群。中央に広い中庭があり、ぐるりと囲むように瓦屋根の復数階建ての木造住宅が建っている。

各家族に２～３部屋が割り当てられ、大きなものは800人が暮らせる。

第5章
現代に通じる「中華」

明

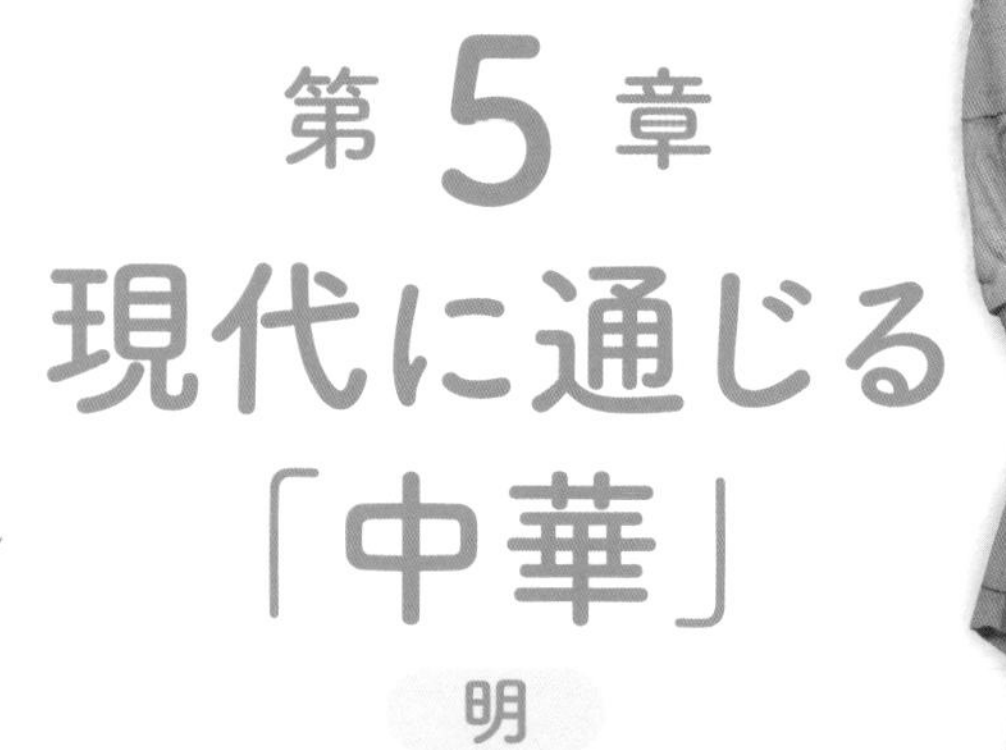

時代	年代	出来事
明	1368	朱元璋が明を建国 P140
明	1381	全国一律に里甲制を施行、賦役黄冊を作成
明	1399	靖難の役が起こる（～1402） P142
明	1405	鄭和の南海遠征が始まる
明	1407	永楽帝が南京から北京に遷都する
明	1415	『四書大全』が完成
明	1448	鄧茂七の乱が起こる
明	1449	土木の変で正統帝がオイラトの捕虜となる P146
明	1450	エセン・ハンと和約
明	1508	宦官の劉瑾の専横
明	この頃	北虜南倭が始まる
明	1522	『三国志演義』の初版発行 P154
明	1549	倭寇が浙江を拠点に活動 P148
明	1550	アルタン・ハーンが北京を包囲（庚戌の変）

元に代わって**明**を建国した朱元璋は、これまで元が築いてきた統治システムをつくり変えた。漢人だけを「中華」とし、それ以外を「外夷（がいい）」と明確に区別。海禁という一種の鎖国政策を実行し、周辺勢力との交流は、朝貢以外のすべてを禁止した。

永楽帝の時代には南京にあった首都を北京に遷都。二つの都が並立するようになる。鄭和をアラビア海などに遠征させるなど、積極的に中華世界を伸ばそうとした永楽帝だったが、その死後の1449年、正統帝がオイラトの捕虜にされる土木の変が起こる。

その後、明は万里の長城を修築して守りを固める方針に転換。しかし北からのモンゴルの侵攻、東南沿岸の倭寇という「北虜南倭」に悩まされ、王朝は弱体化していった。

明	
1557	ポルトガル人のマカオ居住を許可
1563	倭寇が福建で敗れ、以降衰退する
この頃	江南で一条鞭法を施行する
1572	張居正が諸改革を断行する（～1582）
1592	豊臣秀吉の朝鮮出兵で、朝鮮に援軍を送る P152
この頃	マテオ・リッチが「坤輿万国全図」を作成する
1611	東林党と非東林党が争う
1616	ヌルハチが後金を建国する
1619	後金が明・朝鮮軍を破る（サルフの戦い）
1624	オランダが台湾を占領する
1627	後金軍が朝鮮に進攻する
1631	李自成の乱が起こる（～1645）
1632	徐光啓が宰相となる
1636	後金が国号を大清と改称する
1644	李自成の北京占領により明が滅亡する

明を建国した朱元璋（洪武帝）が恐るべき大粛清を行った理由とは？

中国史上最大の立身出世

元の末期、疫病と飢餓によって社会が大きく乱れ、1351年に**紅巾の乱**が勃発した。この乱の首領の一人として頭角を現したのが**朱元璋（洪武帝）**である。貧農の家に生まれ、乞食僧として極貧生活を経験した朱元璋は、中国史上でも**稀にみる下剋上**を成し遂げた人物だ。また、明は江南から興って中華を統一した唯一の王朝でもある。

朱元璋は、戦乱の中でほかのライバルを抑える一方、江南の知識人たちを迎え入れて支配の基盤を固めた。1368年には大都（北京）を占領して元を北方に追い、明の初代皇帝となる。

元はモンゴル人の王朝であり、多元的な人々をまとめて成り立っていた。一方、明は元を否定して生まれた漢人の王朝であるため、「純中華化」のイデオロギーを採用した。**「中華」と「外夷」の序列を明確化**したのである。

恐怖政治による独裁体制

朱元璋は、**「華夷の辨」**の原則にのっとり、民間の海外交易を禁止する**海禁政策**を実施した。海外とのやりとりは、明を主君とする朝貢貿易のみが許可された（朝貢一元体制）。

また、元末に紙幣の乱発によって経済が混乱した反省から、朱元璋は貨幣経済に否定的で、**現物経済による経済の立て直し**を図った。朱元璋が作成させた土地台帳（魚鱗図冊）や戸籍課税台帳（賦役黄冊〈1381〉）は、農民から農産物や労働力を直接に取り立てるためのものだった。

さらに朱元璋の治世を特徴づけるのが、数万人もの犠牲者を出した**大粛清**である。皇帝自身の猜疑心の強さに加え、華北に対して江南が豊かすぎるという格差を是正するため、江南の地主層が標的となった側面もある。こうした恐怖政治によって、**皇帝独裁体制**が確立した。

Point

下層身分から明の初代皇帝へと上りつめた朱元璋。恐怖政治によって皇帝独裁体制を築く。

用語 「華夷の辨」

人を「中華」と「外夷」に区別し、漢人は尊く、夷人は卑しいとする朱子学の考え方。「辨」とはよく見極めて、正しいか正しくないか分けること。朱元璋はモンゴル（元）が築いた「混一」の世界観を覆し、外夷を排除することで中華の回復を目指した。

朱元璋はどのように明を統治したのか

朱元璋は、三国時代から存在した中書省（皇帝に政策を立案する官庁）を廃止し、新たに皇帝直属の「六部」を設置。政治体制においても皇帝独裁を強めた。

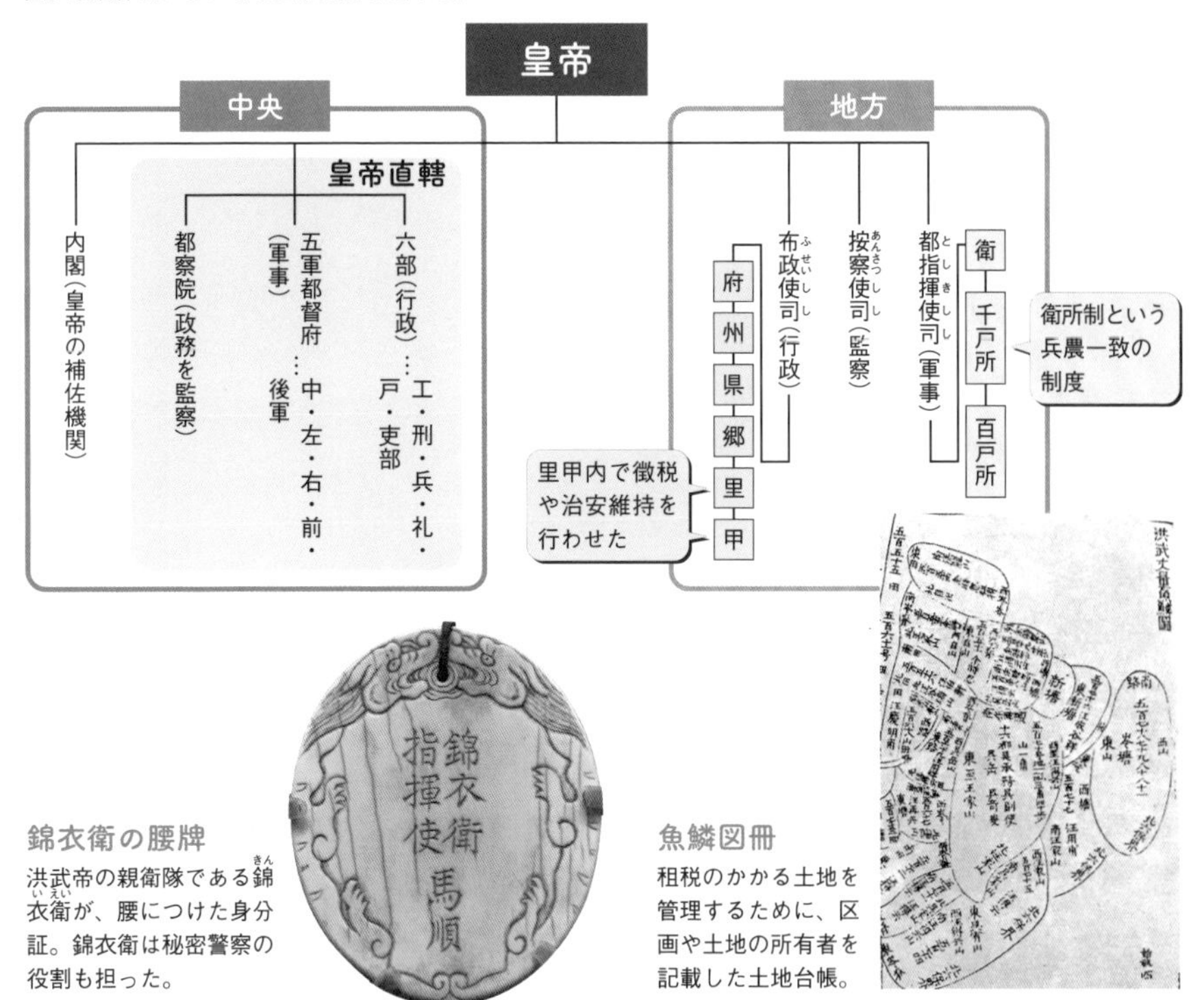

錦衣衛の腰牌
洪武帝の親衛隊である錦衣衛が、腰につけた身分証。錦衣衛は秘密警察の役割も担った。

魚鱗図冊
租税のかかる土地を管理するために、区画や土地の所有者を記載した土地台帳。

その時日本は？
〔1368年〕足利義満が室町幕府3代将軍に就任

人物伝

朱元璋（しゅげんしょう）

生没 1328 ～ 1398
皇帝在位 1368 ～ 1398

なぜ２種の肖像画が残るのか

現在伝わっている朱元璋の肖像画は、威厳に満ちた帝王らしい容貌と、強い猜疑心をうかがわせる痘痕だらけの醜い容貌の二つの系統がある。実像を伝えているのは下の肖像であろう。明の建国後に行われた粛清では、「文字の獄」と呼ばれる知識人への弾圧も行われたが、ほとんどが無実だったと考えられている。これは、卑賤の出だった朱元璋のコンプレックスが背景にあるといわれる。上の肖像も、コンプレックスを抱えた皇帝が過剰に美化させたものなのだろうか。

2パターンある朱元璋の肖像画。　故宮博物院（北京）蔵

明

帝位を奪い取った永楽帝が鄭和に南海大遠征を命じた理由とは？

甥から帝位を奪った永楽帝

明の初代皇帝となった朱元璋（洪武帝）は、自らの皇子を王として各地に封じ、帝国の基盤とした。その一人が四男の**燕王**（**のちの永楽帝**）で、北平（北京）を本拠として北方の防備にあたった。

朱元璋は長男の皇太子に先立たれていたため、その死後は、孫が**建文帝**として即位する。しかし、建文帝は叔父たちが王として軍事力を握っていることを脅威とみなし、諸王の身分の剥奪を始めた。燕王がこれに対抗して挙兵したことで、**靖難の役**（1399〜1402）と呼ばれる戦乱が発生する。

1402年、燕王は南京を陥落させて建文帝から帝位を奪い、永楽帝として即位した。朱元璋の粛清のため建文帝のもとには有能な将軍がおらず、皮肉にも簒奪が成功する要因になった。

永楽帝は帝位を奪った形になるが、政策的には**朱元璋の基本理念**を受け継いでいる。

インド洋を横断した鄭和の大艦隊

永楽帝の治世の特色は、積極的な対外政策だった。特に著名なのが、宦官の**鄭和**が率いる艦隊を**南海大遠征**に派遣したことである。遠征の目的は、南海諸国に明への**朝貢を呼びかける**ことで、7回にわたって実施された。艦隊の一部は、**アフリカ東岸にまで到達**している。

朝貢貿易では、近隣国が貢物を献上し、皇帝がその何倍もの価値のある下賜品を与えるのが常だった。そのため、明朝の側に経済的なメリットは乏しい。鄭和の大遠征は、**中華の威光を広く知らしめる**という純粋に理念的な動機だった。

さらに、永楽帝は5度にわたってモンゴルに親征し、ベトナムにも遠征軍を派遣した。また、北方の防備に対応するため、都を南京から北京に遷都する。1424年、永楽帝は5回目のモンゴル親征の陣中で65年の生涯を閉じた。

Point

甥から帝位を奪った永楽帝は、遠征と朝貢を繰り返して、勢力拡大と政権安定を目指した。

皇帝 **建文帝** 生没 1383 〜 1402 皇帝在位 1398 〜 1402

明の2代皇帝。姓名は朱允炆（しゅいんぶん）。16歳で皇帝を継ぎ建文と改元する。諸王の領地を削減して勢力を抑えようとするが、燕王が起こした靖難の変で焚死したとされる。恵帝は清代に追贈された諡号。年号をとって建文帝と呼ばれる。

周辺諸国と関係を結び政権の安定を図る

洪武帝はタタール（モンゴル）やオイラト、ベトナムなどを攻めて勢力を拡大する一方、朝鮮、日本、琉球といった東アジア諸国や南海諸国と朝貢を結び、政権の安定を図った。

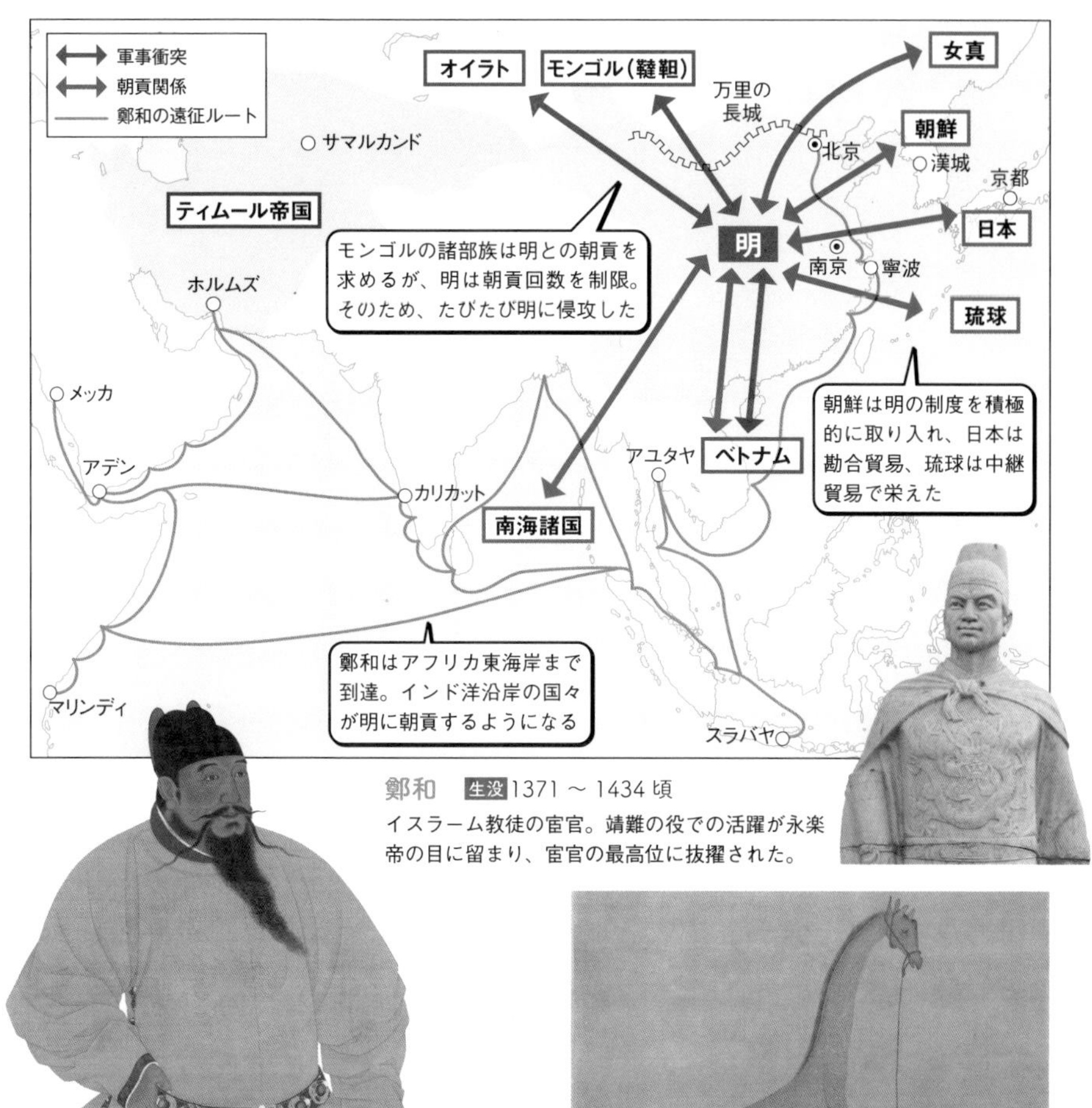

鄭和 生没 1371 ～ 1434 頃
イスラーム教徒の宦官。靖難の役での活躍が永楽帝の目に留まり、宦官の最高位に抜擢された。

永楽帝 生没 1360～1424 皇帝在位 1402～1424
永楽帝が編纂させた百科事典『永楽大典』。3000人以上の学者たちが5年をかけて1万9500冊にまとめあげた。
故宮博物院（台北）蔵

キリンを描いた「瑞応麒麟図」
鄭和の大遠征により朝貢が始まった榜葛剌（ベンガル）からは、キリンが贈られた。
故宮博物院（台北）蔵

その時日本は？
［1404年］勘合貿易の形で日本と明が正式な貿易を始める

総延長はなんと20000km!? 悠久の歴史を伝える万里の長城

歴代王朝によって築かれた万里の長城

万里の長城は北方の遊牧民に備えるために築かれ、歴代王朝の修築により規模が拡大していった。

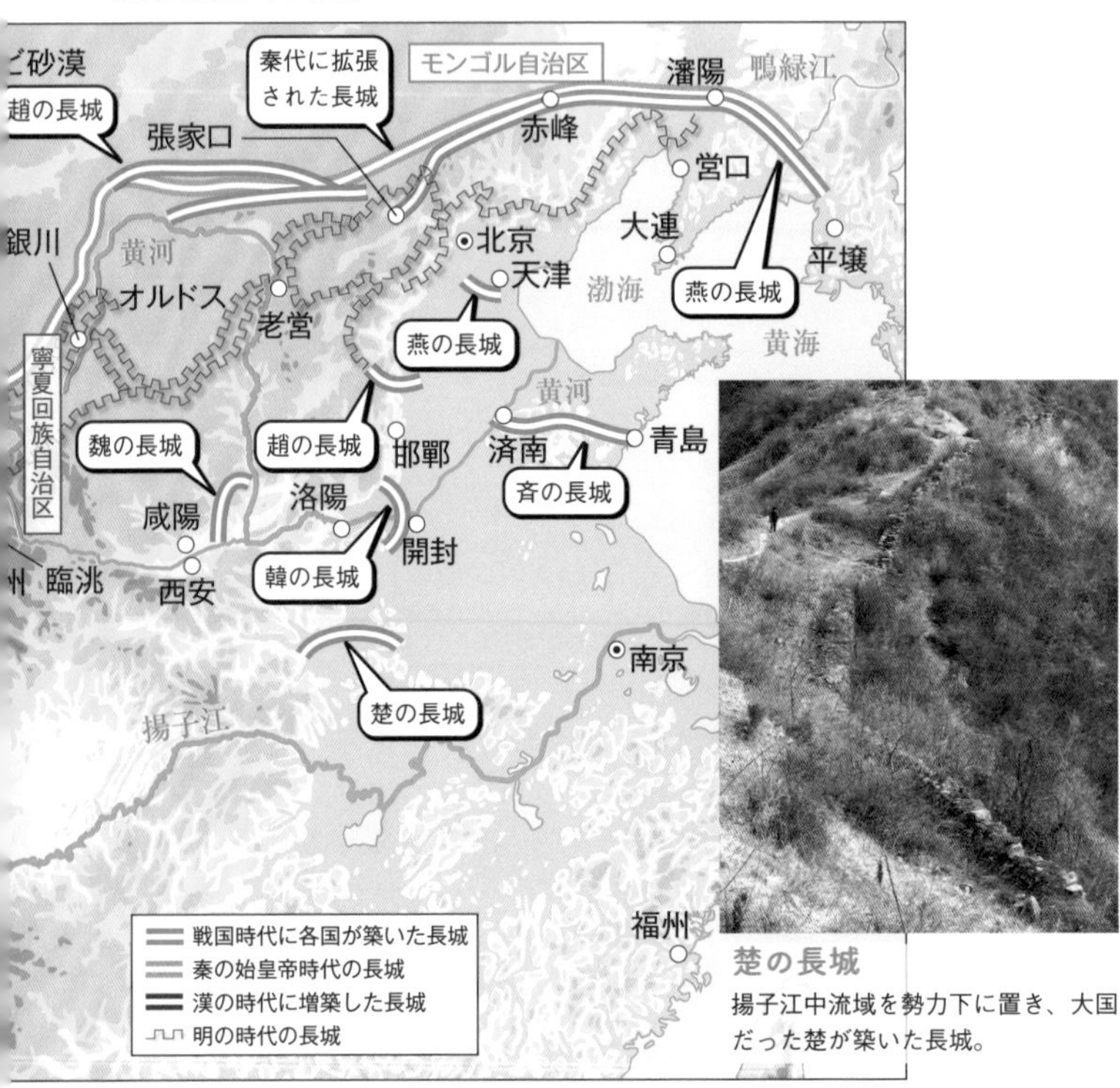

楚の長城
揚子江中流域を勢力下に置き、大国だった楚が築いた長城。

始皇帝以前からあった長城

一般に、「**万里の長城**は秦の始皇帝が築いた」ものとして知られている。しかし、実際にはもっと**複雑な過程を経て**現在の姿にいたっている。

春秋戦国時代に割拠した諸国は、**防衛のために**長城を築いた。斉や楚、魏などの国も、後世の万里の長城とは違う場所に長城をつくっている。このうち、北方の遊牧民に対して長城を築いたのが、秦・趙・燕だった。

中華の統一を果たした始皇帝は、将軍の**蒙恬**に命じて北方の**匈奴**を討伐させた。この蒙恬が、**既存の長城を修復**し、つなぎ合わせたのがいわゆる「万里の長城」である。この頃の長城は、現在の長城よりずっと北にあった。

明代の長城

北京北部にある金山嶺長城。現存する万里の長城の多くが明代に築かれたもの。長城は時代とともに高く大きくなっていった。

秦代の長城

北方の匈奴に備えるため戦国時代に築かれた長城を利用しつつ、鴨緑江の寛甸（かんてん）までを整備した。

漢代の長城

玉門関に残る長城。漢代には秦代の長城を修築するとともに、シルクロードを守るために西方に拡張した。

現在の長城は明代に築かれた

その後の中国の王朝は、長城を防衛線として使わず**放棄**したり、逆に長城を修復して**復活**させたりした。

例えば、前漢の武帝は対外積極策をとり、長城を大きく延長させた。その後、**長城が放棄され荒廃**した時期もあったが、隋の**煬帝**（ようだい）の時代には大修復が行われた。一方、モンゴル人の王朝である元は長城を必要としなかった。

明代になると、北方の防備として長城が重視され始める。とりわけ、1449年の**土木の変**（どぼくのへん）のあとは、モンゴルへの防衛が強化された。

現在まで残っている万里の長城は、最も有名な**八達嶺**（はったつれい）の長城を含め、ほとんどが**明代に築かれたもの**だ。

時代によって位置を変えた万里の長城。軍事的な意義だけでなく、「**中華の内と外**」を定めるという点で象徴的な意味合いを持っていた。

経済政策の失敗と「北虜南倭」で明が滅亡への道を歩み始めた

Point

朱元璋が決めた海禁政策を守り、密貿易を取り締まり続けたことが北虜南倭を引き起こす。

有名無実化した海禁政策

明の太祖・朱元璋は貨幣に否定的で、農業主体の経済を理想とした。また、貿易を朝貢のみに制限し、**民間貿易を禁止した**（**海禁**）。

しかし、国内で経済が発展すると、より多くの利潤を求めた商人たちは、禁令を破って**密貿易**に従事するようになる。明朝はしばしば密貿易を取りしまり、辺境での紛争の原因となった。沿岸部では、密貿易業者が武装して**倭寇**と呼ばれた。倭寇は14～15世紀に活動した前期倭寇と16世紀に活動した後期倭寇に分けられる（Ｐ１４８参照）。北方では、永楽帝の時代に出征が行われるも、15世紀半ばにモンゴルの一部族であるオイラトが台頭。オイラトの君主**エセン・ハン**は、交易の再開を求めて明に侵攻を開始した（１４４９）。この時、明の**正統帝**が出陣したが、現河北省・長城付近の土木堡で包囲され、捕虜となってしまう（**土木の変**）。

皇帝の浪費で衰退する明朝

土木の変の後、明朝は対外的に守勢に回るようになる。こうした北方と南方からの外患を「**北虜南倭**」という。明朝の側でも、現実に対応しようとする改革の動きはあった。16世紀後半、宰相として万暦帝を補佐した**張居正**は、財政を立て直す改革を断行する。労役の負担を合理化し、銀納に変えて一本化した**一条鞭法**が全国に普及したのは彼の業績の一つである（Ｐ１５３参照）。

しかし、張居正死後の万暦帝は政務に意欲がなく、**宮廷の浪費や宦官の専横が深刻化**する。宦官を批判する知識人層の東林党と宦官派の非東林党の政争も激化し、明は衰退へと向かった。

崇禎帝の時代には、**満洲人の後金の侵攻**に対処するため増税を余儀なくされ、民衆の反乱が頻発した。１６４４年、**李自成**の率いる反乱軍が北京を陥落させ、崇禎帝は自殺。**明は滅亡**した。

皇帝　**崇禎帝**　生没 1610 ～ 1644　皇帝在位 1627 ～ 1644

明の 17 代皇帝。徐光啓を用いるなど改革を目指すが、内憂外患の状態は改善せず、最後の皇帝となった。徐光啓が宣教師のアダム・シャールから西洋暦を学び導入を図った「崇禎暦書」は、清代に施行されている。

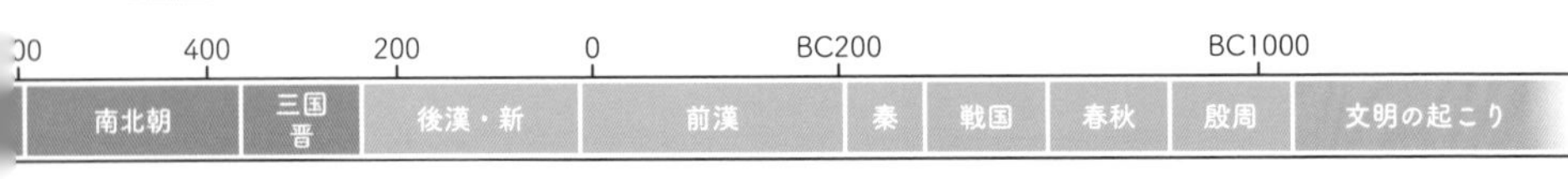

北虜南倭と政治混乱により明が滅亡

北からのモンゴルの侵入と、南方の沿海を荒らし回る倭寇により明の勢威は衰退。張居正による改革で一時的に持ち直すが、その後も政治混乱が続き、明は滅亡する。

北虜
モンゴルが明との貿易拡大を求めて侵攻。その後も侵攻が繰り返される

→ **土木の変**

↓ 襲来に備えて万里の長城を修築するなど、軍備を拡大

↓ 多額の軍事費で困窮

↓ **張居正による改革** → **海禁緩和**

- 官僚の綱紀粛正、人員削減
- 検地により田土が約1800万ヘクタール増加
- 各種の負担をまとめて銀での納入に一本化
- 実効ある儒教教育を推進

財政が回復するが、大胆な改革に反対運動も

豊臣秀吉による朝鮮侵攻 →

↓ 宮廷の浪費や宦官の専横が続き、東林党と非東林党が対立

↓ **李自成の乱** → **明の滅亡**

南倭
海禁政策による貿易統制に反発。武装した密貿易集団の倭寇が、大陸沿岸を襲う

↓ 海禁緩和

明代の長城
防衛のために修築された八達嶺の長城。

張居正 生没1525～1582
万暦帝を補佐した名臣。アルタン・ハーンとの講和、全国的な検地や税制改革より明を立て直す。

中国深掘り
政治的・社会的影響力を持った地方社会の有力者・郷紳の出現

宋代のエリート層は、科挙に合格して官僚となった士大夫だった。明代中期から清代にかけて発言力を持ったエリート層を、特に郷紳（きょうしん）という。科挙合格者や引退した官僚などが地元に住み、名士となったものである。中央から地方に派遣された官僚は任期が短く、地元の有力者に実務を頼らざるを得ない。そのため、地方における郷紳の影響力は強かった。郷紳の例として、政争に敗れて官職を辞し、郷里で活動した顧憲成（こけんせい）がいる。彼は私塾の東林書院を開き、東林党を形成した。

エリートの変遷

- **周～漢**：栄達した一族が政府の要職を世襲。漢の時代に貴族＝エリートが確立した。
- **後漢末～唐**：門閥貴族 家格で尊卑が決まり、エリートの「士」しか官吏になれない。
- **宋**：士大夫 科挙に合格すれば、貴族以外でもエリートとして名誉や権力が得られる。
- **明中期～清**：郷紳 科挙合格者や官吏退職者で故郷に住む者。事実上地域社会を支配した。

中国・朝鮮沿岸を荒らし回ったという倭寇の主体は日本人だったのか？

略奪や密貿易を繰り返した倭寇

倭寇は種族や国籍を超えた集団だった。14〜15世紀に朝鮮・中国大陸沿岸で略奪や密貿易を行った前期倭寇と、16世紀半ばに中国大陸南部で密貿易を行った後期倭寇に分けられる。

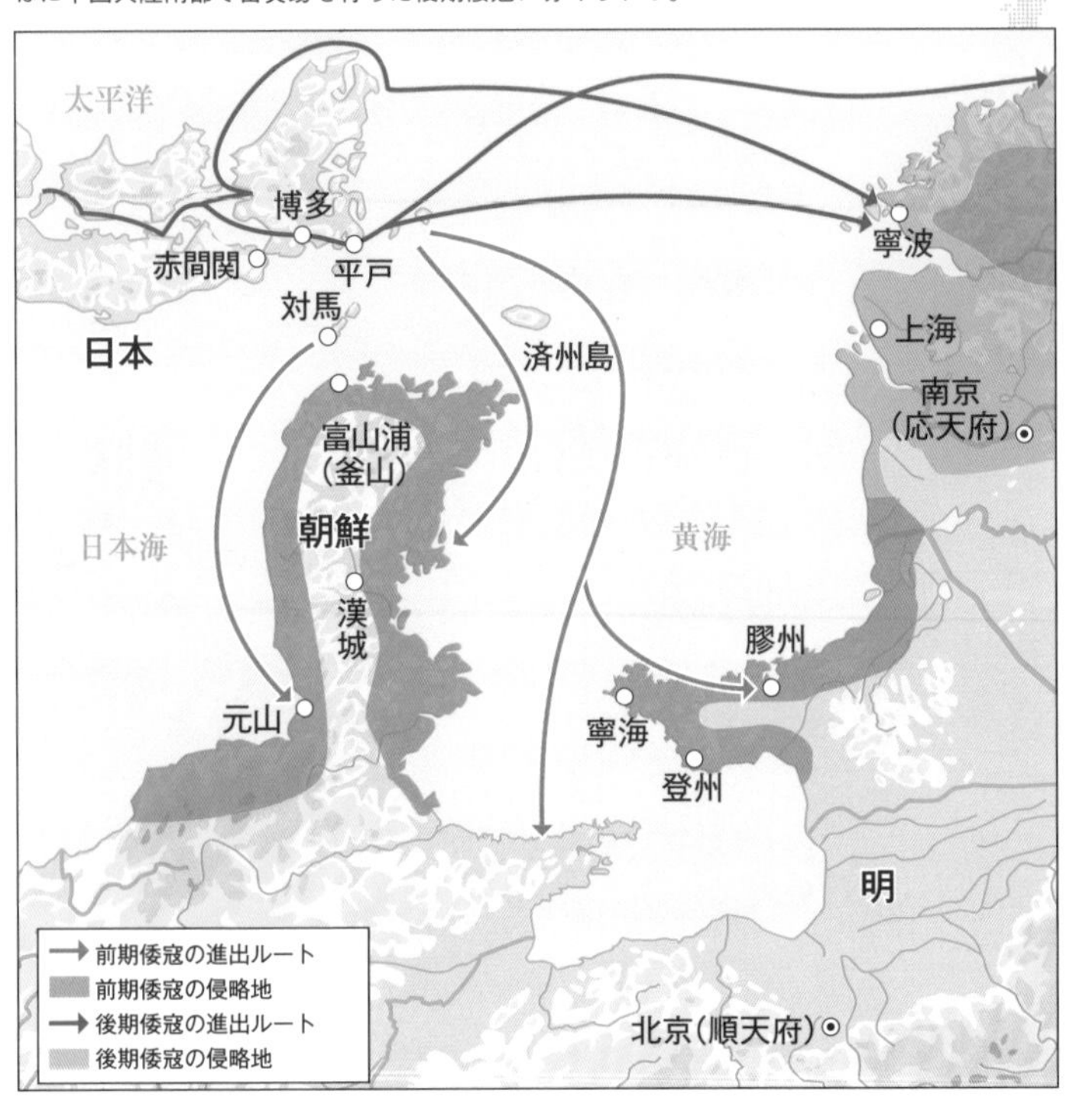

前期倭寇は日本人主体の海賊

14〜16世紀にかけて、朝鮮半島や中国大陸沿岸で活動した**倭寇**。「倭」という字から「日本人による海賊」の印象が強いが、実態はより複雑だ。

一口に倭寇といっても、14〜15世紀に朝鮮や中国北部を中心に活動した「**前期倭寇**」と、16世紀に中国南部を中心に活動した「**後期倭寇**」では性質が異なっている。

14世紀の日本は、鎌倉幕府の滅亡と南北朝の分裂という動乱期に入っていた。このため、対馬や壱岐・松浦など西日本の**海民への統制が緩み**、しばしば大規模な**略奪行為**を働いた。前期倭寇は日本人が目立つが、高麗人も少なからず含まれていた。

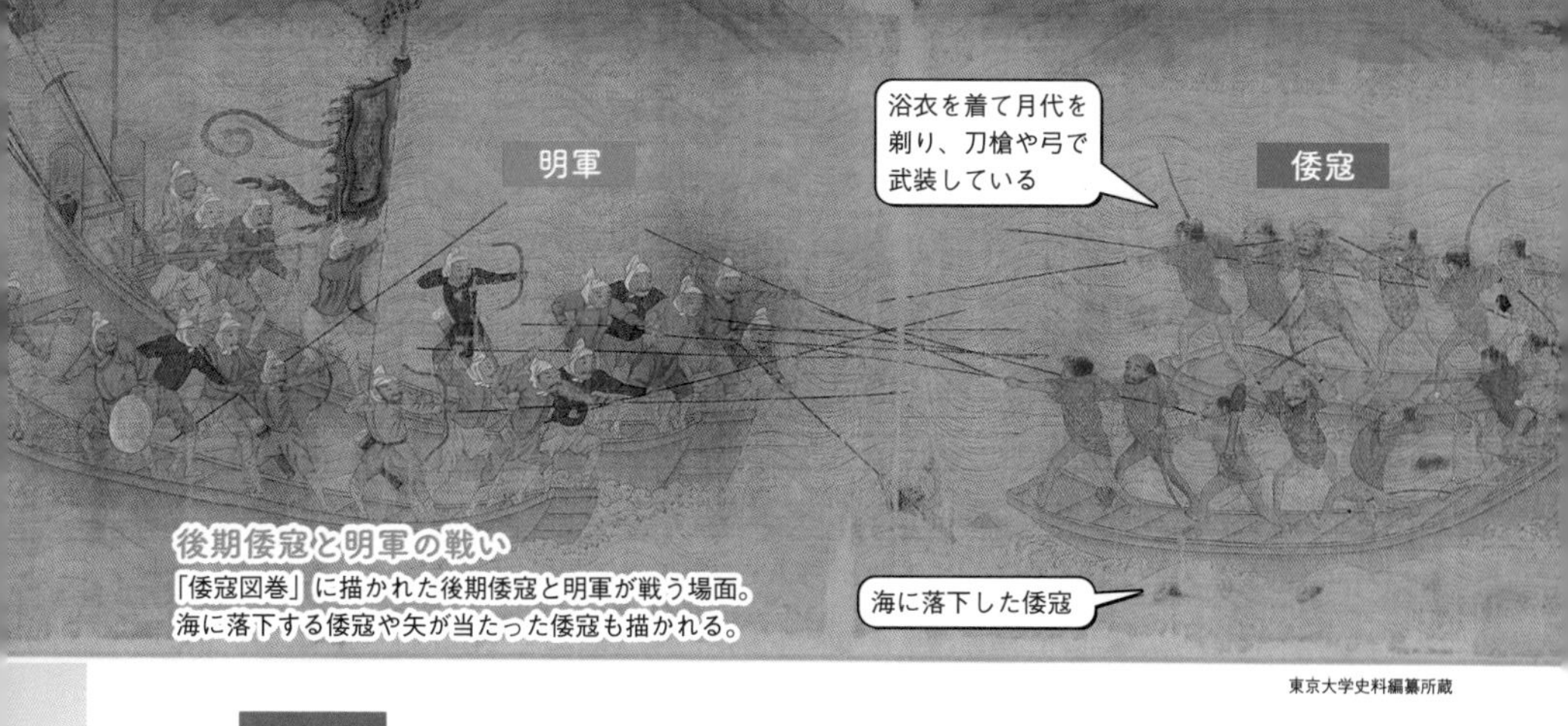

後期倭寇と明軍の戦い
「倭寇図巻」に描かれた後期倭寇と明軍が戦う場面。海に落下する倭寇や矢が当たった倭寇も描かれる。

東京大学史料編纂所蔵

中国から日本へ

足利義満が天皇を差し置いて「日本国王」を名乗った理由

南北朝を統一した3代将軍・足利義満は、朝貢貿易の利益を求めて明との通交を希望した。しかし、明は「義満は天皇の臣下である」として義満を交渉相手としなかった。南北朝時代、九州を支配した南朝勢力の懐良(かねよし)親王が、「日本国王」の冊封(さくほう)をすでに受けていたこともネックとなった。しかし、義満は出家して「天皇の臣下」の立場を名目上脱し、明から交渉相手の資格を得る。義満は正式に「日本国王」に冊封され、日明貿易を開始することができたのである。

日本国王之印
正式な使者であることを示すため、明から足利義満に与えられた「日本国王之印」。

中国人主体の密貿易集団へ

建国当初の明も前期倭寇に苦しんだが、室町幕府が**取り締まりを強化**するなどして前期倭寇は下火になった。

16世紀以降活発化する後期倭寇は、明の事情を背景としている。明は**海禁**によって私貿易を禁じたが、産業の発展によって多くの商人が**密貿易**に従事するようになる。

密貿易業者たちは中国南部を中心に活動し、官憲からの**弾圧に対抗するため武装**するようになった。彼らは日本や東南アジア、大航海時代とともに進出してきた**西洋人とも交易**を行う。

1543年、種子島に漂着した船は、倭寇の頭目・王直(おうちょく)のものであったと推測されている。この船に同乗していたポルトガル人が鉄砲を伝えた。**東アジアの商業を支えた後期倭寇**だが、明側の海禁緩和と日本を統一した豊臣秀吉の海賊停止令〈1588〉によって姿を消した。

日本との関係

知識人が描く文人画と日本で流行した唐物趣味

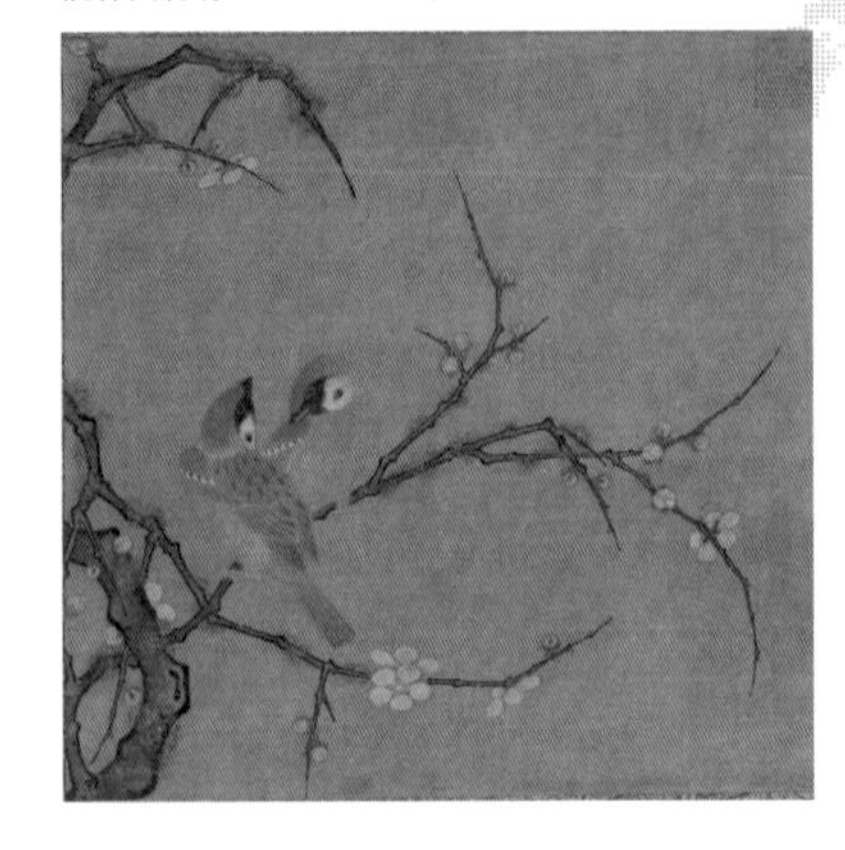

「梅花双雀図」
馬麟作と伝わる東山御物。右上の鑑蔵院は足利義教のものという。繊細な表現は南宋の院体画特有のものである。

「猿猴図」
13世紀後半に活躍した中国の僧・牧谿の作品。猿を題材にした作品は特に好まれ、長谷川等伯など多くの画家が影響を受けた。

「五彩金襴手水注」
明の嘉靖年間に、現在の江西省東北部に位置する景徳鎮窯（けいとくちんよう）で焼かれた五彩の水注。華やかな彩りから日本では「金襴手」と呼ばれて人気となった。

すべて東京国立博物館蔵／ColBase

文人の教養の一環だった南宗画

宋代に登場した絵画の形式が、**北宗画**（北画）と**南宗画**（南画）である（「北宋画」「南宋画」は誤り）。

南宗画は、**士大夫（知識人）層の手による絵画**である。**文人画**ともいい、墨一色での簡素な表現が特徴である。写実や技巧を競うのではなく、精神性を表すことが重視された。宋末元初の禅僧・牧谿の作品は日本の**水墨画にも大きな影響**を与えた。

これに対し、北宗画は**院体画**とも呼ばれ、宮廷を中心に発達した。皇族らを楽しませるのが目的であり、**写実性や華麗な色彩が特徴**である。靖康の変で金に捕らえられた北宋の皇帝・**徽宗**らが有名である。

唐物趣味

大陸からの舶来品は唐物と呼ばれ鎌倉・室町時代には将軍や武家に好まれた。飾りや贈答品としても重宝され、茶の湯の普及とともに和製の唐物が生み出されるようになる。

「文阿弥花伝書残巻」
立花の名手・文阿弥がまとめた秘伝を書き写したもの。床の間や書院飾りを詳しく図解している。
九州国立博物館蔵／ColBase

向かって右側とは違った趣の花が置かれ、盃や食籠、水注などが置かれている。

三幅一対の中国風の掛け軸の前（中央）には、香炉、燭台、花瓶といった三具足が飾られている。

違い棚に飾られた立花や、茶の席で菓子などを入れる食籠などの道具が置かれている。

室町将軍も愛した中国の名品

894年の遣唐使の停止以降、室町時代の日明貿易を例外として、日本と中国の正式な国交はなかった。しかし、**民間の交易は活発**であり、中国の文物に対する興味（**唐物趣味**）は支配層や知識人の間で旺盛だった。

1975年に韓国沖で発見された「新安沈船」は、14世紀初頭に元を出航し、日本に向かう途中で沈んだ貿易船である。調査の結果、28トンに及ぶ銅銭や、青磁や白磁など大量の唐物が積まれていたことが判明した。

優れた文化人であった室町幕府8代将軍・**足利義政**が収集した美術品は、「**東山御物**」と呼ばれる（先祖の義満や義教から継承した品もふくむ）。特に茶道の世界では、東山御物の品は名品として特別視された。

こうした唐物が、**日本の文化に与えた恩恵**は非常に大きい。

大航海時代に世界がつながり日本の銀が中国の税制を変えた？

江南を中心に人と物の流れが生まれる

北京、江南地方、湖広地方の間で物資の流れが生まれると、それにともない人と物が動くようになり経済が活性化する。

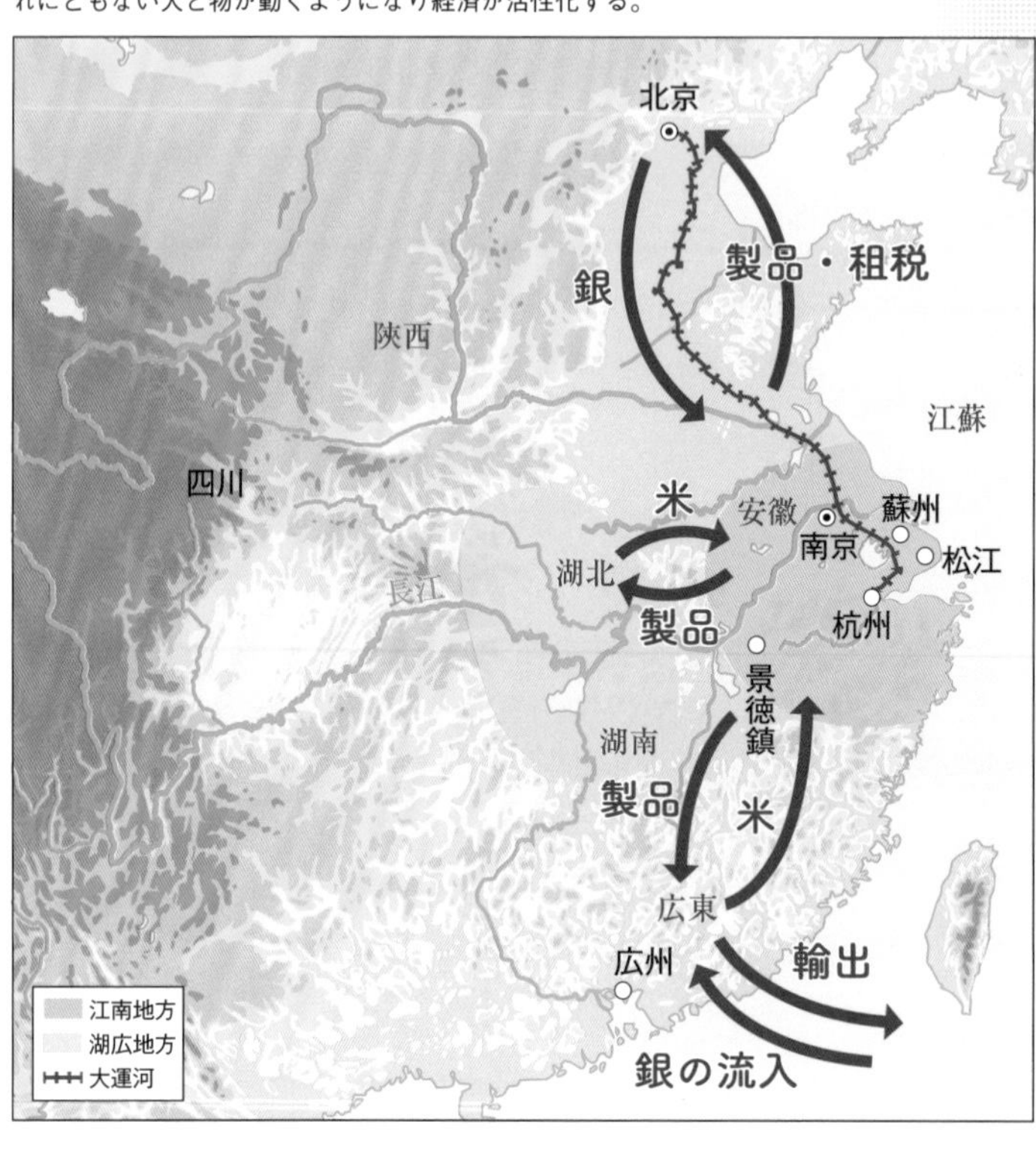

明代に発展した貨幣経済

すでに述べたように、明を建国した朱元璋は、**農業主体・現物主義の経済体制を志向**していた。

しかし、国内が安定してくると経済が発展し、**朱元璋の理念は崩れていく**。まず、宋代以来の穀倉地帯であった長江下流域では、綿織物や絹織物などの手工業が発達した。代わって長江中流域が穀倉地帯となり、「**湖広**（ここう）**熟すれば天下足る**」といわれた。

各地で特産物が生産されるようになると、それを全国に流通させる商人の力も強まった。明朝は私的な貿易を禁止していたが、より多くの利潤を求めた商人たちは、禁を破って**海外との交易**に乗り出していった。

豊臣秀吉肖像

中国から日本へ

明の衰退を早める一因となった豊臣秀吉の朝鮮出兵

豊臣秀吉が日本を統一した頃、東アジアでは明を中心とする体制が崩れつつあった。秀吉は明征服の野望を持ち、朝鮮に対して日本軍の先導を命じた。これを拒否されたため、秀吉は2度にわたる朝鮮出兵（文禄・慶長の役）を実行する。明の援軍や朝鮮の武将・李舜臣（りしゅんしん）の活躍などもあって日本軍は苦戦し、秀吉の死を契機に撤退した。この時の援軍の出費は、明の財政を直撃する。同じ万暦帝の時代はほかにも戦乱があり（万暦の三大征（さんだいせい）という）、明の衰退を早めることになった。

世界にまたがる銀の流れ

大航海時代をきっかけに日本の銀やスペインの銀が明に流入。明では銀を中心とした経済体制が確立する。

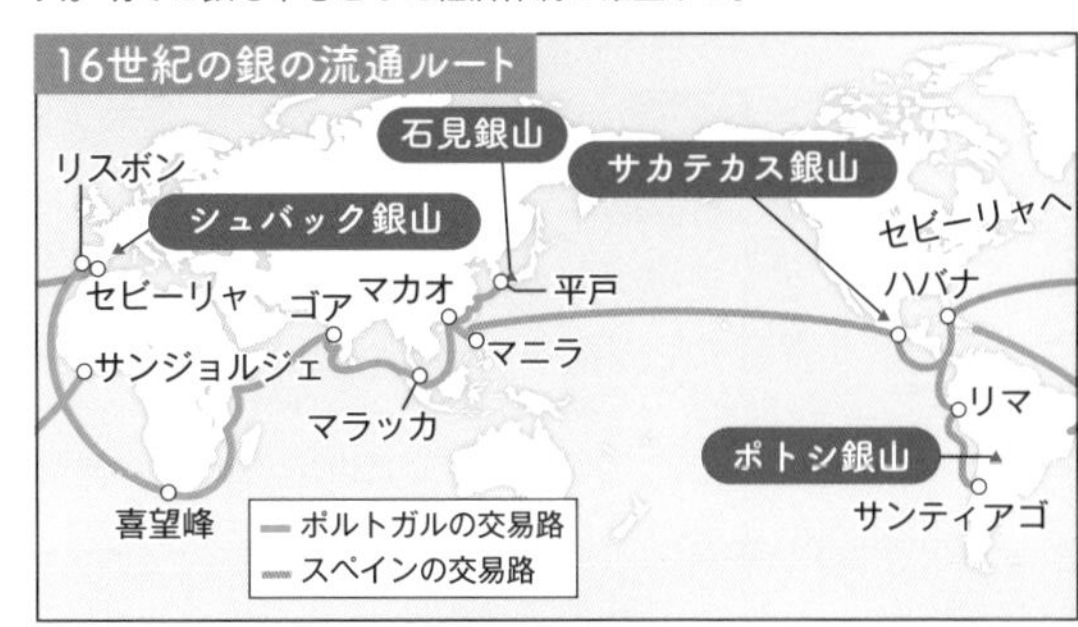

銀錠
中国王朝では銀はインゴットとして流通。商取引の決算や備蓄などに使われた。
左右とも島根県立古代出雲歴史博物館蔵

石州文禄丁銀
朝鮮出兵の際に豊臣秀吉がつくらせたもの。諸大名への褒賞用と考えられる。

明へ流入した日本銀

明では経済の発展とともに、銀の流通量が増えていた。さらに16世紀、日本では**石見銀山**などでの銀の生産が増大。銀は交易を通じて明に大量に流入して銀の需要を満たした。

また、この時代は**大航海時代**にあたり、西洋人がアジアに進出し始めていた。スペインはアメリカ大陸で銀を採掘しており、太平洋を渡り、マニラを経て中国に到達した銀もあった。

明初の税制は、唐代の**両税法**にもとづき、夏と秋に穀物などの現物や労役の形で納入させていた。しかし、銀経済が進展したことで、労役負担を銀納で合理化した**一条鞭法**が登場。張居正の改革の結果、全国に広まっていく。

１５６７年、明はついに**海禁を緩め**、部分的に民間の交易を認めた。明の経済は、世界的な経済システムの中に組み込まれていったのである。

中国だけでなく日本人の心も摑んだ「四大奇書」の世界とは？

なぜ明代に小説が流行したか

明代には経済が成長し、**庶民の生活が豊か**になった。さらに**木版印刷の技術も発達**したことから、多くの書物が広く読まれるようになる。こうした背景のもと、特に人気を博した小説を「**四大奇書**」という。

劉備や諸葛亮など、後漢末～三国時代の英雄の活躍を描いた『**三国志演義**』は、元末明初に羅貫中が著したとされる。三国時代の英雄譚は、宋代や元代に多く流布しており、それらを集成した書物である。

『**水滸伝**』は、北宋末を舞台に梁山泊に集った１０８人の豪傑の武勇を描く。これも、南宋頃から講談などで人気があった話をまとめたものだ。

卓越した物語である「四大奇書」

明代に編まれた四つの代表的な長編小説を「四大奇書」という。登場人物の多くは実在の人物で、講談などで語り継がれた物語がベースになっている。

区分け		タイトル	作者	内容
四大奇書	四大名著	『三国志演義』	羅貫中	魏・呉・蜀の三国時代を題材に、英雄や豪傑の活躍を生き生きと描いた歴史長編小説。1522年の初版。現在は1679年の改訂版が広く読まれている。
		『水滸伝』	施耐庵	北宋末に梁山泊に集まった108人の豪傑が、汚職官吏の打倒を目指す物語。宋代の民間伝承を、施耐庵と羅貫中がまとめたとされる。
		『西遊記』	呉承恩	三蔵法師として知られる玄奘をモデルに、経典を求めて弟子の孫悟空や沙悟浄、猪八戒とともに天竺（インド）へ旅する道中を描く。
		『金瓶梅』	作者不詳	水滸伝に登場する脇役・西門慶を主人公にして、恋人らとの欲望に満ちた世界を描く。長らく禁書扱いとされていたが、現在は再評価されている。
		『紅楼夢』	曹雪芹	満洲貴族を主人公にした長編恋愛小説。清代に書かれた。全120回のうち前半80回を曹雪芹が書いた。後半は別人の手によるとされる。

『西遊記』

芭蕉扇を手に觔斗雲に乗る孫悟空の挿絵。 国立公文書館蔵

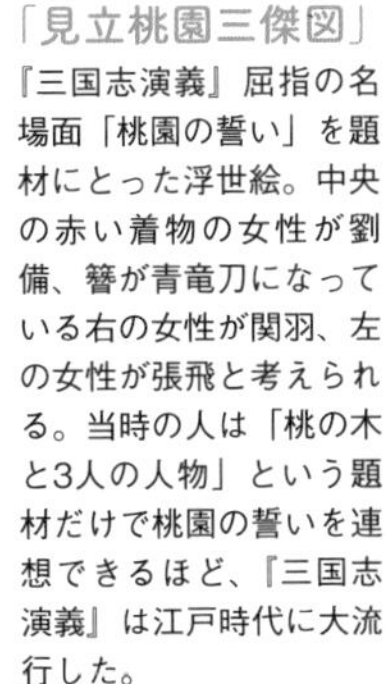

「見立桃園三傑図」

『三国志演義』屈指の名場面「桃園の誓い」を題材にとった浮世絵。中央の赤い着物の女性が劉備、簪が青竜刀になっている右の女性が関羽、左の女性が張飛と考えられる。当時の人は「桃の木と3人の人物」という題材だけで桃園の誓いを連想できるほど、『三国志演義』は江戸時代に大流行した。

東京国立博物館蔵／ColBase

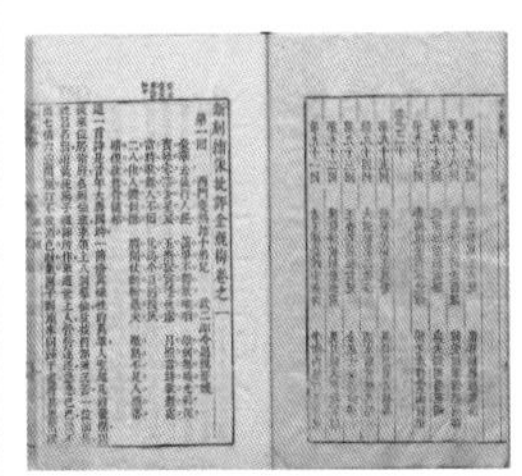

『新刻繡像批評金瓶梅』

『金瓶梅』には最も早い時期の『新刻金瓶梅詞梅』と、大幅な改訂を加えた「新刻繡像批評金瓶梅」の2系統がある。

国立公文書館蔵

国立国会図書館蔵

「水滸伝豪傑双六」

江戸時代後期、歌川国芳の手による『水滸伝』の双六。『水滸伝』は江戸時代にブームとなり、舞台を日本に変えた作品や講談、浮世絵など様々なジャンルの題材となった。

日本でも多くの読者を集める

唐の僧侶・玄奘（三蔵法師）が天竺（インド）に経典を求めて旅した史実をもとにした**『西遊記』**は、呉承恩の作とされる。これも、もとになった説話が明代に小説の形で成立したものだ。

明末に成立した**『金瓶梅』**は、『水滸伝』の一つのエピソードを発展させたものである。裕福な商人が多くの女性と愛欲の限りを尽くすという筋立てで、赤裸々な性描写からたびたび発禁処分を受けている。

また、『金瓶梅』の代わりに、清代に成立した**『紅楼夢』**を入れて「**四大名著**」と称することもある。貴族階級の恋愛の模様を題材とし、繊細な心理描写を特色とする。

四大奇書（四大名著）のうち、『三国志演義』『水滸伝』『西遊記』は早くから庶民的な人気を得ており、**江戸時代の文学にも影響**を与えた。

中国の影響下にあり続けた朝鮮半島の歴史と「小中華」

中国王朝と日本と密接に関係

大陸と陸続きの朝鮮半島は、古くから中国王朝の影響を受け、海を挟んだ日本との関係も必然的に深くなった。

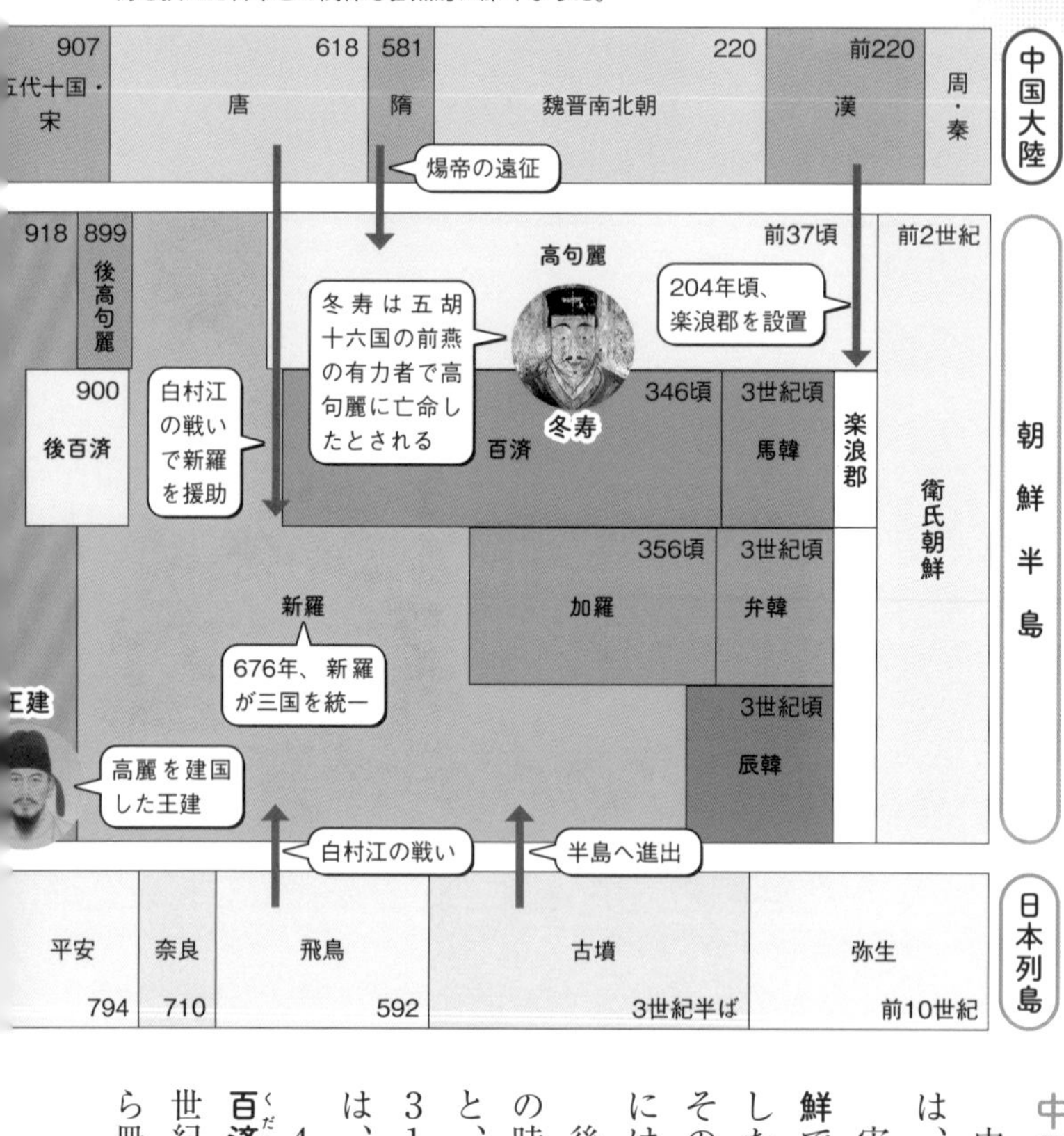

中国史と連動して動乱がおきる

中国大陸と陸続きの朝鮮半島の歴史は、**中国史と密接に関わっている**。

実在の確かな朝鮮最初の国は**衛氏朝鮮**である。前2世紀初め、燕から亡命した漢人の衛満が建国したとされる。その後、前漢の武帝に滅ぼされ、朝鮮には**楽浪郡**など4郡が置かれた。

後漢が衰亡すると、中国は長い戦乱の時代に入る。中国の影響力が弱まると、朝鮮半島でも国家の形成が進む。313年、中国の拠点であった楽浪郡は、高句麗に滅ぼされた。

4世紀半ばには、**高句麗・新羅・百済**が鼎立する三国時代に入った。7世紀後半に**新羅が半島を統一**し、唐から冊封を受けた。

侮蔑が込められた事大主義とは何か

事大主義とは、「強者に追随して保身を図る事なかれ主義」という意味だ。日本や朝鮮、琉球などの人々の精神性を説明するため、批判的に使われてきた。もっとも、『孟子』に由来する「事大」という語は、「大に事(つか)える」という意味。小国が大国の保護を得て生き残るという現実的な戦略を指し、悪い意味合いは含まれない。「〜主義」は明治以降の日本で生まれた言葉で、「事大主義」も近代的な概念である。日本人や朝鮮人の伝統的な価値観であるとは、必ずしもいえない。

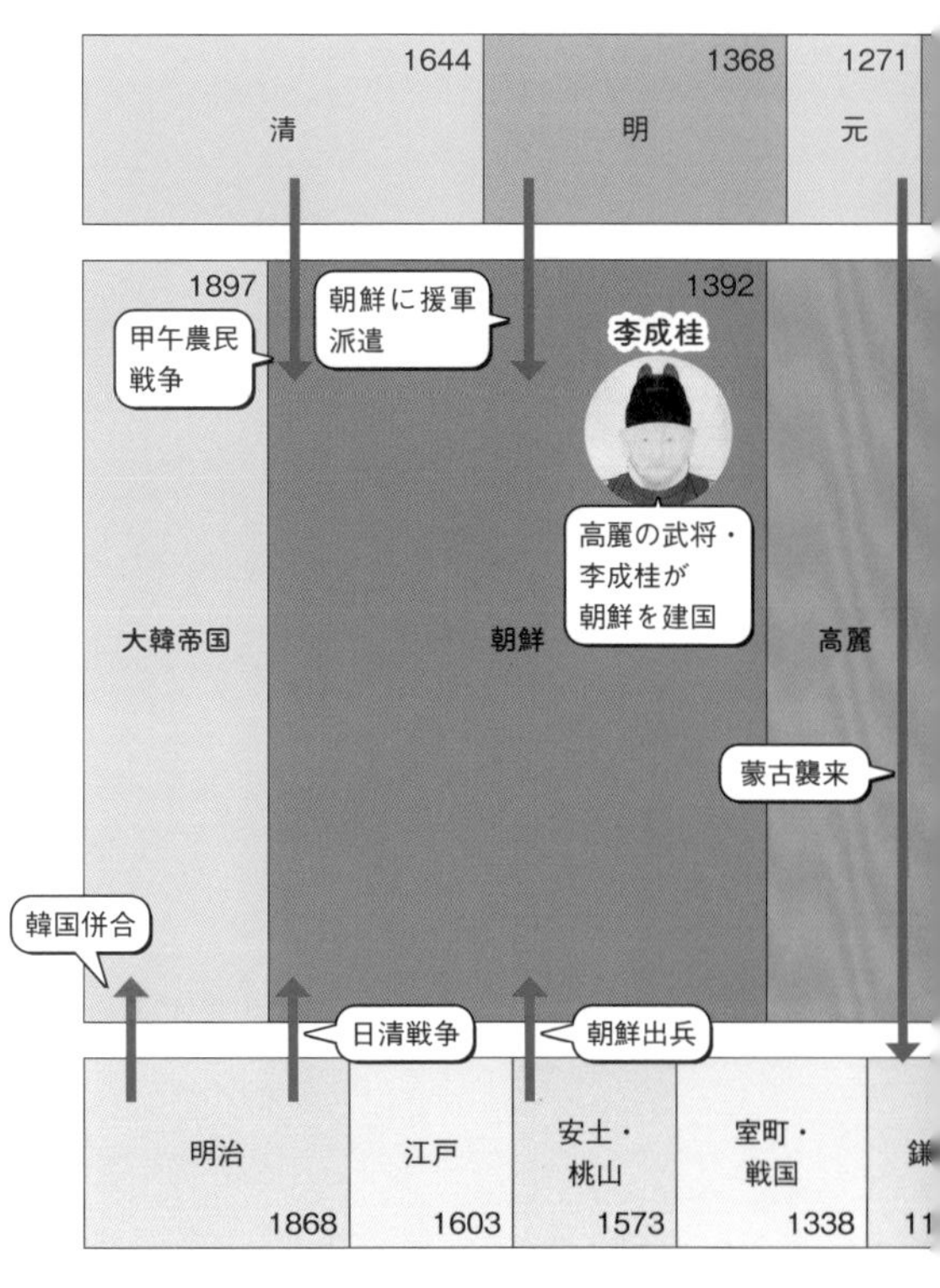

伝統的に中国の朝貢国に

以後、朝鮮半島の国家は中国の王朝の**冊封を受けるのが伝統**となった。

唐が衰退したのと同時期、新羅も国内が混乱し、918年に王建(おうけん)の興した**高麗**にとって代わられた。高麗は13世紀に**モンゴルの侵攻**を受け、30年近くも抵抗したが、降伏して元の属国となった。その後、14世紀の前期倭寇の跳梁(ちょうりょう)で衰退。14世紀末、倭寇討伐に功績のあった武将・**李成桂**(りせいけい)が新たに**朝鮮王朝**を興し、明や清の朝貢国となる。

明と密接な関係を結んだ朝鮮王朝は、朱子学の思想を受容し、独特のアイデンティティーを発展させた。中華皇帝を頂点とする体制に入りながらも、自らを「**小中華**」とみなし、周辺国に対し精神的優位に立った。その後、清から独立した朝鮮王朝は1897年に国号を大韓帝国に変更、日本に併合される1910年まで存続した。

中国世界遺産ガイド

文化遺産～明

武当山紫霄宮。明代の建築の特徴を顕著にとどめている。

武当山の金頂。72の峰に道教の古い建築群が建っている。

①武当山の古代建築物群

湖北省武当山
唐 明 など

漢代以降の道教の聖地。1612mの主峰・天柱峰を中心に72の峰が連なる。唐代に道教寺院が建てられたが、元代末期に戦火で焼失。明の永楽帝により12年かけて再興された。

②万里の長城

河北省～甘粛省
秦～明

北方遊牧民の侵入を防ぐため、春秋時代に造られた防御壁を秦の始皇帝が修築連結。その後も歴代王朝によって修造・造築が繰り返され、全長（現存）は渤海湾沿岸からゴビ砂漠まで約6000km 続いている。

現在残っているものはほとんど明代のもの。

③マカオ歴史地区

マカオ
明 清

ポルトガルの統治下にあったマカオは、国際交易都市として栄え、東洋と西洋の文化が融合した建造物が数多く残る。聖ポール天主堂跡は、3度の火災でファザード以外は焼け落ちている。

マカオは19世紀にポルトガル領になり、1999年に中国に返還された。

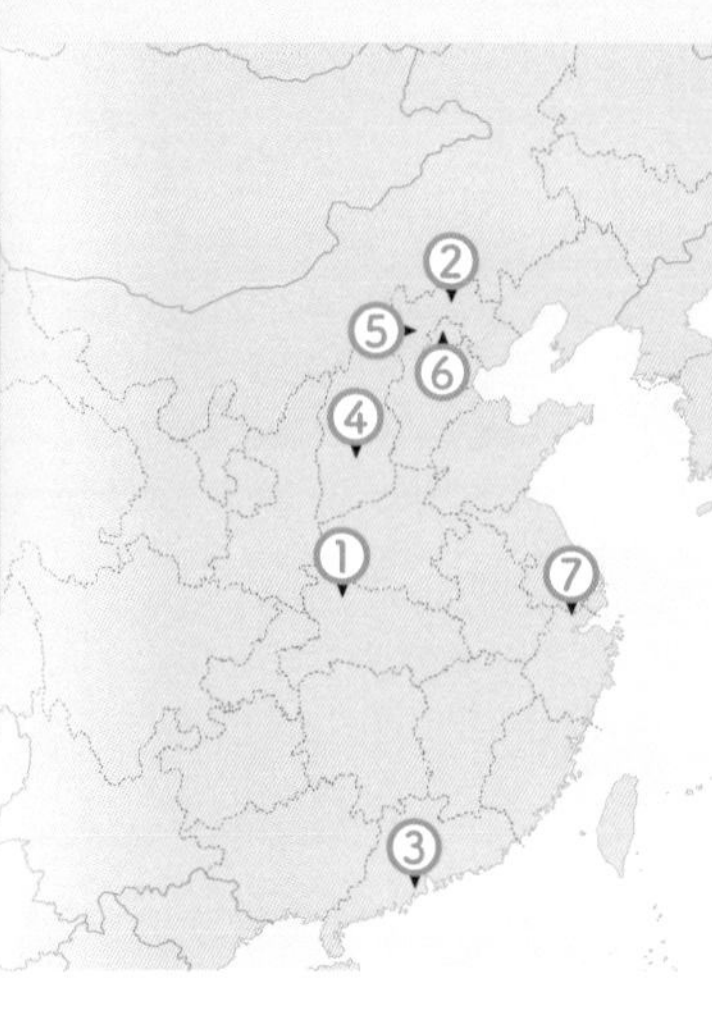

平遥商人の拠点で中国の金融の中心地だった。

④古都平遥

山西省平遥県
明 清

明・清時代の街の姿が完全な形で残る城壁都市。城壁の起源は前8世紀の周の時代といわれるが、現在の城壁は明代のもの。高さ20mの楼閣や唐代創建の道教寺院などがある。

陵墓は風水によって慎重に場所や建物が選ばれた。

⑤天壇・北京の皇帝の廟壇

北京市
明 清

明や清の皇帝が五穀豊穣の祈りを捧げた祭祀の場。1970年に改修された高さ38mの建物は、金箔や藍、緑の彩色が施され、神聖な儀式を行う場としての風格を伝えている。

天壇は古来、首都の南方にあった。北京の天壇は1420年に建造。

⑥明・清朝の皇帝陵墓群

北京市、河北省など
明 清

明・後金・清朝の25人の皇帝・皇后・妃たちが眠る陵墓群。湖北省に明顕陵、河北省に清東陵と清西陵、北京市に明十三陵、江蘇省南京に明孝陵、遼寧省に清福陵などがある。

⑦蘇州古典園林

江蘇省蘇州市
明 清

長江の湿潤なデルタ地帯の、太湖の東にある水の都。東洋のヴェネツィアと呼ばれる。春秋時代には呉の都になり、古くから名園が多く造られた。明代に造られた拙政園は、中国庭園の首位とされる。

拙政園。このほか、滄浪亭・獅子林・留園が蘇州の4大名園。

第6章 「華夷一家」による統治

清

時代	年代	出来事
清	1616	女真のヌルハチがアイシン国（後金）を建国する P162
	1636	ホンタイジがモンゴルを服属させて国号を大清に改める
	1638	理藩院を設置する
	1644	清が北京に入る
	1645	辮髪令を発布 P166
	1661	鄭成功が台湾を占領
	1673	三藩の乱（～1681） P164
	1684	海禁を解く P168
	1689	ロシアとネルチンスク条約を結ぶ
	1690	ジュンガルに勝利する
	1706	イエズス会以外の布教を禁止する P170
	1709	円明園の造営を開始（～1759）
	1716	『康熙字典』が完成
	1719	『皇輿全覧図』が完成
	1724	キリスト教全面禁止

1616年、**清**の前身となる**アイシン国（後金）**が、満洲人により建国された。間もなく**明**は内乱により滅亡し、その混乱の中で清は山海関を突破して北京を制圧し、中国大陸を支配した。満洲人・漢人・モンゴル人などの多種族からなる清は、「華夷一家」を掲げ、チベットなどの周辺勢力を帰属させていく。

康熙・雍正・乾隆帝の時代に最盛期を迎えた清だったが、19世紀前半、社会的な問題となっていたアヘンを禁止したことで、イギリスとの間にアヘン戦争が勃発。その敗戦は、さしあたって大きな影響を与えなかったが、その後、太平天国の乱、アロー戦争、日清戦争と続き、清の支配体制は動揺。洋務運動と呼ばれる近代化政策も挫折し、動揺を止めることができなかった。

清	
1727	ロシアとキャフタ条約を結ぶ
1732	軍機処を設置
1769	ビルマと和平を結ぶ
1796	白蓮教徒の乱（～1804）
1810	アヘンの輸入を禁止 P174
1813	天理教の乱が起こる
1838	林則徐を欽差大臣として広州に派遣する
1840	アヘン戦争が起こる（～1842）
1842	清とイギリスが南京条約を結ぶ
1851	太平天国の乱が始まる（～1864） P176
1856	アロー戦争が起こる（～1860）
1894	日清戦争（～1895） P178
1895	清と日本が下関条約を結ぶ
1898	戊戌の変法を西太后が潰す（戊戌の政変） P182
1900	義和団事件が起こる
1908	憲法大綱の発表。国会開設の公約
1912	辛亥革命により清滅亡

東北に住んでいた女真人が中国全土を制圧できた理由は？

交易で経済力をつけた女真

清朝を建国したのは、現在の中国東北からロシア極東の森林地帯に住む狩猟民・**女真**（満洲）である。彼らは明や朝鮮で珍重されたクロテンの毛皮などの特産物を交易し、経済力を高めていた。

建州女真の首長の一人**ヌルハチ**は、16世紀末に女真を統一。信仰していた文殊菩薩にちなんで**「マンジュ国」を建国**した（「満洲」の由来）。さらに1616年、満洲語で金を意味するアイシン国を建国する。12世紀に女真が建てた金と区別するため**「後金」**を称す。

後継者のホンタイジは、モンゴルを服属させて自ら皇帝を名乗り、国号を「大清国」に改めた（1636）。清の基礎を築いたヌルハチとホンタイジであったが、明の防衛線である山海関を突破することはできなかった。だが、明朝は内憂外患による衰退が激しく、すでに自壊を始めていた。

棚ぼた的に中国を支配した清

1644年、反乱軍の首領・**李自成**が北京を陥落させ、崇禎帝が自殺。山海関を守っていた明の武将・呉三桂はこれを受け、清に帰順して李自成討伐を要請した。清軍は無抵抗で山海関を通過し、北京に進軍。李自成を破って北京に入った。この時、清は3代皇帝の**順治帝**の時代である。

その後も、中国各地で明の残党が抵抗し、清はその掃討に追われた。この際、呉三桂など明から清に投降した武将が活躍したため、その勢力は**「三藩」**として重用されることになる。

以上のように、清は成り行きともいえる経緯で**中国全土を支配**した。支配を円滑にするために明の制度は踏襲され、服属させたモンゴルやチベットに対しても、既存の支配機構を温存した。このように、多くの勢力を共存させた清朝の支配イデオロギーは**「華夷一家」**と称される。

Point

女真を統一したヌルハチは後金を建国。ホンタイジは清を建国し、順治帝の代に北京に入る。

用語 「山海関」

中国大陸本土と東北地方の境にあり、万里の長城の東端に位置する軍事・交通の要衝。北を燕山、南を渤海に挟まれていることから山海関と呼ばれる。清代にはここより東にある満洲地方を関東と呼んだ。

中国大陸を統治した女真人

女真人は12世紀に金を、17世紀には清を建国して中国大陸を統治下に収めた狩猟採集民。16世紀後半には商業も盛んに行っていた。

瀋陽故宮大政殿

瀋陽を都としたヌルハチとホンタイジの皇城。八角形の大成殿は執務を行った場所。

弓の扱いに長けた満洲人

馬に乗り短弓を扱う満洲人。疾走中に左手で弓と手綱を持ち、右手で矢をつがえて射った。

ヌルハチ

生没 1559 ~ 1626 在位 1616 ~ 1626

後金国の初代ハン。若い頃は撫順(ぶじゅん)の馬市交易で商才と漢語を学んだ。満洲文字はヌルハチが考えたともいわれる。

故宮博物院(北京)蔵

深掘り中国 「国性爺合戦」のモデル 鄭成功の独立と台湾のその後

鄭成功(ていせいこう)は1624年、長崎の平戸で生まれた。父は中国人商人の鄭芝龍(しりゅう)で、母は日本人である。明が滅亡すると、鄭芝龍は明の皇族を擁立して抵抗運動を行った。鄭芝龍の降伏後も、鄭成功は新たに台湾に拠点を築いて抵抗を続けた。鄭氏政権の力の源泉は海上交易だったため、清朝は徹底した海禁(かいきん)によって鄭氏を弱らせようとした。鄭成功死後の1683年、鄭氏政権は清朝に降伏し、台湾は清の統治下に入った。近松門左衛門の浄瑠璃「国性爺合戦(こくせんやかっせん)」は鄭成功をモデルとしている。

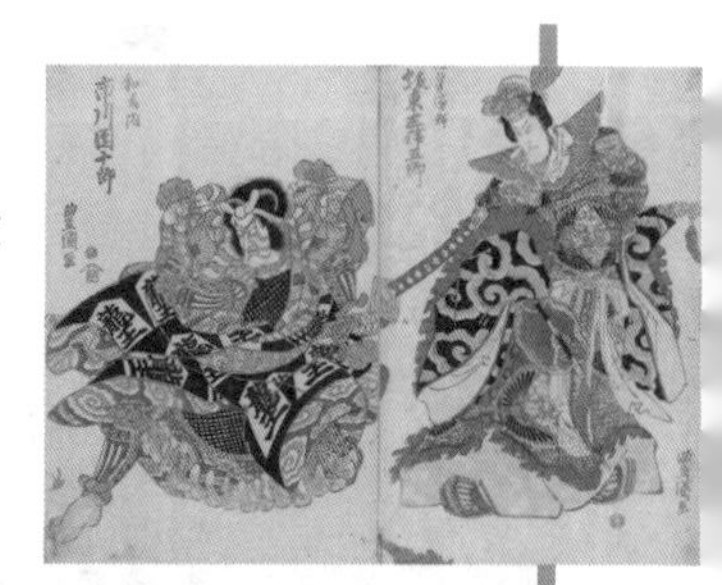

左が「国性爺合戦」の主人公である和藤内(鄭成功)。

都立中央図書館特別文庫室蔵

2000	1950	1900	1800	\Here!/	1400	1200	1000	800

中華人民共和国	中華民国	清	明	元	金 南宋	遼 北宋	五代十国	唐

康熙帝・雍正帝・乾隆帝により清の最盛期が生まれた

中国史上稀に見る名君たち

17世紀後半から18世紀末までの約130年間は、**康熙帝**・**雍正帝**・**乾隆帝**と名君が続いた。とりわけ康熙帝と乾隆帝の治世は60年に及ぶ安定期で、**清朝の最盛期**と称される。

康熙帝は、その治世の初期に**三藩の乱**という危機に直面している。清が中国を平定した際に活躍した呉三桂ら漢人の武将たちは、三藩として強大な勢力を持った。三藩が清朝と対立して起こした反乱が三藩の乱である。

三藩の乱は1681年に平定され、清は漢人に対する支配を確立。同時期に台湾の**鄭氏政権も降伏**した。さらに、極東に進出していたロシア人と戦い、**ネルチンスク条約**(1689)を結んで国境を画定している。清とヨーロッパの国が対等な立場で結んだ初めての条約であった。また、康熙帝は文化事業にも熱心で『**康熙字典**』**などが編纂**された。

盛世にも徐々に衰退の兆しが…

次代の雍正帝の治世は比較的短いが、皇帝の諮問機関である**軍機処**を設置するなど、優れた内政手腕で国力を充実させた。一方、兄弟や重臣には厳しい粛清が行われ、**皇帝独裁が確立**する。

6代皇帝の乾隆帝も目覚ましい実績を残し、清は**最大の版図を実現**する。大きな成果の一つが、モンゴルの部族・**ジュンガルの内紛に介入**して滅ぼしたことである。乾隆帝は征服地を「新しい土地」を意味する「**新疆**」と名づけた。

しかし、乾隆帝の治世後半には、佞臣のヘシェンが重用されて私腹を肥やすなど、衰退の兆しが見え始めていた。1793年、自由貿易を求めて乾隆帝と謁見したイギリス使節マカートニーは、清朝を「大きな図体と外観だけにものを言わせ、近隣諸国をなんとか畏怖させてきた古くてボロボロに傷んだ戦闘艦に等しい」と評している。

Point

三藩の乱を鎮圧し、台湾を支配下に収めた清は広大な版図を形成。安定した政治を行う。

用語 「ジュンガル」

17世紀初めから18世紀半ばまで、イリ地方からタリム地方を勢力下においたモンゴル・オイラト系の部族。青海やチベットまで勢力を拡大したがたびたび清と争い、1758年に乾隆帝に滅ぼされた。

乾隆帝の時代に最盛期を迎えた清

康熙帝、雍正帝はそれぞれロシアとネルチンスク条約、キャフタ条約を結んで国境を定め、乾隆帝はジュンガルを平定。この頃最大となった清の勢力は一部の地域を除き、現在の中国に引き継がれている。

中国深掘り

清朝で名君が続いたのは独自の継承法のおかげ？

清は評価の高い皇帝が多い。その秘密は、清朝独特の継承法にある。明では儒教にもとづき、初めから長男が後継者であるが、堕落が起きやすい。一方、皇太子を明確に定めなければ、やはり跡目争いの原因になる。そこで雍正帝は、心に決めた後継者を紙に書いて玉座の上の額に隠し、皇帝が崩御したのちに確認する「太子密建（たいしみっけん）」の制を確立した。後継者を秘密にする制度のおかげで、皇子たちは指名を受けるための研鑽に励むことになったのである。

平安をもたらした3人の名君

康熙帝
生没 1654 ～ 1722
在位 1661 ～ 1722
4代皇帝。60年以上の統治の間に三藩の乱や台湾の鄭氏を平定。ロシアとネルチンスク条約を結ぶ。

雍正帝
生没 1678 ～ 1735
在位 1722 ～ 1735
5代皇帝。軍機処を設けるなど皇帝権力を強化。ロシアとキャフタ条約を結ぶ。キリスト教を禁止した。

乾隆帝
生没 1711 ～ 1799
在位 1735 ～ 1795
6代皇帝。10回に及ぶ遠征などで清の最大版図を築く。晩年は政治腐敗が進み、白蓮教徒の乱などが起こる。

清

少数の満洲人を頂点にした巧みな漢人支配と秩序構造

Point

明の制度を継承しつつ、正統性を保ちながら満洲人を頂点にした統治体制を築く。

アメとムチで漢人を従えた満洲人

中国を支配した清は、基本的に**明の制度をそのまま継承**したことはすでに述べた。しかし、平和的に元勢力と共存していたわけではない。

数の上で少数派である**満洲人**は、多数派の漢人を支配するため、威圧策と懐柔策を巧みに併用した。懐柔策としては、中央官庁には満洲人・漢人の同数を採用する**満漢偶数官制**などがある。

一方、威圧策としては、満洲人の髪形である**辮髪**を漢人にも強制したことが挙げられる。北京に入って間もない1645年に出された命令は、「頭を留める者は髪を留めず、髪を留める者は頭を留めず」といわれる徹底ぶりだった。漢人を服従させる証しであったと同時に、少数派の満洲人のすがたを目立たなくする効果もあった。

皇帝に対して批判的な文言を弾圧する「**文字の獄**」も起き、多くの文官・知識人が処罰された。

相手によって顔を使い分けた清の皇帝

多元勢力を束ねた清朝の皇帝は、モンゴルやチベットに対しても別の顔を持った。

元朝以後のモンゴル人には、チンギスの子孫だけが正統な大ハーンであるという観念があった。清の2代皇帝**ホンタイジ**は、モンゴル平定の際、元朝から伝わるという**玉璽**を手に入れ、モンゴルに対する**支配の正統性**を手に入れた。

また、16世紀後半以降のモンゴルでは**チベット仏教が広く信仰**されていたため、チベットの教主**ダライ・ラマ**は大きな権威を持っていた。清朝はチベットの内紛に介入し、ダライ・ラマを保護下に置いた。

漢人に対しては明の継承者、モンゴルに対してはチンギスの継承者、チベットに対してはチベット仏教の保護者——清の皇帝は**多様な顔を使って広大な版図に君臨**したのである。

用語 「ダライ・ラマ」

ダライはモンゴル語で「大海」、ラマはチベット語で「師」や「高僧」を意味する。16世紀、モンゴルを支配したアルタン・ハーンがゲルク派チベット仏教の信者となり、教主にダライ・ラマの称号を贈った。以後、ゲルク派のチベット仏教が繁栄する。

多元勢力に君臨した清

清は人口の90％を占める漢人に対しては懐柔策と抑圧策を用い、西北の周辺勢力には理藩院で関係を対処して長期政権を誕生させた。

その時世界は？
［1689年］イギリスの名誉革命で『権利の章典』が発布される

清朝の秩序構造

清朝は各地に君臨するのみで、在地在来の統治制度・秩序関係をほぼそのまま踏襲した。概括して西北の草原世界を「藩部」、東南の漢語圏を「属国」といい、いずれでもなく、ただ通商関係のある国・地域を「互市」という。

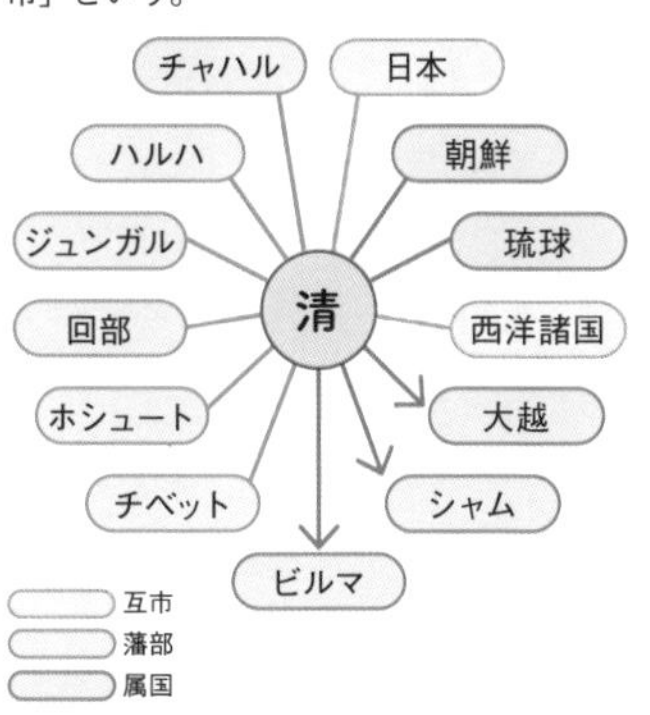

異なる顔で諸族を支配

清の皇帝は、満洲人のハン、中華の天子、モンゴルのハーン、チベット仏教の施主、イスラーム教の保護者という立場を駆使し、各地を治めた。

支配者	大清皇帝				
	保護者	施主	大ハーン	ハン	中華皇帝
被支配層	トルコ系ムスリム	チベット人	モンゴル人	八旗満洲	漢人
宗教	イスラーム	チベット仏教			儒教

帝国書院「最新世界史図説 タペストリー」掲載図版をもとに作成

八旗

八つの「旗」という軍団に分け、色によって兵を分けた軍事・行政組織。清の拡大とともにモンゴル人・漢人も編入され、のちに分離・独立した。

中国深掘り

辮髪の習俗を強要して服従を誓わせる

北方遊牧民には頭髪を剃る習慣があったが、部族によって髪形は微妙に異なっていた。辮髪とは、後頭部だけを残して髪を剃る満洲人特有の髪形である。後頭部は長く伸ばし、編んで後ろに垂らす。漢人は、服装・髪形など遊牧民の習俗に対して嫌悪感があったため、辮髪強制は激しい抵抗を受けた。辮髪を逃れるために出家する者まで出たという。しかし、清の支配が安定すると辮髪の習俗は定着し、外国人の間で中国人のステレオタイプとなった。

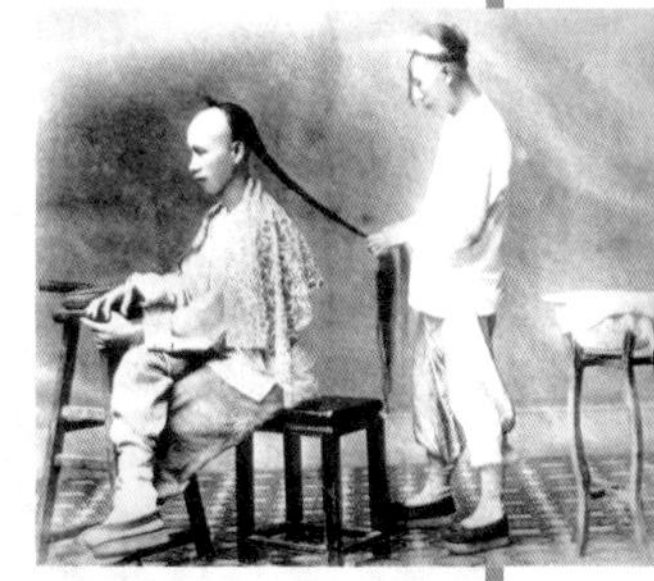
清は服従の証しとして、漢人に辮髪を行わせた。

2000 1950 1900 \Here!/ 1800 1600 1400 1200 1000 800
中華人民共和国 | 中華民国 | 清 | 明 | 元 | 金 南宋 | 遼 北宋 | 五代十国 | 唐

経済成長と人口急増により清の税制が簡略化された？

Point

経済と産業の急成長により人口が急増。人頭税を廃して土地税のみを徴収する改革を行った。

銀の流入で清は好景気に

明末の動乱は人口を大きく減少させたが、**清代になると人口が急増**する。17世紀末に1億5000万人ほどだった人口は、100年後には3億人を超えた。この背景にあったのが、**経済と産業の急成長**であった。

清が建国された当初、**鄭成功**が台湾を拠点として反清運動を続けていた。これに対し、清は海外貿易を禁止する海禁によって対抗する。しかし、鄭氏政権が降伏すると**海禁を緩め、貿易を認めた。**

18世紀後半になると、イギリスが清から大量の**茶を買い付ける**ようになった。清にとって魅力的なイギリスの産品はなかったので、イギリスから一方的に**銀が清に流入**するようになる。

これによって、18世紀後半の乾隆帝の治世に、清は未曽有の好況となった。「**乾隆の盛世**」と呼ばれる清の最盛期である。

人口増が引き起こした税制改革

明代も産業は発展したが、明は北方に脅威を抱えており、軍事費の負担が多かった。これは重い税となって民衆を苦しめたが、対外的脅威の減った清代には、そうした足かせもなくなった。

経済成長と人口増加を背景に、**税制改革**も行われた。人頭税にあたる**丁銀**（ていぎん）については、1712年以降に増えた成人男子には課さないことになった。固定化された丁銀は、やがて土地税（地銀（ちぎん））の中に繰り入れられた。人頭税が実質廃止され、**土地のみに課税する地丁銀の確立**である。

一方、人口が急増したにもかかわらず、統治機構の規模は変わらなかった。行政サービスが低下した上、人口の増加から食糧不足も起きやすくなった。宗教結社の起こした**白蓮教徒の乱**（びゃくれん）〈1796〜1804〉・**天理教徒の乱**〈1813〉など、清後期の社会不安の要因も生まれつつあったのである。

用語「白蓮教」（びゃくれんきょう）

南宋末から元代に邪教として弾圧された民間宗教。阿弥陀信仰が南宋初めに呪術的となり、元末に弥勒仏の下生（げしょう）を求める信仰と結び付いた。清代の白蓮教徒の乱では八旗に代わり義勇軍である郷勇が活躍した。天理教は一派である。

政治が安定した18世紀の繁栄

大きな対外戦争がなかった18世紀は、好況により財政は豊かになり税が緩和された。この100年間で人口は1億数千万人から3億人へと急増する。

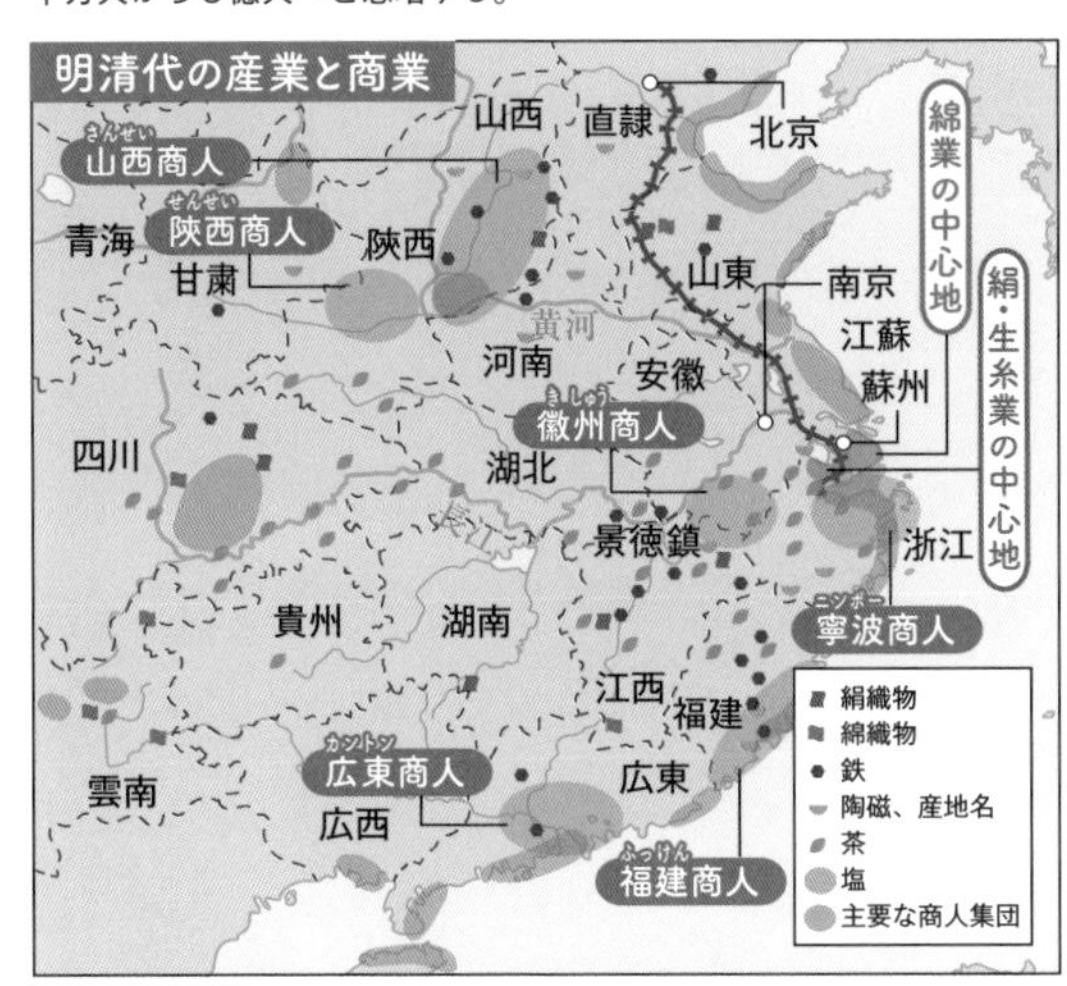

明や清代には国内産業や貿易が発達。金融業中心の山西商人や塩を商う徽州商人など全国で活躍する商人が誕生した。

山川出版社『詳説世界史図録』の掲載図版をもとに作成

人頭税がなくなったことで、地丁銀制実施後に人口が急増していることがわかる。

山川出版社『詳説世界史図録』の掲載図版をもとに作成

「姑蘇繁華図」

物流の中心として発展した蘇州の繁栄を描いた図。明や清の時代には絹織物、綿織物業も発展した。

遼寧省博物館蔵

輸出国と輸入国の間で繁栄を遂げた琉球王国

日本・中国大陸・東南アジアから程よい距離にある琉球王国は、中継(ちゅうけい)貿易によって栄えた。明は貿易を制限していたが、琉球にだけは他国より多い回数の入貢を認めていた。琉球は、中国とほかの周辺国を仲立ちする役目を負っていたのだ。しかし1609年、琉球は島津氏の侵攻を受け、服属。明や清への朝貢も続けたため、「日中両属」の状態となった。日本の琉球に対する窓口となった薩摩藩は、琉球を通じて清との貿易を行い、利益を上げたのである。

その時世界は？
［1789年］絶対王政を倒した市民革命、フランス革命が始まる

キリスト教宣教師がもたらした宗教観ではなく技術を取り入れる

東アジアに来航した宣教師たち

大航海時代と**宗教改革**という近世のヨーロッパのできごとは、東アジアにも大きな影響を与えた。

1517年、ルターがカトリック(旧教)を批判することで宗教改革が始まり、プロテスタント(新教)が生まれた。批判を受けたカトリック側でも自己改革の動きが生まれ、伝道を目的とした**イエズス会**が結成される。宣教師たちは新たに開かれた航路を使い、新大陸やアジアに乗り出した。

イタリア出身の宣教師**マテオ・リッチ**は、1601年に**万暦帝**(ばんれきてい)に謁見して布教の許可を得た。彼は天文学など西洋の学問を伝え、**徐光啓**(じょこうけい)ら中国の知識人とも交流を深めた。

西洋の宗教と技術が伝わる

宣教師によりキリスト教や西洋の技術が中国大陸にもたらされる。やがて典礼問題により、一部の宮廷に仕える者以外の宣教師は追放。布教は禁止された。

中国大陸で活躍した主な宣教師

時代	名前	中国名	活動内容	代表的な事績
明末	マテオ・リッチ(1552～1610)	利瑪竇	1583年から中国大陸で布教。ヨーロッパの科学技術を広める。	『幾何原本』、「坤輿万国全図」
	アダム・シャール(1591～1666)	湯若望	徐光啓とともに暦法を改定。暦の作成に貢献して天文台長官となる。	『崇禎暦書』、天文学などの紹介
清	フェルビースト(1623～1688)	南懐仁	大砲の鋳造が三藩の乱で役立つ。アダム・シャールのあと天文台長官に。	「坤輿全図」、大砲鋳造
	ブーヴェ(1656～1730)	白進	中国初の実測地図「皇輿全覧図」の製作を行う。	「皇輿全覧図」、『康熙帝伝』
	レジス(1663～1738)	雷孝思	西洋式測量法を用いて「皇輿全覧図」の製作を行う。	「皇輿全覧図」
	カスティリオーネ(1688～1766)	郎世寧	遠近法や陰影法を取り入れた西洋画法を紹介。円明園離宮の設計も行う。	「百駿図」

「百駿図」(部分)
カスティリオーネが放牧中の馬100頭を描いた作品。西洋の技法を使いながらも山水画に使われる三遠法を取り入れている。
故宮博物院(台北)蔵

深掘り中国
ヨーロッパを魅了したシノワズリとは何か

ロココ調と東洋趣味が融合した建築。ドイツのサンスーシ宮殿近くにある中国館。

17〜18世紀頃、貿易や宣教師の活動により、中国の文化が西洋に紹介されるようになった。18世紀、ヨーロッパの上流階級で流行した中国趣味を、フランス語で「シノワズリ」といい、ロココ調の絵画や装飾品にその影響がみられる。当時のヨーロッパでは、明代以降に発展した景徳鎮で生産された陶磁器が特に人気を集めていた。中国産の美しい白磁をまねることで生まれたドイツのマイセン磁器など、東洋の文物は西洋人にも大きな印象を残した。

アダム・シャール
生没 1591 〜 1666
科学者としても活躍したアダム・シャールは、渾天儀や日時計、望遠鏡の製作なども行っている。

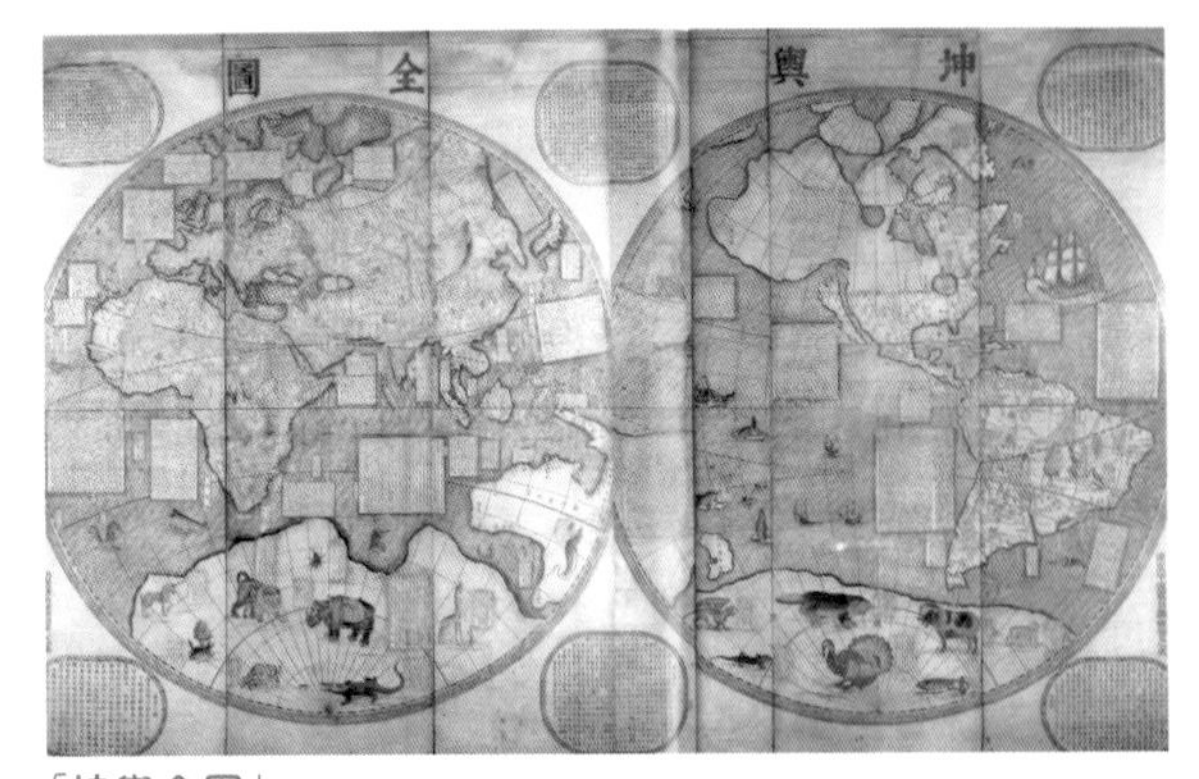

「坤輿全図」
フェルビーストにより製作された世界地図。大型の動物や海獣なども描かれている。中国や朝鮮で人気となり、19世紀に入っても再刊された。

キリスト教が禁止されるまで

明末から清初にかけて、多くのイエズス会宣教師が中国を訪れた。例えば、ドイツ人の**アダム・シャール**は優れた天文学の知識を生かして明や清の皇帝に仕えた。しかし、旧来の天文学者らの反感を買ったため、讒言（ざんげん）によって一時投獄される憂き目にあった。

さらに、イエズス会による布教は「**典礼問題**（てんれい）」によって水を差される。イエズス会は民衆に受け入れられやすいよう、中国の信者が土着の祭祀をすることを認めていた。これが異教崇拝にあたるとして、ほかの修道会に批判されたのである。

この論争を知った康熙帝は、**イエズス会以外の宣教師の追放**を決定。続く雍正帝はキリスト教自体に不信感を持ち、**布教を禁止**した。ただし、学問や芸術で皇帝に仕える者は居住を許され、**東西の文化交流**に貢献し続けた。

新しい儒教である朱子学と陽明学は日本にどのような影響を与えたのか？

朱子学から陽明学へ

孔子を祖とする儒教は長い年月で様々な学派が生まれた。朱子学と陽明学もその一つで、日本にも輸入されて発展を遂げた。

王守仁（陽明）
生没 1472 ～ 1528
28歳で科挙に合格した知識人。宦官と対立して左遷された貴州で陽明学を確立する。その後、各地の反乱鎮圧に功績を上げている。

朱熹
生没 1130 ～ 1200
東アジア社会に大きな影響を与えた朱子学の大成者。若くして科挙に合格して官吏となるが、28歳の時に辞職。出仕せず学問に専念した。

中国から日本へ 対外向けの江戸幕府将軍の号は「国王」か「大君」か？

江戸時代の朝鮮との外交で、徳川将軍が用いた称号は複雑な経過をたどった。当初、幕府は天皇をはばかって、「日本国王」の号を用いなかった。しかし、幕府と朝鮮を仲介していた対馬の宗（そう）氏は、「朝鮮国王」と従前どおりの通交をするには「日本国王」号の使用がふさわしいと考え、ひそかに国書を改ざんしてしまう。この国書改ざんはやがて露顕し、その後の幕府は「日本国大君」の号を使用するようになった。「国王」ではないがそれに匹敵する称号、というわけである。

朱子学はなぜ官学になったか

南宋（なんそう）の時代、**朱熹**（しゅき）によって大成された**朱子学**は、13世紀には日本にも伝わった。中世日本で朱子学を学んだのは京都の禅僧が中心で、広く受容されたのは江戸時代になってからだ。

京都の建仁寺で学んだ**林羅山**（はやしらざん）は、徳川家康に朱子学を講じた。江戸幕府は**朱子学を官学化**し、羅山の子孫は「林家（りんけ）」として重んじられた。儒教（朱子学）は身分の上下を尊重したことから、**支配に都合が良かった**ためである。

もっとも、中国の儒教と日本の儒教は微妙に異なっている。本来の儒教は主君への「忠」より親への「孝」が尊重されるが、日本では「忠」も「孝」も同列にされる。

江戸時代の主な儒教

学派	中国での考え方	日本での展開	主な日本の学者
朱子学	儒教の新しい学問体系。万物は理（宇宙の根本原理）と気（物質を形成する原理）でできているとする「理気二元論」や秩序を重んじる「大義名分論」を展開。儒教の正統な後継者の地位を獲得した。	身分秩序を重視する朱子学は、江戸時代に体制維持のための御用学問となる。	●藤原惺窩 ●林羅山 ●新井白石 ●室鳩巣 ●山崎闇斎 林羅山 東京大学史料編纂所蔵
陽明学	朱子学の知識重視に反対。実践を重んじ、知ることと実践することは分けられないとする「知行合一」や、良知（人が生まれながらに持つ是非を判断する知恵）を発揮すれば理想の社会となるとする「致良知」を説く。	体制への批判を行う傾向が強く、幕府に圧迫された。幕末になると多くの志士が関心を持った。	●中江藤樹 ●熊沢蕃山 ●大塩平八郎 ●佐久間象山 ●吉田松陰 大塩平八郎 大阪歴史博物館蔵
古学	―	朱子学や陽明学は朱熹、王陽明の解釈だとして、直接、孔子や孟子の原典にあたって正しい理解を得ようとした。	●山鹿素行 ●伊藤仁斎 山鹿素行 赤穂市立歴史博物館蔵

幕末の原動力となった陽明学

江戸時代、朱子学以外に影響のあった学問は陽明学である。明代、**王守仁**（号は陽明）が形骸化の進んだ**朱子学を批判**して登場した学問だ。

儒学（朱子学）は思索を重んじて行動を卑しむ。だが、王守仁は「**知行合一**」を唱え、思索だけでなく実践も重視した。彼自身、山賊や農民反乱の鎮圧で功績を上げた有能な官僚であった。エリート的な教育を必要とせず、庶民に広く受け入れられた。

中国の陽明学は、やがて空理空論化が進んで衰えた。だが、日本に輸入された陽明学は独自の展開を遂げる。著名な陽明学者に、「救民」を掲げて乱を起こした**大塩平八郎**がいる。吉田松陰も陽明学を学んでいたように、行動を重視する陽明学は、**幕末維新の志士の思考様式にも影響**を与え、東アジアに近代化をもたらしたのである。

アヘン戦争によって清は本当に弱体化したのか？

イギリスはなぜアヘンを密輸したのか

教科書でも大きく扱われるアヘン戦争のきっかけは、イギリスの清に対する輸入超過だった。銀の流出を抑えたいイギリスは自由貿易を求めて**マカートニー**らの使節を派遣するが、失敗に終わる。19世紀初め頃のイギリス東インド会社は、**インド産のアヘンを清に密輸**することで銀を回収するようになる。その結果、銀が清から流出し、庶民の生活に打撃を与えた。

1838年、道光帝（どうこうてい）はアヘンの厳禁を唱える**林則徐**（りんそくじょ）を登用し、問題解決を命じる。林則徐は、清で唯一海外貿易が認められていた広州に赴き、**アヘンを没収・廃棄**する。

すでにアヘン貿易なしでは立ち行かなくなっていたイギリスは、開戦を決断する。近代兵器を有するイギリス軍は清軍を圧倒し、1842年の**南京条約**によって戦争は終結した。

アヘン戦争は「西洋の衝撃」ではなかった

南京条約の内容は、香港の割譲や上海など**5港の開港**、**自由貿易化**などである。清はフランスやアメリカとも、まもなく同様の条約を結ぶことになった。西洋の要求をのまされたことから、「**アヘン戦争**は、中国が西洋に屈した世界史の転換点だ」と思うかもしれない。アヘン戦争が江戸幕府に衝撃を与え、異国船打払令（うちはらいれい）を緩和するなどした史実があるから、なおさらだろう。

しかし、中華の王朝が夷狄（いてき）に敗れる事例はあった。そうした時は、「撫夷（ぶい）」、すなわち恩恵を与えてなだめてやるものだ、というのが中国側の意識であり、アヘン戦争は**清朝の世界観や秩序構造には、さほど大きな影響を与えなかった**。

清と西洋諸国の間には認識の相違があったため、西洋の期待したような自由貿易は進まず、**アロー戦争**〈1856〜1860〉を引き起こすことになる。

Point

アヘン密貿易問題からイギリスとの戦争に発展。敗北した清は上海など5港を開港する。

皇帝　道光帝　生没 1782 〜 1850　皇帝在位 1820 〜 1850

8代皇帝。財政の立て直しのために鉱山開発などを奨励。生活や財政に悪い影響を与えるアヘン貿易を禁止し、アヘンの取り締まりを目指したが、かえってアヘン戦争を招いて敗北。イギリスと南京条約を結ぶこととなった。

その時日本は?
[1841年]老中・水野忠邦が主導した天保の改革が始まる

アヘン取り締まりから戦争に発展

清がアヘン輸入を禁止すると密貿易により低価格のアヘンが清に流入。銀の流出が加速した。この密貿易問題がアヘン戦争につながることとなる。

アヘン戦争図
1841年1月7日、広州の珠江(しゅこう)河口付近に位置する虎門での戦闘場面を描いたもの。清のジャンク船を砲撃する英のネメシス号。

アヘン窟
清では17世紀後半から吸飲の習慣が広まった。吸い続けると人体に大きな影響を与える。

アヘンの原料となるケシ

マカートニーと乾隆帝
貿易港を増やすため乾隆帝に拝謁したマカートニーは三跪九叩頭(さんききゅうこうとう)を行うように命じられて拒否。交渉は不首尾に終わった。この絵はマカートニーが清に到着する前に描かれた風刺画。

人物伝

林則徐(りんそくじょ) 生没 1785〜1850

アヘン根絶のために広州へ赴く

中央の黒い服の人物が林則徐。

福建の貧しい家庭に生まれた林則徐は、苦学して科挙に合格し、エリート官僚となった。地方官としては汚職の撲滅などの成果を上げ、アヘン問題に関して欽差(きんさ)大臣(特命全権大臣)に任命される。西洋の事情にも通じており、アヘン戦争の際にも軍備を整えて抵抗を試みた。しかし、イギリス艦隊が北京の付近まで来航すると朝廷は和平に転じ、林則徐は罷免された。新疆(しんきょう)に左遷されるが、のちに中央に復帰。太平天国の乱でも欽差大臣に任命されるが、任地に赴く途中で病死した。

2000 1950 1900 Here! 1800 1600 1400 1200 1000 800
中華人民共和国 | 中華民国 | 清 | 明 | 元 | 金 南宋 | 遼 北宋 | 五代十国 | 唐

太平天国の乱で内情不安の清はアロー戦争でさらに打撃を受ける

Point
太平天国の乱で情勢不安の清に対し、英仏は戦争を仕掛けてさらなる条件を清に突きつける。

民衆の心をつかんだ太平天国

アヘン戦争のあと、多額の賠償金やさらなる銀の流出は民衆の負担を増加させた。乾隆帝以後の社会の動揺もあり、清朝を揺るがす大反乱につながっていく。**太平天国の乱**（1851～1864）である。

広東の庶民であった**洪秀全**は、キリストの弟を自称し、新興宗教・**上帝会を創始**した。1851年、洪秀全は広西の金田村で挙兵し、太平天国を建国する。太平天国は、土地を均分するなどの理想郷建設を主張し、「**滅満興漢**（満洲人を滅ぼして漢人を興す）」をスローガンに掲げた。

太平天国は民衆の支持を得て、南京を占領するに至る。堕落した清の正規兵は役に立たず、**曾国藩や李鴻章**といった各地の有力者が義勇軍を結成して対抗した（**郷勇**）。やがて、太平天国は指導層の腐敗などで弱体化し、1864年についに鎮圧された。

理不尽な理由で開戦したアロー戦争

一方、アヘン戦争後の英仏は、貿易が思うように拡大しないことに不満を募らせていた。1856年、英仏は清との間で起きた紛争を口実に開戦（**アロー戦争**）。一度は天津条約によって講和したが、清が批准を拒否したため戦闘が再開する。結局、ロシアの仲介によって**北京条約**が結ばれ、アロー戦争は終結した。

アロー戦争の結果、列強は清における権益を大きく拡大し、中国の市場はほぼ西洋に開放された。また、仲介の労をとった**ロシアは極東の沿海州を手に入れる**ことになった。

以後、各国の大使が北京に駐在し、公文書に「夷」の字が使われなくなるなど、**中国の伝統的な外交は転換**を迫られた。19世紀半ばに起きた大動乱は、清朝の政策を大きく転換させる契機となったのである。

人物 **曾国藩** 生没 1811 ～ 1872
科挙に合格して中央のエリート官僚となっていたが、母の喪に服すために帰郷。その間に命令を受け郷勇を編成して太平天国の鎮圧に貢献。両江総督・直隷総督から内閣大学士などを歴任する。洋務運動の先駆者となる。

アロー戦争で清を屈服させる

太平天国の乱で揺れる清に対し、イギリスとフランスはアロー号事件という紛争を口実に遠征軍を派遣。北京を占領してあらたな条約を結んだ。

〔1858年〕井伊直弼が大老に就任し、日米修好通商条約締結

次々と貿易地を開放させられる清

条約名	都市	時期
南京条約（アヘン戦争の結果）	広州	1843
	厦門（アモイ）	
	上海	
	寧波	1844
	福州	
	南京	1899
天津条約（アロー戦争の結果）	汕頭	1858
	天津	
	牛荘（営口）	
	鎮江	1861
	漢口	1862
	芝罘（煙台）	
	九江	
	淡水	
	台南	1863
	海口	1876
清露北京条約（アロー戦争の結果）	カシュガル	1860
	庫倫（ウランバートル）	

北京条約ではイギリスとフランスだけでなく、ロシアとも個別に条約を結んでいる。ウスリー川以東の沿海地方がロシア領に、庫倫（ウランバートル）、カシュガル、張家口（カルガル）での貿易を認めさせられた。

太平天国の乱とアヘン・アロー戦争

イギリスやフランスなどはあえて戦争を仕掛けることで、清に開国を迫った。

人物伝 李鴻章（りこうしょう） 生没 1823～1901

清の重鎮として近代化を推進する

アメリカ大統領グラント（左）と李鴻章（右）

安徽（あんき）省の名士の子として生まれる。科挙に合格して官僚となり、太平天国の乱では郷勇の一つ淮（わい）軍を率いた。なお、同じ郷勇の湘（しょう）軍を率いた曾国藩は李鴻章の師にあたる。乱の鎮圧に活躍した李鴻章や曾国藩らは、その後も清朝の重臣となって活躍する。李鴻章は、洋務運動の指導者として軍や産業の近代化、北洋艦隊の創設などを指揮した。また、日清戦争後に下関条約に調印するなど、外交でも大きな役割を果たした。下関での講和交渉中には、狙撃され負傷している。

アジアへの進出を図る日本 朝鮮を挟んだ清との関係が変化

清朝を中心とした東アジア秩序の崩壊

西洋の進出と日本のアジア進出により、中国王朝をトップとする東アジアの秩序構造が崩れていった。

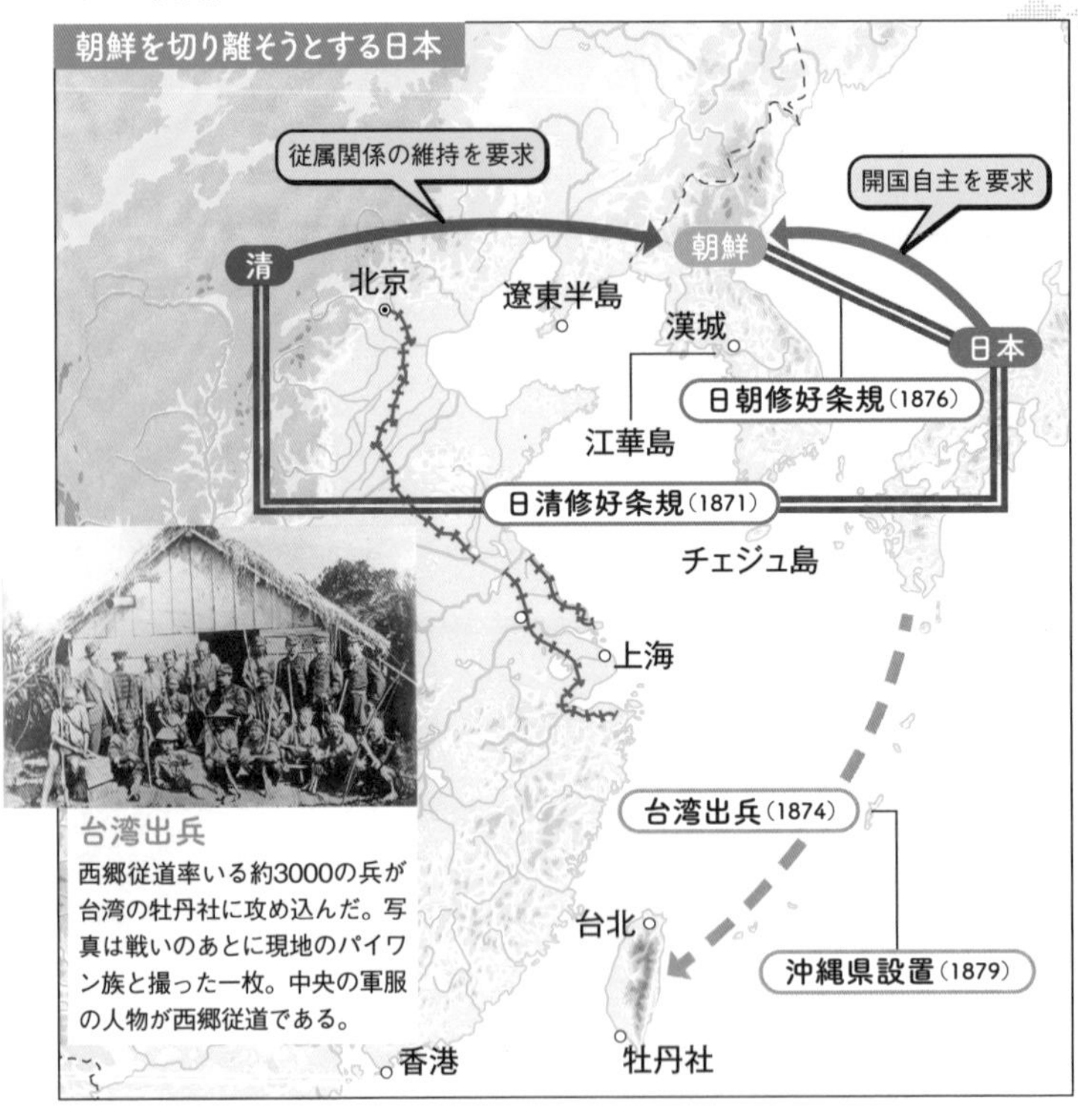

台湾出兵
西郷従道率いる約3000の兵が台湾の牡丹社に攻め込んだ。写真は戦いのあとに現地のパイワン族と撮った一枚。中央の軍服の人物が西郷従道である。

西洋の価値観に適合した日本

西洋列強への対応が遅れた清とは対照的に、日本はいち早く**西洋を模倣し、近代化に成功**した。

1854年に開国し、その後貿易も開始した日本では、経済の混乱などで攘夷思想が強まり、混乱が続いた。しかし、薩摩藩や長州藩などの雄藩は攘夷が不可能だと悟り、開国・倒幕へと方針を転換。**明治維新**（1868）を達成する。

国境や国際法などの概念はもともと西洋由来のもので、前近代の東アジアには存在しない。西洋化を進める明治政府は、まず周辺諸国と明確な**国境を画定**しようとした。だが、清や朝鮮は伝統的な**華夷秩序**の価値観のままだったため、齟齬が生じた。

漁夫の利を狙うロシア

朝鮮という魚を釣ろうとする日本と清を、南下の機会を伺うロシアが見つめる1887年の風刺画。

中国から日本へ

『海国図志』により最新の世界情勢を知る

清がアヘン戦争に敗れて南京条約を結んだ年、林則徐とも親交のあった学者・魏源（ぎげん）が『海国図志』という書物を著した。当初は50巻だったが、最終的に100巻まで加筆される。彼は西洋諸国の情勢を深く研究し、西洋の近代的な軍備を導入して国防に生かすことを訴えた。その精神は、「夷の長技（武器、軍事技術）を師とし以て夷を制す」という一節によく表れている。清朝の動きは鈍かったが、この書物は日本にも紹介され、吉田松陰など幕末の志士に多大な影響を与えた。

朝鮮を挟んだ日清関係

朝鮮への支配を強くしたい清と、服属から離そうとする日本との間で対立が激しくなる。

清｜朝鮮｜日本

日朝修好条規締結（1876年2月）
日本が朝鮮と結んだ不平等条約
開国 ← 強制

↓

壬午軍乱（1882年7月）
日本の指導による改革に不満を抱いた軍隊が反乱を起こし、政権を変えるクーデタに発展した
反乱を鎮圧 ⇄ 親清へ転換 ← 影響力弱まる

↓

甲申政変（1884年12月）
朝鮮独立と政治改革を目指したクーデタ
鎮圧 → 独立党 ← 支援

↓

甲午農民戦争（東学の乱）（1894年3月）
東学の信徒を中心とした農民反乱
出兵 → 政府 vs. 東学 ← 出兵 鎮圧

↓

日清戦争
（1894年7月）

かみ合わない日本と清の交渉

1871年、日本の求めに応じて締結された**日清修好条規**は対等条約だったが、清は「日本という夷狄への慰撫」程度にしか考えていなかった。

同年、琉球の漂流民が台湾に漂着し、現地住民に殺される事件が発生（1871）する。日本が抗議すると、清は「台湾は皇帝の威光の及ばない蛮地」として賠償を拒否。日本は「台湾は清の領土ではない」と解釈し、**台湾に出兵**（1874）して清に責任を認めさせた。「清が琉球人を日本国民と認めた」のを受け、日本は琉球を廃して**沖縄県を設置**（1879）した。

また、日本が朝鮮に不平等条約を結ばせる（1876）と、宗主国である清は猛反発。この対立は、1894年の**日清戦争**に発展する。勝利した日本は朝鮮を清の従属関係から切り離し、台湾などの植民地を獲得。**帝国主義国家への歩み**を始めていく。

民間まかせの洋務運動と朝鮮支配をめぐる日清戦争の敗北

Point

西洋の技術を取り入れようとした清だったが、朝鮮をめぐる日清戦争で敗北してしまう。

洋務運動はなぜ中途半端だったか

1860年代頃から、太平天国の鎮圧に功績のあった**李鴻章・曾国藩**ら開明的な官僚が抜擢され、産業の近代化や富国強兵の試みがなされた。この運動を**洋務運動**(ようむ)という。

軍需工場や海運業、紡績工場などが興されたが、これらは**半官半民の性質**を持っていた。官僚は最低限の監督のみ行い、実質的な経営は大商人が行ったのである。しかし、当時の清は資本主義の発達に必要な法制が乏しかったため十分な成果を出せなかった。

とはいえ、洋務運動が行われた同治帝(どうち)の治世は比較的安定しており、**同治中興**と呼ばれる。

また、この頃には清を頂点とする**華夷秩序が崩壊**しつつあった。朝貢国であったベトナムにはフランスが進出を図り、宗主国の清と対立。清仏戦争を経て、ベトナムはフランス領となる。

日朝で違っていた外交観

この頃、朝鮮をめぐって日清の対立が激化する。1876年、日本は朝鮮に**日朝修好条規**を結ばせ、朝鮮を「自主の邦」とした。日本は朝鮮に対する清の宗主権を否定したつもりだったが、朝鮮は自らを「**属国自主**(中国に朝貢しつつも内政干渉は受けない)」と考えていた。さらに1879年に**日本が琉球を併合**したことで、清は日本への警戒感を強めた。

1880年代、朝鮮では**壬午軍乱**(じんご)〈1882〉や**甲申政変**(こうしん)〈1884〉とよばれる争乱が起きる。日清両国が軍事介入したが、**天津条約**〈1885〉によって両国は撤兵した。

そして1894年、甲午(こうご)農民戦争が勃発すると、日清が派兵したことで**日清戦争**が始まった。李鴻章の設立した北洋艦隊は日本海軍に敗れ、清は敗北。清は**下関条約**〈1895〉で朝鮮の宗主権を失い、洋務運動は挫折したのである。

用語「下関条約」
1895年4月に下関で結ばれた日清戦争の講和条約。1)朝鮮が独立国と認める。2)日本へ遼東半島、台湾、澎湖諸島を割譲する。3)2億両の賠償金。4)開港場での日本の通商特権を認めるなどが取り決められた。

西洋の学問や技術を導入した洋務運動

西洋の学問や技術を導入する富国強兵運動。軍事や軽工業、人材育成などに力を入れたが、政治体制や社会制度の改革は行われなかった。

その時世界は？
［1877年］ヴィクトリア女王がインド皇帝を兼ねる

語句・成語 中体西用（ちゅうたいせいよう）

どっちつかずに終わってしまった論理

洋務運動を支えた考えが「中体西用」だ。体（本質、根幹）は中国のままで、用（手段）は西洋を取り入れる、という意味だ。「和魂洋才（魂は日本人、実用は西洋流）」に似ているが、かなり違う。皇帝やエリートなど支配階級は古来の価値観を貫くが、下々の者は西洋の技術を取り入れて構わない、というのが近い。結局、清朝の支配者層の持つ儒教的な観念は根強く、「西洋は独自の価値観を持った別個の文明だ」とは思い至らなかったのだ。

南京の金陵機器局
李鴻章は富国強兵のために、江南製造局、金陵機器局、天津機器局を設置して銃火器や火薬、銃弾などを製造させた。

北洋海軍の軍艦「鎮遠」
黄海を防衛するために李鴻章は北洋艦隊を設立した。しかし日清戦争では練度や弾薬不足などもあり敗北。主力艦の鎮遠は日本軍に鹵獲された。

日清戦争を描いた錦絵
1895年3月4日に行われた牛荘（現在の遼寧省）での戦闘を描く。牛荘は日清戦争で唯一市街戦が行われた。

大英図書館蔵

2000 1950 Here! 1800 1600 1400 1200 1000 800
中華人民共和国 | 中華民国 | 清 | 明 | 元 | 金 南宋 | 遼 北宋 | 五代十国 | 唐

清

「扶清滅洋」を掲げた義和団と清末を支えた西太后の迷走

Point

近代化による清の立て直しは、内乱や政争により挫折。列強による分割の危機感が高まる。

政争で挫折した近代化の試み

アヘン戦争やアロー戦争などがあったとはいえ、19世紀後半の列強は清を「眠れる獅子」とみなし、潜在力に恐れを抱いていた。しかし、日清戦争の敗北をきっかけに幻想は崩れ、列強の中国分割が進んでいった。

清の危機的な状況に対し、**康有為**(こうゆうい)や**梁啓超**(りょうけいちょう)といった若手の官僚らが、日本の明治維新をモデルにした抜本的な変革を求めるようになる。当時の**光緒帝**(こうしょてい)は、実権を握っていた**西太后**(せいたいこう)の影響を嫌い、変法派を登用して改革を試みた(**戊戌の変法**〈1898〉)。

しかし、西太后を中心とする保守派がクーデタを起こす。光緒帝は幽閉され、康有為や梁啓超は亡命した(**戊戌の政変**〈1898〉)。

政変の結果、西太后が再び実権を掌握。列強の介入を受けた西太后は西洋嫌いの傾向を強め、清朝はいよいよ末期的症状を呈していく。

8カ国連合軍による義和団鎮圧

列強の進出により、外国製品の流入で伝統的な産業が衰えるなど、民衆の生活は激変した。各地で排外主義運動が激化し、宗教結社・**義和団が蜂起**するに至る。「**扶清滅洋**(ふしんめつよう)(清をたすけ、西洋を滅する)」を掲げた義和団は勢力を拡大し、1900年には北京に入った。西太后は義和団に共鳴し、列強に宣戦を布告する。

これを受け、日本・ロシアをはじめとする列強**8カ国が共同出兵し、北京を占領**した。義和団は壊滅し、敗戦国となった清は、外国軍の北京駐留などを定めた**北京議定書**を結ばされた。

その後、清朝の宮廷はようやく本格的な近代化に着手した(**光緒新政**(しんせい))。科挙の廃止〈1905〉、明治憲法をモデルにした憲法草案「憲法大綱(たいこう)」の公布〈1908〉、議会招集の公約などがなされたが、辛亥革命への流れは止められなかった。

用語 「8カ国共同出兵」

義和団事件の際、公使館員の救出を目的に日本、ロシア、イギリス、フランス、アメリカ、ドイツ、オーストリア、イタリアの8カ国が出兵。北京に入城して公使館員を救出し、北京・天津などを占領して義和団を鎮圧した。

改革の失敗と排外運動

日本の明治維新にならった改革は保守派により頓挫。激化する排外運動を利用して清の保守排外派は列強に対抗しようとするが、かえって清の滅亡を早めることになった。

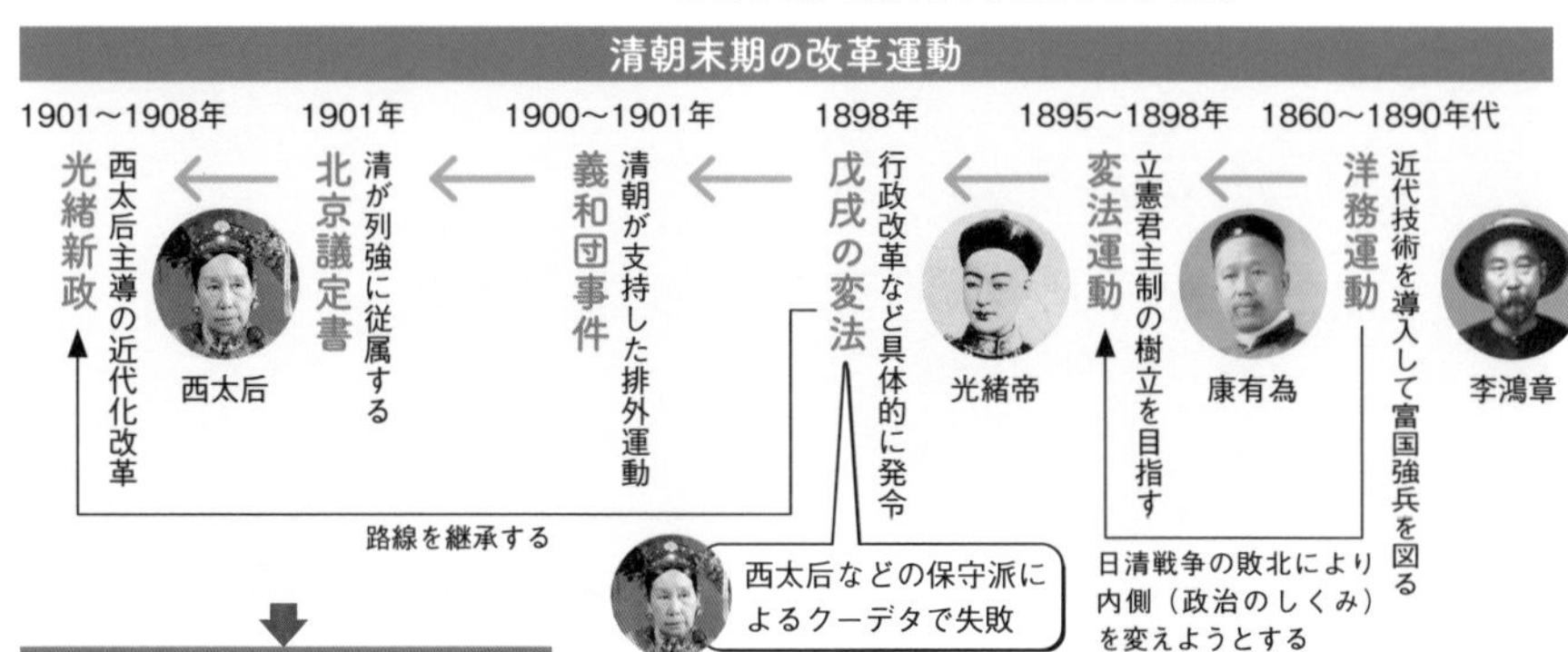

イギリスがもっとも広大な領土を支配し、フランスは大陸南部を支配していた。

利権を争う列強
清の領土をケーキに見立てて列強が分割しようとしている風刺画。

人物伝

西太后（せいたいこう） 生没 1835 ～ 1908

稀代の悪女か清朝を延命させた有能な政治家か

清朝末期に約50年にわたって権勢を誇った。

第９代皇帝・咸豊（かんぽう）帝の后で、同治帝の母。「西太后」の呼び名は、咸豊帝の正妻が「東太后」と呼ばれたのと対になっている。同治帝の死後は、光緒帝を擁立して権力を握った。光緒帝が成長して変法を実施すると、クーデタを起こして皇帝を死ぬまで幽閉した。権力欲の強い「悪女」とされ、東太后や光緒帝の死は西太后の毒殺だったという疑惑もつきまとう。一方、彼女の残虐さを示す逸話は後世の創作も多い。李鴻章らを登用し、洋務運動にあたらせた一面も持っていた。

その時世界は？
【1882年】コッホが結核菌を発見。翌年にはコレラ菌を発見する

中国世界遺産ガイド

文化遺産～清

通りや建築物、灌漑施設などが今も残っている。

① 安徽南部の古村落 ―西逓・宏村

安徽省黄山市

明 清

明、清代の民家や祠が残っている。西逓村は11世紀の胡姓の人々の村で、14～19世紀に発展。宏村は宋代に始まる約800年の歴史のある村。400年前の水利施設や古民家が残る。

② 頤和園、北京の皇帝の庭園

北京市

金 清

金代の庭園を清の乾隆帝が離宮として整備。290万㎡の敷地に万寿山と人造湖の昆明湖、高さ41mの仏香閣がある。アロー戦争で廃虚になったが、西太后が再建した。

総面積290ha。その4分の3は湖である。

③ 北京と瀋陽の明・清朝の皇宮群

北京市

明 清

中国で現存する最大の木造建築物群でもある。

かつて紫禁城と呼ばれた明・清時代の巨大な宮殿。1420年に明の永楽帝が造営を始め、清朝最後の皇帝・溥儀までの約500年の間、24人の皇帝が居城とした。現在は故宮博物院。

皇帝の住居兼執務室・乾清宮の玉座。

④承徳の避暑山荘と外八廟

河北省承徳市
清

清朝歴代皇帝の夏の離宮。1703年に康熙帝が造営を始め1792年に完成。中国全土の名所を再現しており、清朝前期は首都北京に次ぐ政治の拠点だった。外八廟は12のチベット仏教の寺院群。

広さは564万㎡あり、72の風景区がある。

⑤梵浄山

貴州省銅仁市
明 清

明や清の時代から知られる弥勒菩薩の聖地。武陵山脈の主峰で、最高峰の鳳凰山は標高2572m。ブナの原生林があり、多くの少数民族が暮らし、貴重な動植物が生息している。

梵浄山の山頂付近には高さ100mの巨大な岩・新金頂がある。

⑦開平の楼閣群と村落

広東省開平市
清

清朝時代から華僑たちが、盗賊の襲来に備えて建設した高層楼閣群。中国の伝統的な建築に西洋の建築様式をミックスした、石造りの５～6階建ての建物で、住宅と要塞を兼ねている。

中華華僑の歴史と文化を伝える建築群。

中国、東南アジア、ヨーロッパの文化の結晶と呼ばれている。

⑥鼓浪嶼：歴史的共同租界

福建省厦門市
清

厦門（アモイ）市沖に浮かぶ島。明の時代に鄭成功が水軍基地をおいた。1903年に共同租界がおかれて外国人の別荘地になり、アモイ・デコ様式と呼ばれる独自の建築文化が発達した。

第7章 国民国家化と戦争の苦しみ

中華民国

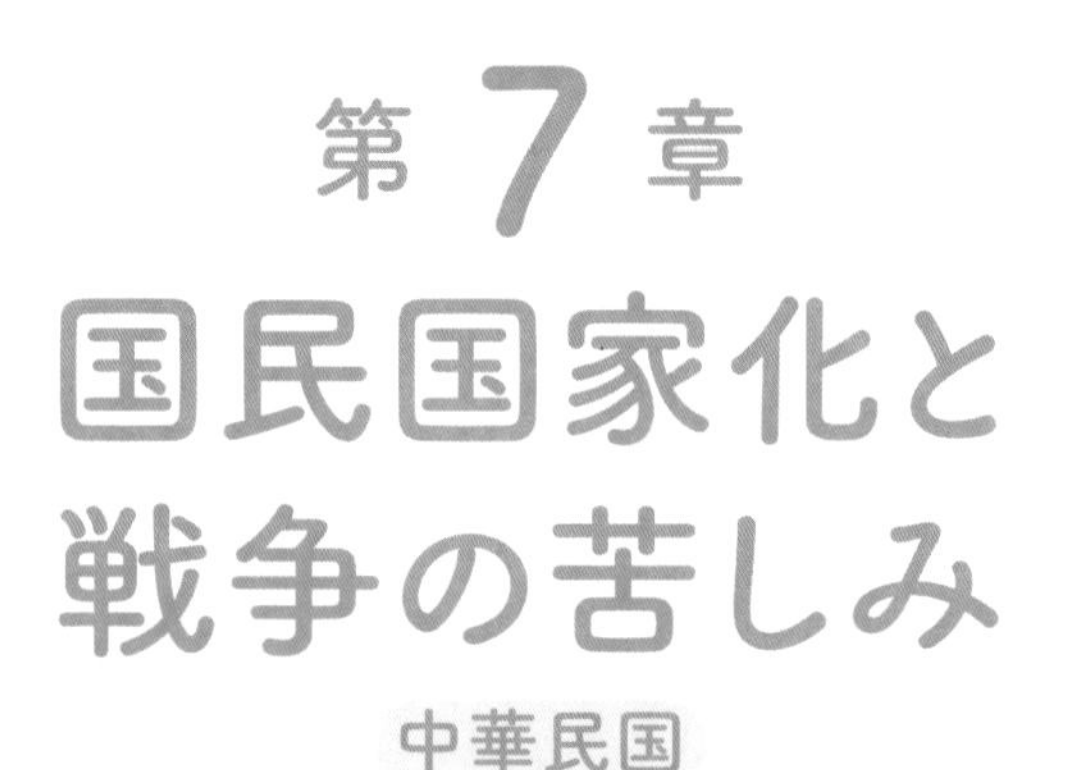

時代	年代	出来事
中華民国	1912	中華民国が成立。宣統帝溥儀が退位、清が滅亡 P188
	1913	第二革命が失敗する P190
	1915	『青年雑誌』創刊。翌年『新青年』に改題 P192
	1916	第三革命により袁世凱の帝政が取り消される
	1916	袁世凱の死をきっかけに軍閥の抗争が始まる
	1919	五・四運動が起きる 中国国民党が成立する
	1921	中国共産党が成立する 魯迅が『阿Q正伝』を発表
	1922	北京原人が発掘される
	1924	第一次国共合作が成立する モンゴル人民共和国が独立する
	1925	五・三〇運動が起こる
	1926	蒋介石による北伐開始（〜1928） P196

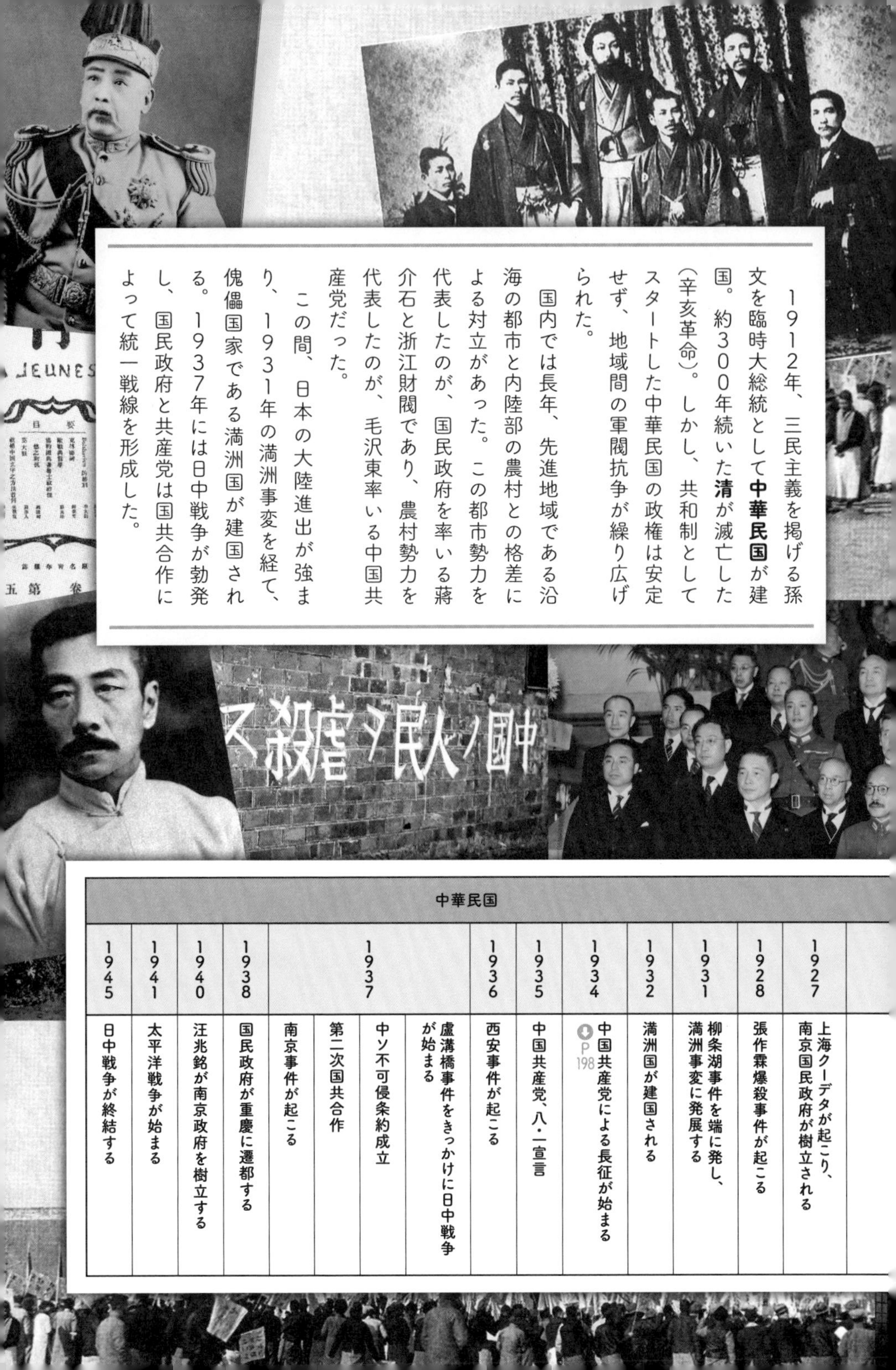

1912年、三民主義を掲げる孫文を臨時大総統として**中華民国**が建国。約300年続いた**清**が滅亡した（辛亥革命）。しかし、共和制としてスタートした中華民国の政権は安定せず、地域間の軍閥抗争が繰り広げられた。

国内では長年、先進地域である沿海の都市と内陸部の農村との格差による対立があった。この都市勢力を代表したのが、国民政府を率いる蒋介石と浙江財閥であり、農村勢力を代表したのが、毛沢東率いる中国共産党だった。

この間、日本の大陸進出が強まり、1931年の満洲事変を経て、傀儡国家である満洲国が建国される。1937年には日中戦争が勃発し、国民政府と共産党は国共合作によって統一戦線を形成した。

中華民国	
1927	上海クーデタが起こり、南京国民政府が樹立される
1928	張作霖爆殺事件が起こる
1931	柳条湖事件を端に発し、満洲事変に発展する
1932	満洲国が建国される
1934	中国共産党による長征が始まる P198
1935	中国共産党、八・一宣言
1936	西安事件が起こる
1937	盧溝橋事件をきっかけに日中戦争が始まる
	中ソ不可侵条約成立
	第二次国共合作
	南京事件が起こる
1938	国民政府が重慶に遷都する
1940	汪兆銘が南京政府を樹立する
1941	太平洋戦争が始まる
1945	日中戦争が終結する

武装蜂起が引き金となり清を滅ぼした孫文らの革命とは？

Point
幾度も革命に失敗した孫文らは、ついに清から独立して中華民国を樹立。清は滅亡する。

孫文が海外で得た共和制の理念

清朝を滅ぼした**辛亥革命の指導者・孫文**の思想は、それまでとは異なり、伝統思想とのかかわりが少なかった海外ネットワークの中で生まれた。

19世紀以降、中国大陸からアメリカや東南アジアにわたる移民が急増し、**華僑**となった。孫文は、ハワイで成功した兄を頼って渡航し、西洋式の教育を受けた。孫文は清朝の打倒と共和制国家の樹立を目指し、ハワイで**興中会**（1894）を結成する。

孫文はたびたび武装蜂起を試みるが失敗に終わり、亡命生活を余儀なくされる。1905年、東京で**中国同盟会を結成**した。孫文の理念は**三民主義**といい、民族（民族の独立）・民権（共和制）・民生（地権の平均）を柱としている。1911年、清朝が民営鉄道の国有化を図ったことで反発が広がり、湖北省の**武昌で蜂起**が起きる。これが**辛亥革命の始まり**である。

2000年以上続いた皇帝支配の終焉

革命はまもなく全土に広がり、14の省が清朝からの独立を宣言。帰国した**孫文を臨時大総統とし、南京を首都として中華民国が建国**（1912）された。

一方の清朝は、李鴻章の後継者である**袁世凱**に革命鎮圧の期待をかけた。しかし、袁世凱は孫文と取引し、自らが臨時大総統になる代わりに共和制を実現させることに同意する。1912年2月、6歳の**宣統帝溥儀**は退位し、ここに清朝は滅亡した。これを「辛亥革命」、もしくは「第一革命」という。

孫文は約束に従って臨時大総統職を袁世凱に譲るが、革命勢力は袁の野心を警戒する。指導者の一人**宋教仁**は、アメリカやフランスの憲法を参考にした臨時約法を制定し、その権力を抑えようとした。革命と反動のせめぎ合いにより、中国は長い混乱期に入った。

人物
宋教仁 生没 1882 ～ 1913
湖南省出身の革命家。清の打倒を目指して華興会を結成するが蜂起に失敗する。亡命先の日本では中国同盟会に参加。辛亥革命後は国民党を組織して選挙に勝利するも、袁世凱の刺客に暗殺された。

辛亥革命と中華民国の成立

辛亥革命で独立した各省の代表者は、1912年1月、孫文を臨時大総統として中華民国を樹立させた。

孫文 生没1866～1925
字は逸仙。革命に失敗して日本に亡命中は、中山樵という偽名を使っていたため、号を中山という。

中国から日本へ
中国の革命を夢に見る孫文と宮崎滔天の邂逅

孫文と宮崎滔天らの同志が、一枚に納まった写真。

孫文と接点のあった日本人は多いが、なかでも深い親交を結んだ人物が宮崎滔天(とうてん)である。宮崎は熊本の出身で、中国の革命を支援していた。1900年、亡命中の孫文と出会い、意気投合した。宮崎は、最初の孫文の印象を頼りなく感じたが、革命について語り出すと迫力に圧倒された、と回想している。宮崎は、孫文を政治家の犬養毅や尾崎行雄、国家主義者の頭山満(とうやまみつる)などに紹介したり、武装蜂起のための武器を調達したりするなど、情熱的に革命運動に協力した。

その時世界は？
【1914年】サライェヴォでオーストリア皇太子が暗殺され、ヨーロッパで第一次世界大戦が始まる

2000 1950 Here! 1800 1600 1400 1200 1000 800
中華人民共和国 | 中華民国 | 清 | 明 | 元 | 金 南宋 | 遼 北宋 | 五代十国 | 唐

軍閥が争う混沌の時代に突入し国民党と共産党が誕生

袁世凱の挫折

1912年末から翌年にかけて、**中国史上初めての議会選挙が実施**された。しかし、袁世凱は民主制を警戒し、有力な革命指導者の宋教仁を暗殺するという強硬手段に出た。**袁世凱と革命派の対立**は頂点に達し、1913年7月には革命派の武力蜂起が起きるが、鎮圧される（**第二革命**）。袁世凱は議会を停止するなど、権力を強化した。

1914年、**第一次世界大戦**が勃発する。日本は連合国側で参戦し、ドイツ軍のいる山東省青島（ちんたお）を占領した。欧州列強が大戦で忙殺されている間に、日本は**二十一カ条の要求**を中国に受諾させ、中国官民の反感を買った。

1915年、袁世凱は自らの権力と政府の実力を強化するため、帝位に就こうとした。しかし、国内のみならず諸外国からも反対を受けて断念（**第三革命**）。翌年、失意のうちに病死した。

軍閥の乱立で中国は群雄割拠へ

太平天国の乱で郷勇（きょうゆう）が活躍したように、清末以来の動乱は地方の自立を加速させていた。袁世凱の死後、各地に**軍閥と呼ばれる軍事政権が登場**する。軍閥はそれぞれ列強の支援を受けて抗争を繰り広げる。1919年には、帝国主義に反対する民衆運動の**五・四運動**が起きる。民衆の力を目にした孫文は、**中国国民党を結成**し、革命の基盤を大衆化しようとした。また、ロシア革命の影響もあり、1921年に**中国共産党も結成**された。

孫文は、国民革命達成のためにはソビエトロシア・共産党との連携も必要と考え、**第一次国共合作**が成立する。しかし、孫文は1925年に志半ばで病死し、**蔣介石（しょうかいせき）が国民党の後継者**となった。英米に関係の深い資本家の浙江（せっこう）財閥を権力基盤とした蔣介石は共産主義を警戒しており、やがて国共の対立・対決となる。

Point

中華民国誕生後、孫文は亡命して中国国民党を結成。2年後に中国共産党が結成される。

用語 「軍閥」

袁世凱の死後に配下の部将たちが各地に割拠し、1916 年から蔣介石による北伐が完了する 1928 年まで、北京の政府の実権をめぐって争った。北洋軍閥から分裂した直隷派の馮国璋（ふうこくしょう）や安徽派の段祺瑞（だんきずい）、奉天派の張作霖らがいる。

辛亥革命後の中国

孫文らの第二革命を鎮圧した袁世凱は独裁を強め、帝政復活を宣言して皇帝に就いた。すぐに反対する勢力が第三革命を起こして袁世凱は帝政を取り消したものの、軍閥が争う時代に突入する。

中国国内の状況

1911	辛亥革命（第一革命）
1912	中華民国が誕生
1913	第二革命（反袁世凱派が鎮圧される）
1915	文学革命（陳独秀ら）
	第三革命（袁世凱の皇帝即位に反対）
1916	袁世凱の死去で各地に軍閥が台頭
1919	五・四運動
	中国国民党結成
1921	中国共産党結成
1924	第一次国共合作
1925	孫文が死去
1926	蒋介石による北伐（～28）

蒋介石 生没 1887～1975
中国国民党の指導者。1926年に北伐を開始するが反共に転身して国共合作を瓦解させた。

五・四運動
二十一カ条の要求の撤廃を求め、ヴェルサイユ条約の内容に抗議する民衆運動。

その時日本は？
［1918年］ロシア革命に干渉するためシベリアに出兵する

人物伝

袁世凱（えんせいがい） 生没 1859～1916

皇帝になれなかった男

清末、李鴻章の部下として頭角を現し、1880年代に朝鮮の内政を監督するなどした。辛亥革命では清を裏切って滅亡に追い込む。中華民国臨時大総統としては、列強から巨額の借款を受けて自らの権力基盤を強化した。革命の理念を無視して強引に皇帝になろうとしたため、現代中国における評価は低い。とはいえ、当時の中国の情勢では、中央に権力を集中させる必要があったことも事実である。西洋からは「ストロング・マン」とあだ名された剛腕の政治家であった。

帝政の取り消し後に病死した袁世凱。

『新青年』の刊行から始まる魯迅らが目指した文学革命

新しい思想を提唱した文学革命

辛亥革命後の中国では、これまでの古い体制や儒教道徳を批判する運動が始まり、多くの支持を得た。

『新青年』
欧米の合理主義を紹介して儒教思想を批判した雑誌。1915年に『青年雑誌』として創刊し、翌年『新青年』に改題した。

陳独秀 生没1879 ~ 1942
東京で中国同盟会に加入し、辛亥革命に参加。第二革命後は上海に移り『新青年』を刊行し、文学革命の先頭に立った。

中国から日本へ
中国人に国民意識を芽生えさせた梁啓超による和製漢語の導入

ジャーナリストでもあった梁啓超は、戊戌の政変によって失脚し、日本に亡命する。明治期の日本は、「哲学」「自由」など西洋の概念をうまく漢語に訳し、吸収していた。梁啓超はこれに刺激を受け、「和製漢語」を同胞に紹介していく。梁啓超が使用した新しい文体を「新民体」というが、「新民」とは近代的な「国民」と同様の概念だ。

中国の人々に「国民」の概念を教え、「自分たちは中国人だ」という意識を植えつけたのが梁啓超なのである。

啓蒙革新運動の高揚

辛亥革命後の中国は混乱が続き、民主的な国民国家が実現することはなかった。しかし、知識人たちは活発に意見を表明し、**文学革命と呼ばれる啓蒙運動**がさかんになった。

陳独秀は、雑誌『新青年』を創刊して欧米の思想を紹介した。彼は、マルクス主義研究者の**李大釗**とともに、のちに**中国共産党を結成**する。また、**胡適**は話し言葉による文章（**白話文**）を提唱し、言語・思想・文字に変革をもたらした。その理念は、近代日本における言文一致運動とも共通している。『新青年』を舞台に白話運動をリードし、口語による多くの傑作小説を残した文学者が**魯迅**である。

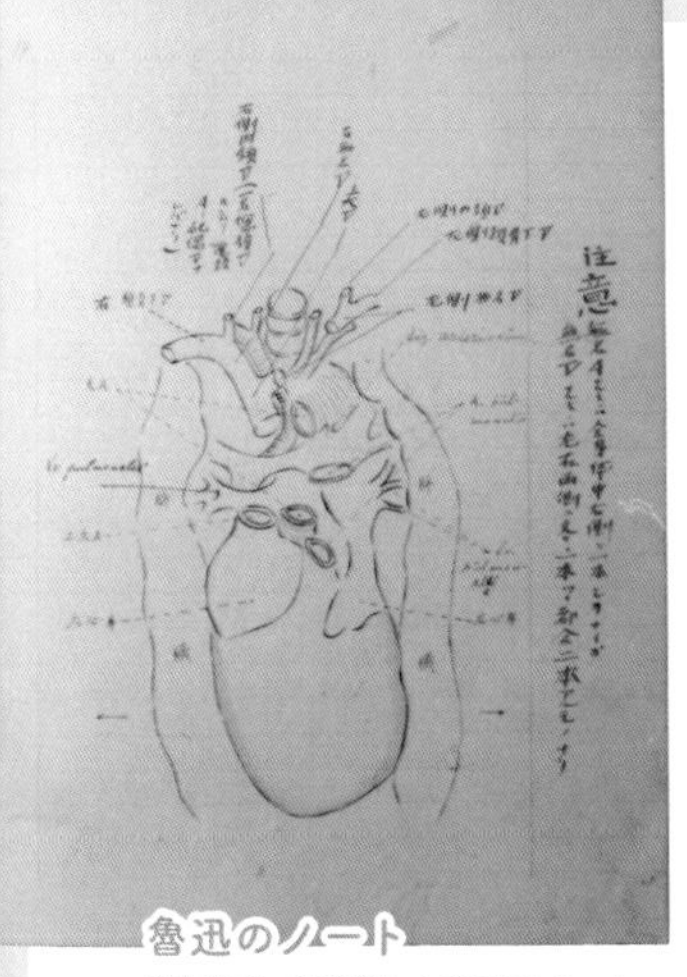
鲁迅のノート
藤野先生が添削した魯迅のノート。
魯迅博物館蔵

魯迅と藤野先生

留学中、魯迅は藤野厳九郎に解剖学を学んだ。厳しくも愛のある教えに、魯迅からは恩師として慕われ、後年『藤野先生』を発表している。

魯迅　生没 1881 ～ 1936
本名は周樹人。医学を学ぶために日本に留学するが、退学して文学を志す。『狂人日記』や『阿Q正伝』などを発表し、旧体制への批判を行った。

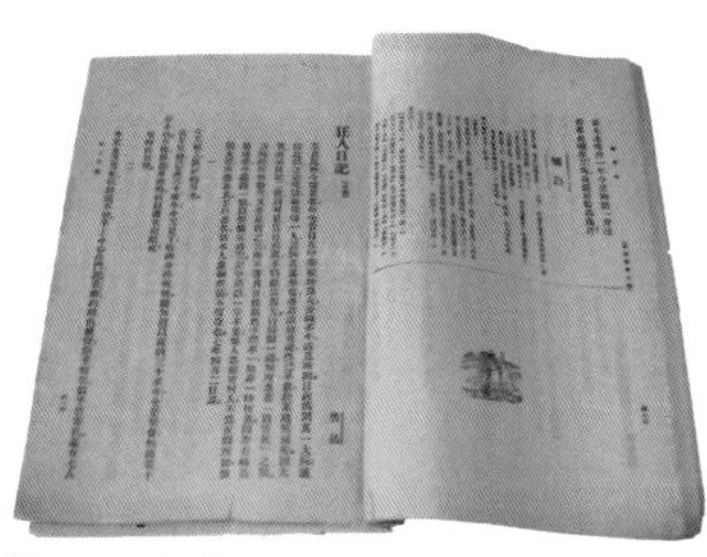

『狂人日記』
初めて白話文で書かれた小説。周囲の人間に喰われる妄想にとりつかれた患者の日記という体裁の作品で、儒教道徳を否定する。

魯迅略年表

1881年	浙江省で生まれる（本名：周樟寿［樹人］）
1898年	南京の江南水師学堂に入学
1902年	東京の弘文学院に官費留学生として入学
1904年	仙台医学専門学校に入学
1906年	仙台医専中退、東京で文学活動を行う
1909年	帰国、浙江省両級師範学堂の教員となる
1912年	「魯迅日記」始まる。北京に移る
1918年	『新青年』に魯迅の名で「狂人日記」を発表
1921年	「故郷」「阿Q正伝」を連載
1923年	『吶喊』を出版。『中国小説史略』刊行（～24）
1927年	上海に移る
1936年	10月19日、死去

魯迅が文学を志した理由

浙江省生まれの魯迅は、1902年に医学生として来日。**仙台医学専門学校などに通った**。差別的な扱いも経験したが、恩師の**藤野厳九郎**と出会い、『藤野先生』に書き残している。

日本留学中、**魯迅が文学を志す出来事**があった。講義で日露戦争に関するスライドを見ていたところ、中国人が日本軍に処刑されるシーンがあった。同胞が殺される場面をただ眺めている中国人たちを見て、魯迅は衝撃を受ける。「中国民衆は、精神から変わらなければならない。それには医学ではなく、文学の力が必要だ」と考えた魯迅は、**学業半ばで退学**。帰国後に小説を発表するようになった。

旧来の中国民衆の無知や卑屈さを痛烈に批判し、目覚めを促す目的で書かれたのが、魯迅の代表作として名高い**『阿Q正伝(あきゅうせいでん)』**であった。

亡命中の孫文
1913年に日比谷の松本楼で撮影された集合写真。後列中央が孫文。会を主催した梅屋庄吉はアジア主義者で、物心両面で孫文を支援した。

西洋列強からの解放を目指した日中の交流とアジア主義

アジア主義

日本を盟主としてアジア諸民族が団結し、西洋列強に対抗しようとする考え。次第に日本の帝国主義を合理化する論理となっていく。

孫文の葬儀参加した犬養ら
南京の中山陵で行われた孫文の移柩（いきゅう）祭に参列した、犬養毅と頭山満らと蔣介石。

日本にゆかりのある偉人たち

近代中国で活躍した人材は、日本と縁のある人が多い。

孫文が東京で中国同盟会を結成したことは述べたが、1913年の第二革命後にも日本に亡命している。この時、支援者の**犬養毅**や**頭山満**（とうやまみつる）らは、孫文を受け入れるよう、時の首相山本権兵衛を説得している。孫文は、**東京で中華革命党を結成**し、再起を図った。同党は後に中国国民党に改組される。彼は日本でも結婚し、愛人までいた。

孫文が**蔣介石**と初めて出会ったのも日本である。蔣は、軍人養成学校である**東京振武**（しんぶ）**学校に入学**し、日本陸軍にも入隊した。その経験は、軍人としての経歴に大いに生かされた。

アジア主義の主な団体

興亜会	大久保利通らが結成した近代日本最初のアジア主義団体
玄洋社	平岡浩太郎ら旧福岡藩士らが結成。実質的な指導者は頭山満
東亜会	孫文を支援する犬養毅や宮崎滔天らが結成
同文会	近衛篤麿が中心になって結成
東亜同文会	東亜会と同文会が合併。日中提携の人材養成などを目的に東亜同文書院を設立

孫文が参加した主な組織

1894年
興中会
清朝の打倒を目指した政治組織

1905年
中国同盟会
反清朝を掲げる中国初の本格政党

1912年
国民党
第二革命を起こして失敗。解散する

1914年
中華革命党
孫文が亡命先の日本で結成した秘密結社

1919年
中国国民党
三民主義を掲げた中国の大衆政党

（枠）東京で結成

中国から日本へ　東洋史研究の草分けとなった内藤湖南の中国観

日本に入ってきた西洋の歴史学は、「世界史」といってももっぱら西洋史ばかりを叙述していた。そこで不当に黙殺されてきた「東洋史」という分野が、日本で登場する。その草分けとなった学者が内藤湖南（こなん）である。内藤は、貴族社会であった唐代と、民衆が勃興した宋代の間で大きな変化があったとする「唐宋変革」論を唱えた。そして、漢までを上古、唐・五代までを中世、宋以降を近世とする時代区分を提唱した。中国史・東洋史への内藤の貢献は計り知れない。

東洋史の発展に貢献した内藤湖南。

日本に寄せられた期待と失望

日清戦争での敗北によって、大勢の留学生が近代化を学ぶために日本を訪れた。その中に、医学生として仙台医学専門学校に通った**魯迅**もいた。

日本が中国の若者たちに刺激を与えた一方で、日清戦争後は日本人の中国蔑視が強まり、**差別的な扱いに失望する留学生**も多かった。

ともあれ、20世紀初め頃には日中間で活発な政治的交流があった。この背景には、欧米の帝国主義に対して、同じアジアの国同士で連携しようという考えがある。この「**大アジア主義**」は頭山満らによって唱えられたが、やがて日本の対外膨張を正当化するようになった。1924年、最後の訪日をした孫文は、有名な「**大アジア主義講演**」を行い、日清・日露戦争を経て覇権主義的となった日本の姿勢に警鐘を鳴らしている。

国共内戦と満洲事変によって混迷を極める中国大陸

中華統一への動きに日本が介入

第一次世界大戦頃から、中国では紡績業を中心に**工業化**が進んだ。地域ごとに分立していた経済が一体化に向かう動きが生じたのである。中国の工場は日本などの外国資本が多く、労働者たちはしばしば**反帝国主義運動**を起こした。

蔣介石は、こうした変化を中国統一の好機とみなした。広州に国民政府を樹立した蔣は、1926年に軍閥を打倒するため、**北伐**を開始。翌年に共産主義を警戒して、**上海クーデタ**によって共産党勢力を排除し、**南京に国民政府**を成立させた。こうして第一次国共合作は崩壊し、内戦状態に陥ったのである（**国共内戦**）。

一方、日本は**中国の統一**が**利権の喪失**につながることを恐れ、北伐に介入する。強硬外交を掲げる田中義一内閣は山東に出兵し、満洲を支配する奉天軍閥の指導者・**張作霖**への支援も続けられた。

裏目に出た関東軍の謀略

1928年、張作霖は北伐軍に敗れ、北京を放棄。日本の**関東軍**は満洲の支配を確保するため、張を暗殺した（**張作霖爆殺事件**）。だが、後継者の**張学良**はもともと内戦に懐疑的であり、中華民国への合流を決断。ここに北伐が完了した。

1929年に始まる**世界恐慌**は日本も直撃し、対外膨張論が強まった。1931年、関東軍は柳条湖付近で鉄道を爆破。これを中国軍の仕業として軍事行動を起こし、満洲を占領した（**満洲事変**）。

翌年、日本は**満洲国**を成立させ、清朝最後の皇帝・**溥儀**を元首に据える。完全な**傀儡国家**で、国政の実権は日本人が握っていた。

また、上海クーデタ後は**国共の内戦**も**激化**した。共産党指導者の毛沢東は、地主の土地を貧しい農民に配分する土地革命を行い、内陸部の農村地帯で支持を広げていった。

用語
「関東軍」

日露戦争後、日本が大陸に獲得した権益を守るために駐留した軍隊。やがて政府の不拡大方針を無視して、河本大作による張作霖爆殺事件や石原莞爾による満洲事変などの謀略を決行。日中戦争や太平洋戦争へと至る日本政府の政策にも大きく影響した。

Point
中国統一を阻止するため日本軍は中国に出兵。関東軍は満洲事変を起こして満洲国を建国。

満洲国の統治と「王道楽土」

日本政府は満洲国が東アジアの諸民族が協力する「王道楽土」（理想国家）になると謳ったが、実際には日本の傀儡国家だった。

「五族協和」を謳うポスター

ポスターでは、「大満洲国」が日本人・モンゴル人・満洲人・朝鮮人・漢人の五つの民族が協力し合う「王道楽土」であることが表現されている。しかし、実際には日本の軍部が政策決定を行い、日本人の優位が保証されていた。

名古屋市博物館蔵

満洲国の構成民族（1937年）

多くの日本人が開拓団や義勇軍として満洲へ渡った。特に日中戦争が始まると労働力不足を補うため、10代の少年たちが国内から派遣された。

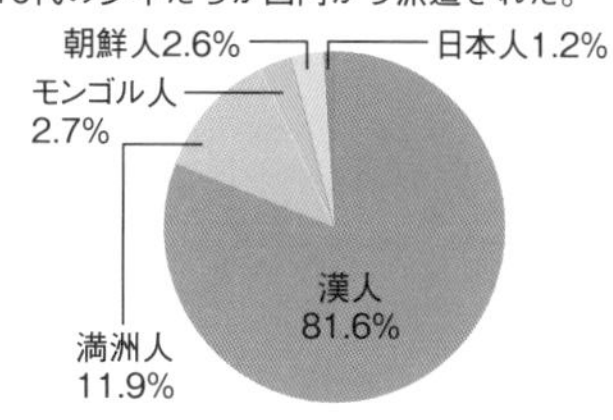

MOVIE GUIDE

『ラストエンペラー』

最後の皇帝の数奇な生涯

清朝最後の皇帝となった溥儀の一生を題材にした映画。辛亥革命により退位し、軍閥同士の争いが起きると北京を追われて日本公使館を頼る。満洲国建国の際には傀儡とされ、日本の敗戦後はソ連の捕虜となって再教育を受けた。映画はそんな時代に翻弄される溥儀の数奇な生涯を重厚に描くが、脚色も多く史実通りではない。

[監督]ベルナルド・ベルトルッチ
[主演]ジョン・ローンほか [音楽]坂本龍一
[公開]1987年 [販売]キングレコード

愛新覚羅溥儀（あいしんかくらふぎ）

生没 1906～1967

1908年、宣統帝としてわずか3歳で清の皇帝に即位。1932年に満洲国が建国されると執政に就任し、34年に帝政に移行したため皇帝となった。

特急あじあ号

大連とハルビンを結ぶ特急で、最高時速120kmを誇った。流線形のフォルムが特徴で、内観も豪華だった。

その時世界は？

「1929年」ソ連でトロツキーが国外追放となり、スターリンの独裁が始まる

盧溝橋事件により日中戦争勃発 国共は抗日のため手を結ぶ

当初は日本と戦わなかった蔣介石

満洲事変という侵略を受けた南京の国民政府だったが、蔣介石はまず国内を安定させてから外敵と戦うべきだという「**安内攘外**(あんないじょうがい)」の方針をとって、共産党の打倒を優先した。

1934年、国民政府軍は共産党が拠点を置く瑞金を攻撃。**毛沢東**率いる共産党軍は瑞金を捨て、延安までの移動を行った(**長征**(ちょうせい))。2年に及ぶ過酷な行軍だったが、党内における毛沢東のカリスマを高めることになった。

国民政府に帰順していた**張学良**は、蔣介石の「安内攘外」の方針に反発。1936年、蔣を監禁して内戦停止を説得する**西安事件**を起こした。

1937年、北京郊外の**盧溝橋**(ろこうきょう)で日中が偶発的に衝突した。これにより、宣戦布告のないまま**日中は全面戦争**に入る。同年、**第二次国共合作**が成立し、抗日民族統一戦線が結成された。

日本はなぜ傀儡政権をつくったのか

日本軍は首都の**南京**を陥落させ、軍事的には優位に立った。しかし、国民政府は**武漢・重慶**と拠点を奥地に移して抵抗する。日本の占領は点と線(都市と鉄道)にとどまり、戦争は泥沼化した。

近衛文麿(このえふみまろ)内閣は、「**爾後国民政府を対手**(あいて)**とせず**」の声明を発し、自ら講和の糸口を閉ざしてしまう。日本は、親日派の政治家**汪兆銘**(おうちょうめい)を利用して講和しようとし、彼を首班とする傀儡政権をつくった〈1940〉が、民衆の支持は得られなかった。

米英などの列強は蔣介石を南方から支援しており(**援蔣**(えんしょう)**ルート**)、日本はこのルートを遮断するため南方進出を企図する。日本と英米の対立が深まり、**太平洋戦争の一因**となった。

日本が中国を屈服させることはできず、1945年の日本の降伏とともに、中国に深い傷痕を残した日中戦争は終わった。

Point

日中戦争勃発により第二次国共合作が成立。日本の傀儡である汪兆銘政権は支持されず。

人物 張学良 生没 1901 ～ 2001

父・張作霖の爆殺後に奉天軍閥を掌握。西安事件では内戦停止を拒否する蔣介石を監禁し、その罪により国民政府に逮捕されて軟禁の身となり、戦後も台湾に移送されて軟禁状態が続いた。1990年代に釈放され、その後ハワイに移住して100歳の天寿を全うした。

拡大する日中戦争

1937年に日中戦争が勃発すると、国民政府は重慶に拠点を移し、共産党は主に農村部でゲリラ戦を展開した。なお、中国で日中戦争は「抗日戦争」と呼ばれることが多い。

汪兆銘 生没 1883 ～ 1944

1942年に来日し、東条英機首相と記念撮影する汪兆銘。汪は国民政府の指導者だったが、蔣介石と対立して国民政府を去り、日本の協力者となった。1944年に日本で病死するが、生前から「売国奴」「漢奸」（かんかん／裏切り者のこと）と批判された。

「中国の人民を虐殺するな」の落書き

1937年12月に日本軍は国民政府首都の南京を占領。その際に多数の民間人や捕虜を殺害したことで（南京事件）、中国人の抗日意識はより高まった。

中国深掘り 「満州」か「満洲」かどちらが正しいのか？

中国東北部を指す「満洲」は、本来地名ではない。清を建国した女真人が、文殊菩薩にちなんで「マンジュ」と自称したのに漢字をあてたものだ。この時、火を連想する「明」に対して水に関係する文字を好んだため、さんずいのついた「洲」が採用されたといわれる。つまり、厳密には「満州」ではなく「満洲」が正しいのである。もともと中国には「広州」「福州」のような地名があるため、それと同様に「満州」という表記が生まれたのだろう。

その時世界は？ 【1939年】ヒトラー率いるナチス・ドイツがポーランドに侵攻し、第二次世界大戦が始まる

第8章 共産党による支配

国共内戦　中華人民共和国

時代	年代	出来事
国共内戦	1945	国民政府と共産党の間で双十協定が結ばれる ⇒P202
	1946	第二次国共内戦が本格化する
中華人民共和国	1949	共産党が勝利し、中華人民共和国が成立
		国民政府は台湾へ逃れ、台北を臨時首都とする
	1950	中ソ友好同盟相互援助条約成立
		朝鮮戦争勃発（～1953）義勇軍を派遣 ⇒P204
	1953	第一次五カ年計画始まる
	1956	毛沢東の「百花斉放・百家争鳴」演説 ⇒P206
	1958	大躍進運動が始まる
		中国が台湾の金門島を砲撃
	1960	中ソ対立が表面化する ⇒P208
	1966	文化大革命始まる（～1976）
	1968	劉少奇が失脚する
	1971	中華人民共和国の国連代表権が認められ、中華民国は追放となる
	1972	ニクソン米大統領が訪中
		日本の田中角栄首相が訪中し、日中国交が復活
		パンダのカンカンとランランが来日

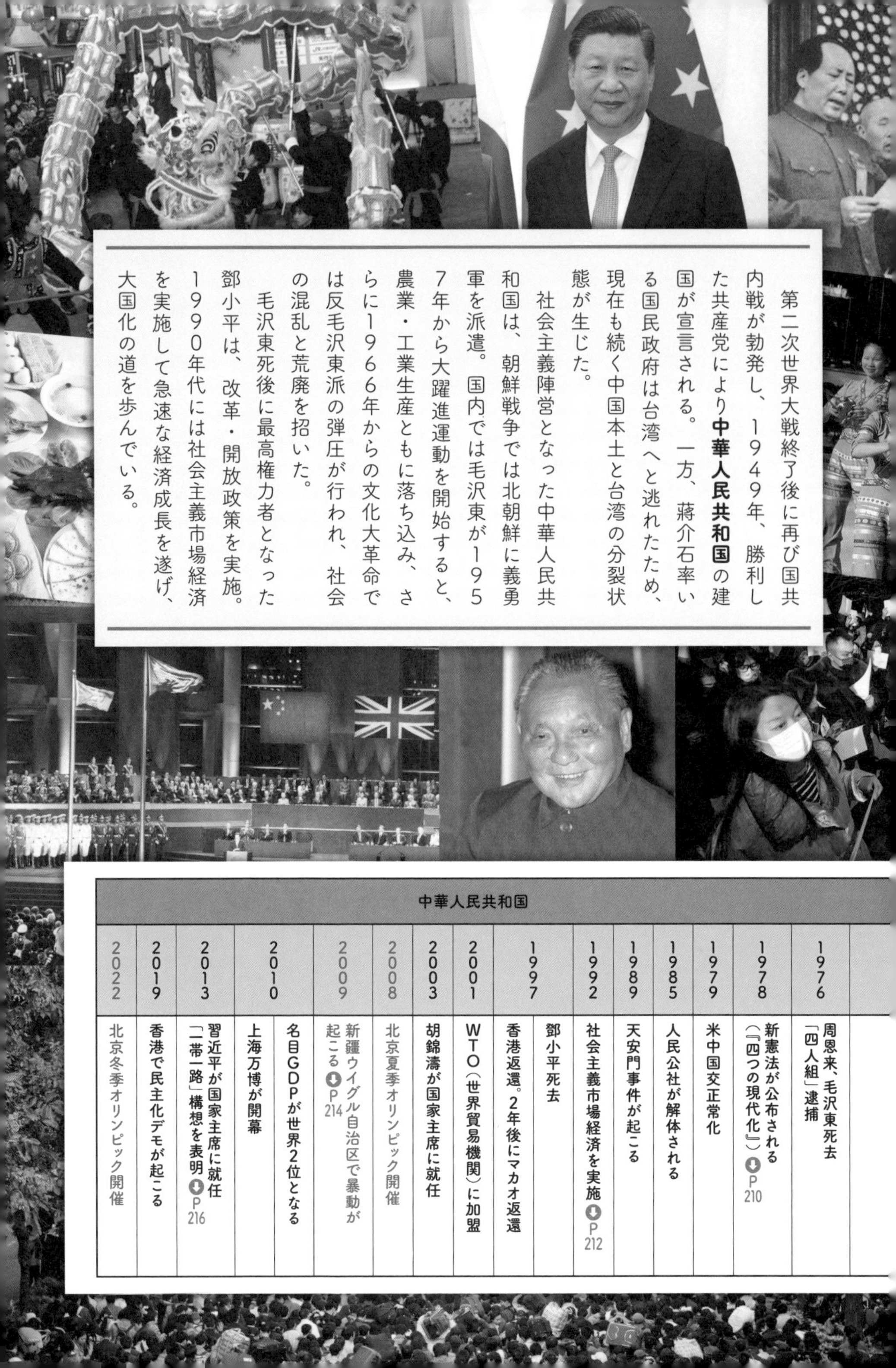

第二次世界大戦終了後に再び国共内戦が勃発し、1949年、勝利した共産党により**中華人民共和国**の建国が宣言される。一方、蔣介石率いる国民政府は台湾へと逃れたため、現在も続く中国本土と台湾の分裂状態が生じた。

社会主義陣営となった中華人民共和国は、朝鮮戦争では北朝鮮に義勇軍を派遣。国内では毛沢東が1957年から大躍進運動を開始すると、農業・工業生産ともに落ち込み、さらに1966年からの文化大革命では反毛沢東派の弾圧が行われ、社会の混乱と荒廃を招いた。

毛沢東死後に最高権力者となった鄧小平は、改革・開放政策を実施。1990年代には社会主義市場経済を実施して急速な経済成長を遂げ、大国化の道を歩んでいる。

中華人民共和国	
1976	周恩来、毛沢東死去 「四人組」逮捕
1978	新憲法が公布される（『四つの現代化』）P210
1979	米中国交正常化
1985	人民公社が解体される
1989	天安門事件が起こる
1992	社会主義市場経済を実施P212
1997	鄧小平死去 香港返還。2年後にマカオ返還
2001	WTO（世界貿易機関）に加盟
2003	胡錦濤が国家主席に就任
2008	北京夏季オリンピック開催
2009	新疆ウイグル自治区で暴動が起こるP214
2010	名目GDPが世界2位となる 上海万博が開幕
2013	習近平が国家主席に就任 「一帯一路」構想を表明P216
2019	香港で民主化デモが起こる
2022	北京冬季オリンピック開催

第二次世界大戦後の国共内戦で共産党が勝利できたのはなぜか？

第二次国共内戦が勃発

日本との戦いに勝利した**国民政府**と**共産党**は、戦後すぐに**双十協定**を結び、引き続き協力関係を維持していくことを確認した。だが日本に占領されていた地域をどちらが先に押さえるかをめぐって、両者の間にはすでに亀裂が生じていた。こうして2度目の国共合作は崩壊し、1946年6月、**第二次国共内戦**が始まった。

兵力は、国民政府430万人に対して、共産党は120万人。しかも国民党にはアメリカ軍から最新鋭の兵器が供与されていたため、**圧倒的に優位**なはずだった。だが国民政府は、国民からの支持を得るのに失敗する。杜撰な経済政策が**ハイパーインフレ**を招き、また政府内には**汚職**が横行していたことから、国民からそっぽを向かれてしまったのだ。内戦は3年目を迎えた頃から、共産党優位の情勢が誰の目にも明らかになってきた。

新たな社会主義国家が誕生

一方、**毛沢東**が主導する共産党は、**農村部の庶民**の力を原動力に、都市部の有力者を支持基盤とする国民政府に対抗しようとした。日中戦争中に日本に協力した者や悪徳地主から土地を取り上げて農民に分配する方針（**五四指示**）を打ち出したことで、多くの人々が共産党側についた。共産党は徐々に国民政府を南部へと追いつめていった。

そして1949年4月に南京を占領した共産党は、10月に**中華人民共和国**の建国を宣言。首都は北京に定めた。中央人民政府主席には毛沢東が就任し、中国はソ連と同じ社会主義国家として新たなスタートを切ることとなった。

一方、内戦に敗れた**蒋介石**率いる国民政府は、支持者とともに**台湾**へと逃れ、台北市を中華民国の臨時首都とした。今も続く**中国本土と台湾の分裂**は、このときを始まりとしている。

Point

戦後、再び国共内戦が勃発。当初は国民政府が優勢だったが、次第に形勢が逆転する。

用語　「国共合作」

国民党と共産党の間で結ばれた協力関係のことで、1924～27年の第一次と1937～45年の第二次の2回ある。第一次は北京政府や軍閥に対抗するためのもので、上海クーデタによって瓦解。第二次は日本軍に対し共同戦線を築くため結ばれた。

第二次国共内戦の経緯と国民政府の敗北

当初は国民政府が優勢だったが、国共内戦３大戦役とされる遼瀋（りょうしん）戦役、淮海（わいかい）戦役、平津（へいしん）戦役に共産党（人民解放軍）が勝利したことで戦況が一変し、国民政府はジリ貧に陥った。

毛沢東（左）と蔣介石（右）

第二次世界大戦終結を祝う毛沢東と蔣介石。統一政権樹立を目指して双十協定が結ばれるが、早くも1946年には瓦解し国共内戦が勃発した。

蔣介石 生没1887 ～ 1975

孫文の後継者として国民党を率い、中華民国政府の実権を掌握。台湾退去後は、死去するまで総統（国家元首）の地位にあった。

建国を宣言する毛沢東

生没1893 ～ 1976

毛沢東は1921年の中国共産党創設時からのメンバー。中華人民共和国が建国されると、中央人民政府主席（のちに国家主席）に就任。長く権力の座に留まり、強い指導力を発揮する一方で、大躍進運動や文化大革命では中国を混乱に陥れた。その「功」以上に「罪」も大きな人物といえる。

MOVIE GUIDE

『宋家の三姉妹』

中国近代史の舞台裏を描く

宋家という名家に生まれた実在の三姉妹の数奇な生涯を描いた作品。長女は中国を代表する裕福な家庭の息子と結婚して大財閥を築き、次女は中国革命の父と呼ばれた孫文と結婚して共に革命に生き、三女はのちに中華民国総統となる蔣介石と結婚する。辛亥革命以降、時代が目まぐるしく動く中で、彼女たちもその歴史の波に巻き込まれていく。

［監督］メイベル・チャン ［公開］1997年
［主演］マギー・チャン、ミシェル・ヨーほか
［発売］ポニーキャニオン／フジテレビジョン
販売元：ポニーキャニオン ブルーレイ・DVD：各4180円(税込)

その時世界は？

［1949年］西ヨーロッパとアメリカが中心となり、北大西洋条約機構（NATO）が結成

冷戦構造に組み込まれた中国 朝鮮戦争でアメリカと対立

アメリカは台湾の支援を選択

共産党政府は建国宣言時、平等や領土主権の尊重等の原則を遵守するすべての国との**国交樹立**を希望する旨を表明した。だが呼びかけに応じて中華人民共和国を新国家として承認したのは、ソ連や東欧諸国、インドなどに限られていた（のちにイギリスも承認）。背景には第二次世界大戦後、アメリカを中心とする**資本主義陣営**（西側）とソ連を中心とする**社会主義陣営**（東側）が対立する**東西冷戦**が、激しさを増していることがあった。

アメリカは社会主義勢力の拡大を食い止めることを目的に、対中政策では、**台湾の中華民国**を支援することを選択した。戦後新たに設立された**国際連合**（国連）の代表権も、アメリカのバックアップのもとに、中華人民共和国ではなく中華民国が持つことになった。また米台の間では、軍事同盟として**米華相互防衛条約**（1954）も締結された。

軍隊を派遣して北朝鮮を支援

こうした時代状況の中では、中華人民共和国はソ連側につく以外に選択肢はなかった。中ソの間でも、軍事同盟条約である**中ソ友好同盟相互援助条約**が1950年2月に締結された。

その数カ月後、朝鮮半島で勃発したのが、東側陣営の北朝鮮と西側陣営の**韓国**による**朝鮮戦争**だった。戦況は当初、北朝鮮が半島のほぼ全土を占領する勢いだったが、韓国軍が**国連軍**（実態は米軍）の支援を受けると形勢は逆転。一気に中国の国境近くにまで進軍してきた。危機感を抱いた中国は、北朝鮮を支援する部隊を派遣。**北緯38度線**まで盛り返し、そこで膠着状態となった末に1953年に**休戦協定**が結ばれた。東西冷戦を背景とした戦争は、ベトナム戦争を始めとしてその後他地域でも繰り広げられるが、中国はその最初の戦争を当事者として経験することになった。

Point

東アジアにおいて、中国・北朝鮮が東側、台湾・韓国・日本が西側につく冷戦構造が確立。

用語「米華相互防衛条約」

中国やソ連の進攻を抑止するための軍事同盟。米は日中戦争のさいに国民政府への軍事援助を行っており、朝鮮戦争開戦後に中華民国（台湾）への援助を再開していた。中華民国が国連の代表権を失うと失効し、米は1979年に改めて台湾関係法を制定した。

東アジアにおける東西冷戦

東アジアの国々は東西陣営に組み込まれ、朝鮮半島とベトナムは代理戦争の舞台にもなった。

毛沢東（左）とスターリン（右）
1949年、スターリン70歳の誕生日を記念してソ連を訪れた毛沢東。

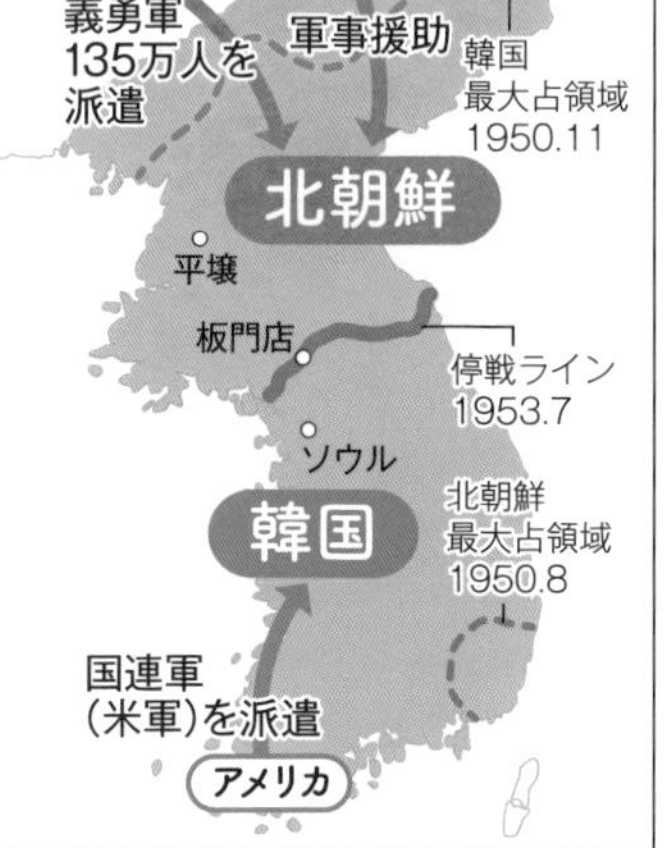

板門店
朝鮮戦争の休戦交渉が行われた板門店。毛沢東は停戦に反対の立場だった。

その時日本は？
〔1951年〕サンフランシスコ平和条約と日米安全保障条約に調印

毛沢東による強権的な支配 大躍進運動と文化大革命

Point

毛沢東が主導した大躍進運動と、その後の政治闘争（文化大革命）が混乱と荒廃を招く。

知識人を弾圧した毛沢東

建国当初の中国には、必ずしも共産党支持ではない知識人が少なからず存在していた。そうした中で**毛沢東**は1956年、「**百花斉放・百家争鳴**」と称し、知識人層に自由な発言を求めた。これは共産党政権に不満を抱く層へのガス抜きの意味もあったと思われる。

ところが蓋を開けてみると、予想以上に手厳しい体制批判が続出。すると毛沢東は態度をひるがえし、彼らを「**右派**」と断じて、弾圧を行った。以降、地位を失うことを恐れて、共産党や毛沢東を批判できない雰囲気が醸成された。

毛沢東はその翌年からは、農業及び工業生産の大幅増を目指した**大躍進運動**（1958〜）を開始した。農民は土地や家畜を取り上げられた上で、**人民公社**に所属して集団で農業をすることを義務づけられ、同時に鉄鋼の生産にも従事させられた。

長期にわたる社会混乱を招く

土地が公有となったことで、農民の**生産意欲は減退**。農業生産は大幅に落ち込んだ。また工業も、鉄鋼の生産を農民に担わせたことから、粗悪品ばかりが生み出された。だがこの事実はしばらくの間、独裁者となった毛沢東の耳に届けられることはなかった。大躍進運動は**何千万人もの餓死者**を出すまで、約2年半にわたって続けられた。

毛沢東は大躍進運動失敗の責任を取り国家主席を辞職（1959）。代わって**劉少奇**などの実権派が経済の回復に着手した。だが権力を失うことを恐れた毛沢東は、彼らを**走資派**（資本主義に走った者）と批判。するとこれに呼応した学生たちが**紅衛兵**を組織し、「革命に反する」と目した者を次々とつるし上げ、迫害したために大混乱に陥った。**文化大革命**（1966〜）と呼ばれるこの政治闘争は約10年続き、1976年の毛沢東の死をもってようやく終わった。

用語 「人民公社」

「公社」は「コミューン」の訳語。集団化された農業組織のことで、工業や経済活動、教育なども組織単位で運用された。農民らは生活のすべてを人民公社に頼らざるをえず、一方で生産意欲が低減したため、多くの餓死者を出した。1980年代前半に解体される。

中国を混乱に陥れた大躍進運動と文化大革命

大躍進運動による鉄鋼生産
農村に築かれた炉で鉄鋼が製造されたが、その質は粗悪で農村の混乱と荒廃を招いた。

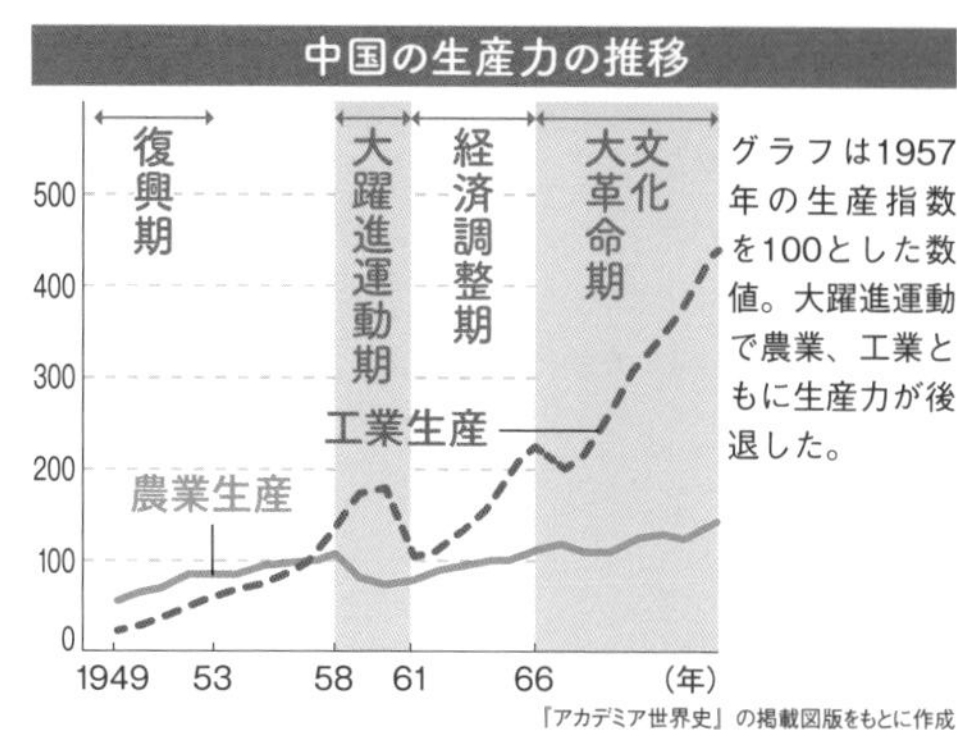

紅衛兵の活動
紅衛兵が反革命とみなした指導者をつるし上げ、トラックで市中引き回しをしている。

文化大革命（文革）の対立構図

実権派（走資派）

●**劉少奇**
第2代国家主席。失脚後に監禁され、非業の死を遂げる

●**鄧小平**（とうしょうへい）
文革で全役職を解かれ追放。復帰後は立て直しに着手

毛沢東派

●**毛沢東**
紅衛兵の暴動を支持。自らへの個人崇拝を強める

●**林彪**（りんぴょう）
軍のトップであり毛沢東の右腕。政争に敗れ墜落死

●**江青ら「四人組」**
林彪死後に実権を握る。文革後に死刑や懲役刑となる

毛沢東派 → 実権派：批判／政治闘争

紅衛兵（＝毛沢東派）
毛沢東を個人崇拝し、実権派打倒や古い思想・文化の打破のため、過激な暴動や破壊活動を行う

紅衛兵 → 実権派：糾弾・拷問

深掘り中国　世界の若者や学生に影響を与えた『毛沢東語録』（『毛主席語録』）

『毛沢東語録』は1964年に出版された本で、社会主義に関する毛沢東の過去の発言を、33項目にまとめたもの。文化大革命時には紅衛兵のバイブルとなり、若者たちは毛沢東の言葉を引用しながら、「反革命的である」と目した人物への批判を繰り返した。また世界的な学生運動の盛り上がりの中で、日本やフランスの若者たちにも愛読され、ド・ゴール大統領退陣を求めて1968年にフランスで起きた五月革命（五月危機）に参加した若者の中にも、同書の影響を受けた者が数多くいた。

集会で『毛沢東語録』を掲げる人民解放軍の将校たち。

外国人向けに中国で販売されている『毛主席語録』。

なぜ、対立していた中国と日・米の"国交正常化"が実現したのか?

Point

1960年代に入り中ソ対立が表面化。それを機に中国と日米が接近し、国交回復を果たす。

軍事衝突にまで発展した対立

中国は建国時から「**向ソ一辺倒**」を宣言し、ソ連の支援のもとに国を発展させようとしてきた。だが1956年にソ連の第一書記長に**フルシチョフ**が就任すると、中ソの蜜月関係は終わりを迎えた。毛沢東は、アメリカとの平和共存路線を選択したフルシチョフに対して批判的で、次第に距離を置くようになったのだ。一方のソ連も、中国がこの時期に台湾の**金門島**(きんもんとう)**を砲撃**(1958)したことや、中国に対して反乱を起こした**チベットを武力鎮圧**(1959)したことを批判。さらには大躍進運動についても否定したことで、両国の亀裂は決定的なものとなった。ソ連は中国に対して援助の打ち切りを通告し、派遣していた技術者全員を自国に引き揚げさせた。

中ソの対立関係はその後も改善せず、黒竜江省及び新疆ウイグル自治区の**中ソ国境地帯**では、両軍の間で軍事衝突(1969)も発生した。

名実ともに国際的地位を獲得

ただし中国にとって、アメリカとソ連という二大国を敵に回すことは、安全保障面でも経済面でも得策とは言い難かった。そこで中国はアメリカとの接近を模索するようになる。

一方、**ベトナム戦争が泥沼化**していたアメリカは、撤退のための和平交渉を進めるため、中国との関係改善を志向していた。1972年2月、米**ニクソン大統領**は電撃的に中国を訪問し、両国は急接近を果たす。その半年後には日本の**田中角栄首相**が訪中して毛沢東と会談し、いわゆる**日中国交正常化**が実現。79年には米中も国交を樹立した。

なお、ニクソン訪中に先立つ4カ月前に中国の国連加盟が認められ、逆に**中華民国**(台湾)**は国連を脱退**することになった。また、国交正常化の際に「一つの中国」を主張する中国に配慮し、アメリカは中華民国(台湾)との断交を実施した。

用語 「金門島(きんもんとう)砲撃」

金門島は中国大陸から10km程度の距離である一方、台湾本島からは200kmも離れているが、現在も台湾政府による実効支配が続く。1958年8月、中国軍が金門島への砲撃を開始すると米軍が台湾海峡に軍隊を集結させ、事態は沈静化した。

ソ連・中国・日米をめぐる国際関係の変化

ソ連	中国	日本／アメリカ
	1949.10 中華人民共和国成立	
1950. 2 中ソ友好同盟相互援助条約	1950. 2 中ソ友好同盟相互援助条約	
	1950.10 朝鮮戦争への義勇軍派遣	1950～1953 朝鮮戦争
1953.3 スターリン死去 フルシチョフが第一書記に	1953 第一次五カ年計画	1952.4 日華平和条約 1953.10 米韓相互防衛条約
1955.5 ワルシャワ条約機構成立		1956.10 日ソ共同宣言
1956.2 スターリン批判	1958 大躍進運動始まる	
1959.9 フルシチョフ訪米		
1960.4 中ソ対立表面化	1960.4 中ソ対立表面化	
1962.10 キューバ危機		
	1966.5 文化大革命始まる	
1969.3 中ソ国境紛争（珍宝島［ダマンスキー島］事件）	1969.3 中ソ国境紛争（珍宝島［ダマンスキー島］事件）	
	1971.10 国連代表権承認 中華民国は国連脱退	
	1972.2 ニクソン大統領訪中	1972.2 ニクソン大統領訪中
	1972.9 田中角栄首相訪中、日中国交正常化	1972.9 田中角栄首相訪中、日中国交正常化
		1975.4 ベトナム戦争終結
	1976.9 毛沢東死去	
	1978 改革・開放政策始まる	
	1978.8 日中平和友好条約締結	1978.8 日中平和友好条約締結
	1979.1 米中国交正常化	1979.1 米中国交正常化

ソ連
黒竜江（アムール川）
ウスリー川
中国
ウラジヴォストーク
珍宝島
1969年、ソ連と中国の間で軍事衝突が起こった。現在は中国領

その時日本は？
「1970年」大阪で万国博覧会が開催。「月の石」が話題に

国交の復活によって残留孤児の帰国が始まる

中国残留孤児とは、日中戦争の敗戦時に中国で暮らしていた日本人のうち、混乱によって家族と共に日本に帰国できず、中国人の養子になった子どものことをいう。長らく日中間は国交がなかったため、その後も孤児たちは帰国できず、彼らの戸籍は1959年には「戦時死亡宣言」により抹消された。だが、72年に日中国交が復活したことで、孤児たちの帰国が可能になった。81年から99年にかけて孤児の帰国と肉親捜しの事業が行われ、これまで約6700人の孤児が日本に帰国した。

日本に帰国し再会を喜ぶ残留孤児の家族。

2000 Here! 1950 1900 1800 1600 1400 1200 1000 800
中華人民共和国 | 中華民国 | 清 | 明 | 元 | 金 南宋 | 遼 北宋 | 五代十国 | 唐

鄧小平が推し進めた改革・開放政策の光と闇

特別区を設定して投資を促す

毛沢東亡き後、共産党内の権力闘争に勝利して実権を握ったのは**鄧小平**（とうしょうへい）だった。鄧小平が最重要課題と捉えたのは、文化大革命によって混乱した社会と経済を立て直すことだった。1978年より、**改革・開放政策**と「**四つの現代化**」を開始。改革とは中国の経済システムを改革すること、開放とは外資を積極的に導入することをいう。

具体的にはまず**人民公社を解体**。これにより農民は自由に農業ができるようになり、生産によって得た収入は自分たちのものになった。農民の労働意欲は高まり、農業生産性の向上につながった。

一方で沿岸部の深圳、珠海、汕頭、厦門の4カ所を**経済特別区**に指定〈1979〉。特別区では100％外資の会社の設立を認めたため、海外から投資が相次ぎ、中国経済は活性化した。その後、上海などの14都市も特別区と同様に外資に開放された。

天安門事件では学生を弾圧

改革・開放政策により、国民の生活水準は飛躍的に伸長していった。だが一方で経済的な格差も顕著になってきた。これに対して鄧小平は「先に豊かになれる者から豊かになればいい」という**先富論**（せんぷろん）を表明する。常に下層からの社会改革を志向していた毛沢東とは、対照的な考え方といえた。

鄧小平は経済の自由化は推し進めながらも、政治については共産党の指導による社会主義体制を堅持しようとした。そんな中で1989年、**天安門事件**が起きる。民主化を求めて天安門広場に集まり、デモを始めた学生や市民に対して、鄧小平は人民解放軍を動員して実力排除を行ったのだ。この事件では300人以上が亡くなり、約9000人もの負傷者が出た。「**改革・開放は進めるが、民主化は認めない**」という共産党の姿勢が鮮明になった瞬間だった。

Point

毛沢東を継いだ鄧小平は改革・開放政策を実施。一方で民主化を求める動きは封じ込めた。

用語 「四つの現代化」

文化大革命後の中国が目指した農業・工業・国防・科学技術の4分野における近代化政策。1960年代に周恩来が提唱し、文革で中断していたものを文革後に鄧小平が復活させて推進し、90年代以降の経済成長の下地となった。

戦後中国の歴史と最高指導者の系譜

共産党が国を統治する中国では基本的に、共産党のトップ（党主席・総書記）の人物が最高指導者となる。ただし、鄧小平は例外的に党トップの地位につかないまま最高実力者となった。江沢民以降、総書記が国の元首である国家主席を兼任し、実権を掌握する体制がとられている。

時期	年	主な出来事
建国期	1949	中華人民共和国成立
	1953	第一次五カ年計画
大躍進運動	1958	人民公社開始
	1956	チベット動乱
調整政策	1960	中ソ対立の表面化
	1962	劉少奇ら経済再建に取り組む
文化大革命	1966	文化大革命始まる
	1969頃	林彪・四人組の勢力拡大
	1971	台湾に代わり国連代表となる
	1972	ニクソン大統領訪中
改革・開放	1976	周恩来・毛沢東死去
	1979	米中国交正常化
	1985	人民公社解体
	1989	天安門事件
経済大国へ	1992	社会主義市場経済導入
	1997	鄧小平死去、香港返還
	2001	WTO加盟
	2008	北京夏季オリンピック開催
米中対立	2010	GDPで世界2位
	2013	「一帯一路」構想表明

最高指導者

毛沢東
生没 1893～1976
党主席 1945～1976
国家主席 1954～1959
後半生は個人崇拝を受け、死ぬまで党トップに君臨

周恩来
生没 1898～1976
首相 1954～1976
毛沢東に従う党ナンバー２であるとともに、「四つの現代化」への道筋をつけた

劉少奇
生没 1898～1969
国家主席 1959～1968
経済調整政策を進めるも文化大革命で失脚

毛沢東
失脚した劉少奇に代わって林彪が毛沢東の後継者に指名されるも、1971年に失脚・死去。その後、毛沢東夫人の江青ら「四人組」が権力を牛耳る。周恩来・毛沢東の死後、「四人組」は逮捕される

華国鋒
生没 1921～2008
党主席 1976～1981
毛沢東の死と文化大革命後の混乱を収束させるも、鄧小平との権力闘争に敗れる

鄧小平
生没 1904～1997
最高実力者
1980・90年代を通じて党を指導。総書記である胡耀邦・趙紫陽を解任し、国家主席だった楊尚昆を引退させるほどの実力を誇った

江沢民
生没 1926～2022
総書記 1989～2002
国家主席 1993～2003
鄧小平の後ろ盾で国家主席に就任し、鄧小平死後もその路線を継続して市場経済化を推進

胡錦濤
生没 1942～
総書記 2002～2012
国家主席 2003～2013
中国の経済発展を持続させ、中国の国際的立場の向上に尽力する

習近平
生没 1953～
総書記 2012～
国家主席 2013～
建国以後に生まれた初の最高指導者。2022年には異例となる３期目の総書記に就任

その時世界は？
［1989年］ベルリンの壁崩壊。米ソ首脳がマルタ会談で冷戦終結を宣言

名目GDP世界第2位となり大国への道を歩む現代中国

「韜光養晦」で力を蓄える

天安門事件後、中国は一時国際社会から孤立した。また改革・開放政策によって経済成長を遂げつつはあったものの、まだ発展途上国の域を出てはいなかった。そこで当時の中国は、「**韜光養晦**（とうこうようかい）」（内側で力を蓄えながら、時期を待つ）の政策を採用することにした。

鄧小平の後を継いだ**江沢民**（こうたくみん）政権は、経済面においては「計画経済の中に市場経済を取り入れていく」という**社会主義市場経済論**（1992）を唱え、税制や貿易、金融、国有企業の改革などを進めていった。これが功を奏し、GDP（国内総生産）は90年からの**10年間で3倍**近くに拡大した。国際社会もその経済力を軽視できなくなり、中国は**WTO**（**世界貿易機関**）**に加盟**（2001）することになった。一方、外交面ではロシア（旧ソ連）との関係を改善。また香港とマカオの返還（1997・99）も実現した。

世界2位の経済大国へと躍進

中国の経済成長はその後も続き、2010年には**名目GDPが世界2位**に躍り出た。また2008年には**北京オリンピック**を成功させることで国威を示した。この頃から中国は韜光養晦を脱し、大国化への志向を明確に打ち出すようになった。

そして2012年には、今も続く**習近平**（しゅうきんぺい）体制がスタートする。習近平は「経済・技術の面で世界の国家の上位に立ち、世界一流の軍隊を作り上げる」というビジョンを「**中華民族の夢**」として語り、巨大経済圏構想「**一帯一路**（いったいいちろ）」や、軍事力の強化などを現在も推し進めている。一方で**ウイグルの人権問題**や、領土問題等をめぐる周辺諸国との軋轢、少子高齢化や環境問題など、課題も山積している。中国の振る舞いが国際社会に与える影響力は、かつてないほど大きくなっているだけに、世界中が中国の一挙手一投足に注目している。

Point

「韜光養晦」を掲げ経済発展を遂げた中国。大国として世界に強い影響を及ぼしている。

人物 習近平 生没 1953～

父は鄧小平時代に「八大元老」として共産党中枢にいた習仲勲。上海市党委員会書記、国家副主席などを経て、2013年に胡錦濤の後任として国家主席となる。2023年には3期目の国家主席に就任し、それまで2期10年で世代交代してきた原則を覆した。

経済発展を遂げて大国となった中国

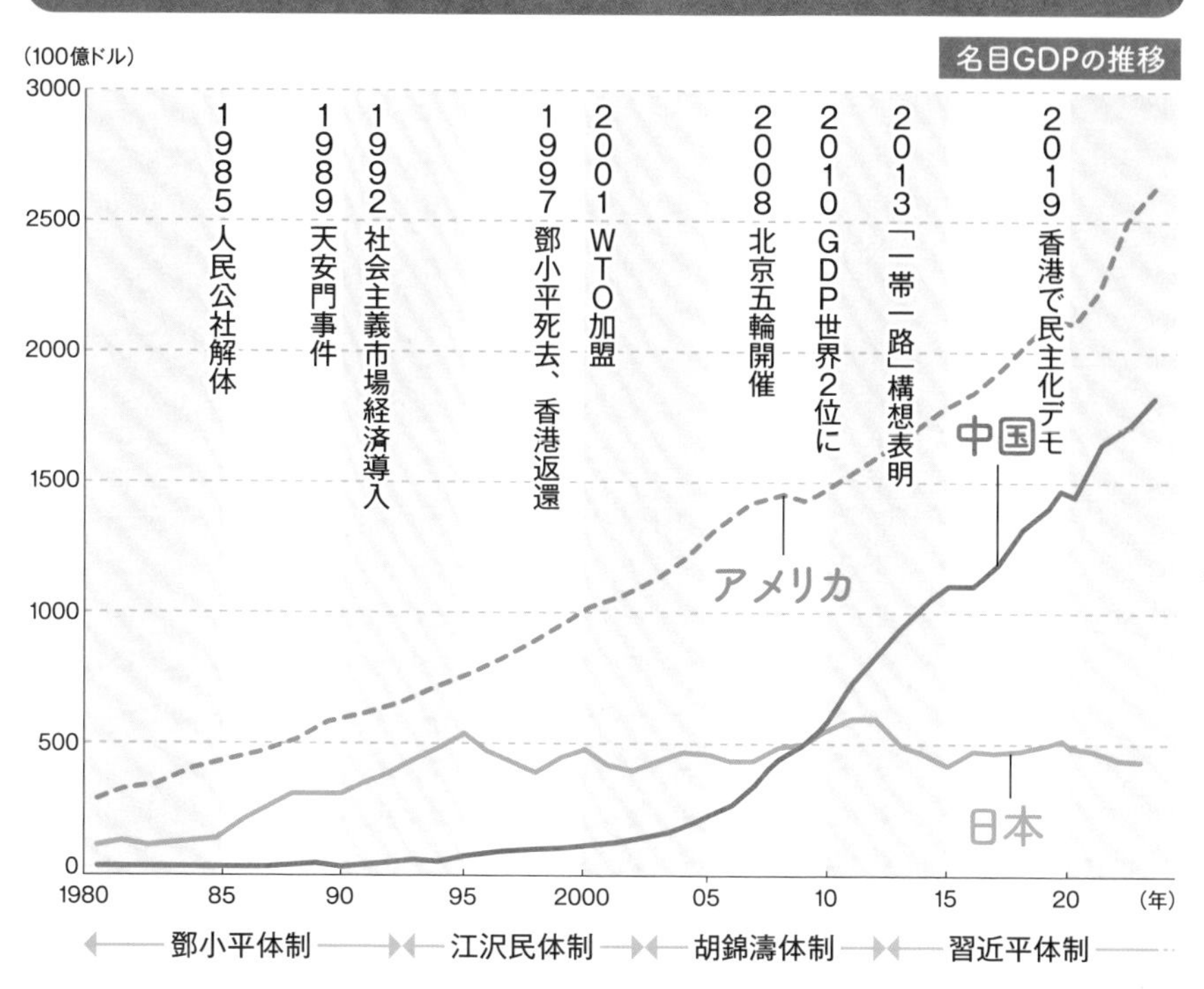

その時日本は？
［2011年］東日本大震災と福島第一原子力発電所事故が起こる

1997 年の香港返還式
返還後も政治制度は変更しない（一国二制度）と確約されたが、近年の法律改正で骨抜きとなった

北京夏季オリンピック
2008年開催の北京五輪は、日本・東京、韓国・ソウルに次ぐアジアで3番目の夏季五輪となった。

中国深掘り

習近平が行った反腐敗闘争とは？

中国の歴代王朝では、官僚に支給される俸給がかなり低く抑えられていたこともあり、豊かな生活を行うために、役人が下々の者に賄賂を求める習慣が根づいてきた。この習慣は容易には変えられず、現在も続いている。そこで習近平は党のトップに就任して以来、「トラ（大物幹部）もハエ（末端幹部）も叩け」というスローガンのもと、反腐敗闘争を展開。10年間で464万件を立件・調査した。ただし、腐敗を理由に政敵を追い落とすことが真の狙いであるとする指摘もある。

中国が少数民族や国内問題に対して強権的姿勢で締め付けを行うのはなぜか？

現代中国の問題と政府の対応

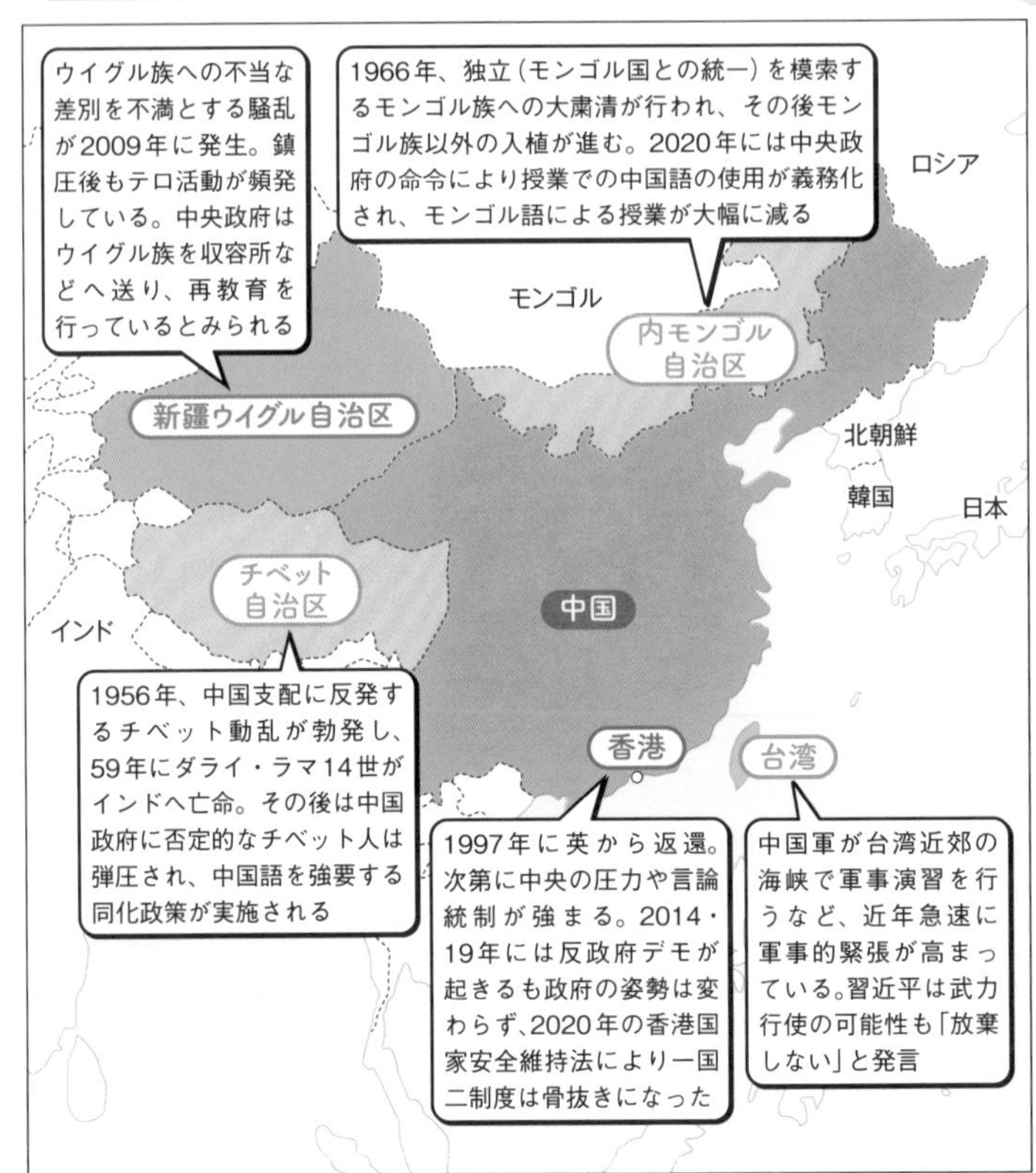

少数民族への同化政策

中国の西部に位置する**新疆ウイグル自治区**。今、この自治区で暮らすウイグル族に対する中国政府による弾圧が、国際問題となっている。2019年、アメリカの国務省は80万人から200万人のウイグル族らが**強制的に施設に収容**されていると発表。強制労働や不妊手術、中絶の強要、信教の自由の侵害、移動の制限なども行われてきたという。

また**内モンゴル自治区**のモンゴル族や、**チベット自治区**のチベット族に対しても、学校での**中国語教育**を強化し、少数民族独自の**言語や宗教を抑圧**するなど、中国政府による締め付けが激しさを増しているといわれる。

深掘り中国

中国も抱える少子化問題

中国では人口の増加が食糧不足等を招くという懸念から、1979年に一人っ子政策を開始した。これは1組の夫婦に子どもは1人までとし、学費の免除等の優遇措置を講じる一方で、2人目の子どもを産んだ家庭には罰金を科すというものだった。

しかし少子高齢化が深刻になったことから、政府は政策の緩和に着手し、2016年には2人、21年には3人までの出産を認めた。だが改善の兆しは見られず、22年には出産数の減少が原因で、中国の総人口は61年ぶりに減少に転じた。

中国の合計特殊出生率

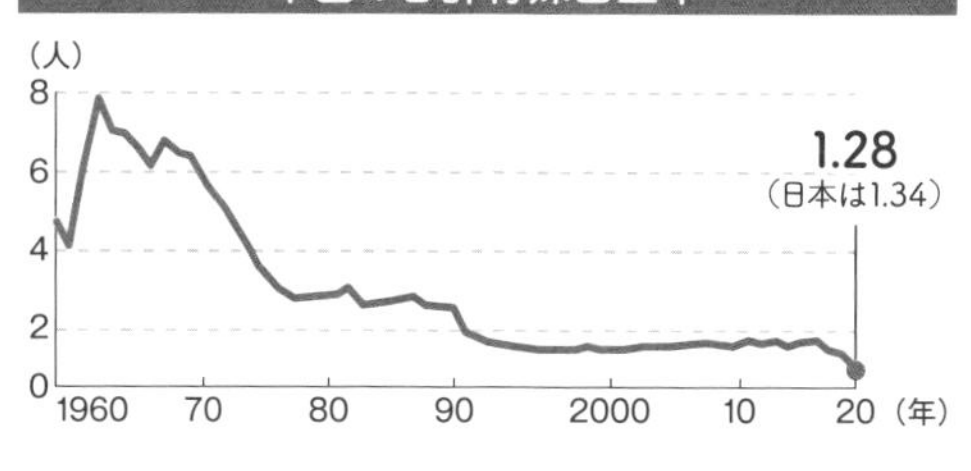

中国語を学ぶウイグル族

中国語の読み書きを習うウイグル族の小学生。中国政府は同化政策ではなくバイリンガル教育と主張。

香港の民主化要求デモ

香港のデモでは参加者が催涙ガスから身を守る傘を持参したため、「雨傘運動」と呼ばれる。

香港では共産党批判が困難に

一方、中国政府は**香港**に対しては、2020年に**香港国家安全維持法**を制定。これにより香港市民は、自由な政治活動を行うことが困難となった。また**台湾**に対しては、統一を目指す方針をはっきりと言明している。

これらはすべて中国政府が「**一つの中国**」を実現するために行っていることといえる。習近平は「**中華民族**」という言葉をたびたび口にするが、これは中国が主権を有する領土に住む人々を一体の民族とみなすというものであり、少数民族に対する**同化政策**も、香港に政治体制の変更を強要するのも、一体化を目的としたものだ。国が一つにまとまっていないと、世界の覇権を握る大国になるのは困難だからだ。だがこうした政策は、一体化される側にとっては容認できることではなく、今後も反発が続くものと予想される。

一帯一路、南シナ海問題、米中対立――中国の野心的な対外戦略を見る

東アジアにおける中国の進出と軋轢

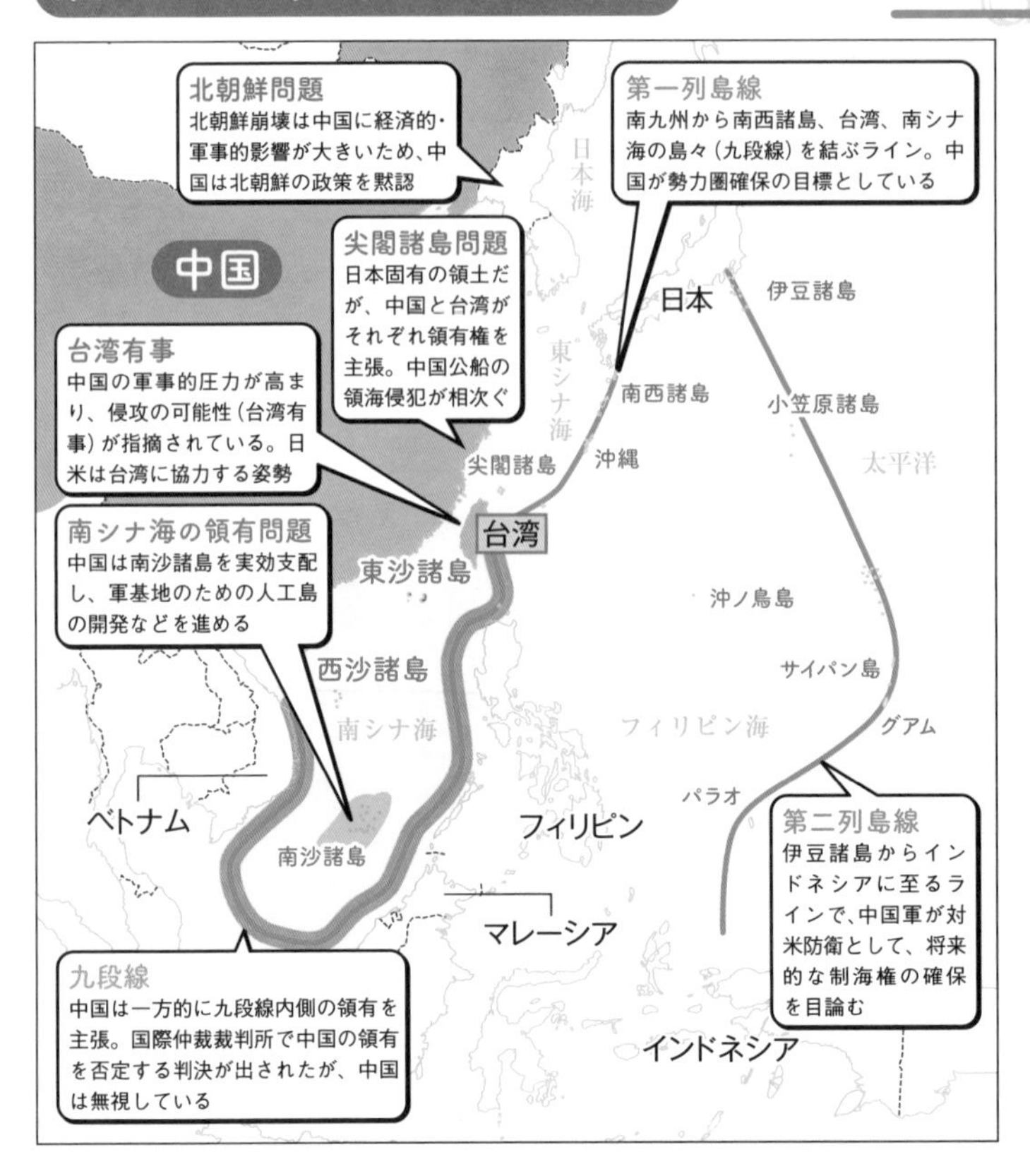

一帯一路への期待と警戒

中国は今、かつてないほど積極的な対外戦略を推し進めている。

2013年には巨大経済圏構想「**一帯一路**（いったいいちろ）」を提唱。「**一帯**」とは、中国からアジア、ヨーロッパへといたる陸のルート、「**一路**」とは海のルートのことである。このルート上の道路や鉄道、港湾などを整備し、税関などの手続きを簡素化することで、**各国間の貿易を活発**にしようというものだ。

ただしスリランカでは、中国の融資を受けて港湾建設を行ったが、返済に行き詰まったために、港湾の運営権を**中国に譲渡**することが起きた。ルート上の国々は途上国が多く、一帯一路に期待しつつも、警戒も強めている。

「一帯一路」の構想と重要拠点

中国は要衝となる港湾都市の開発を重点的に行っており、影響力を強めている。

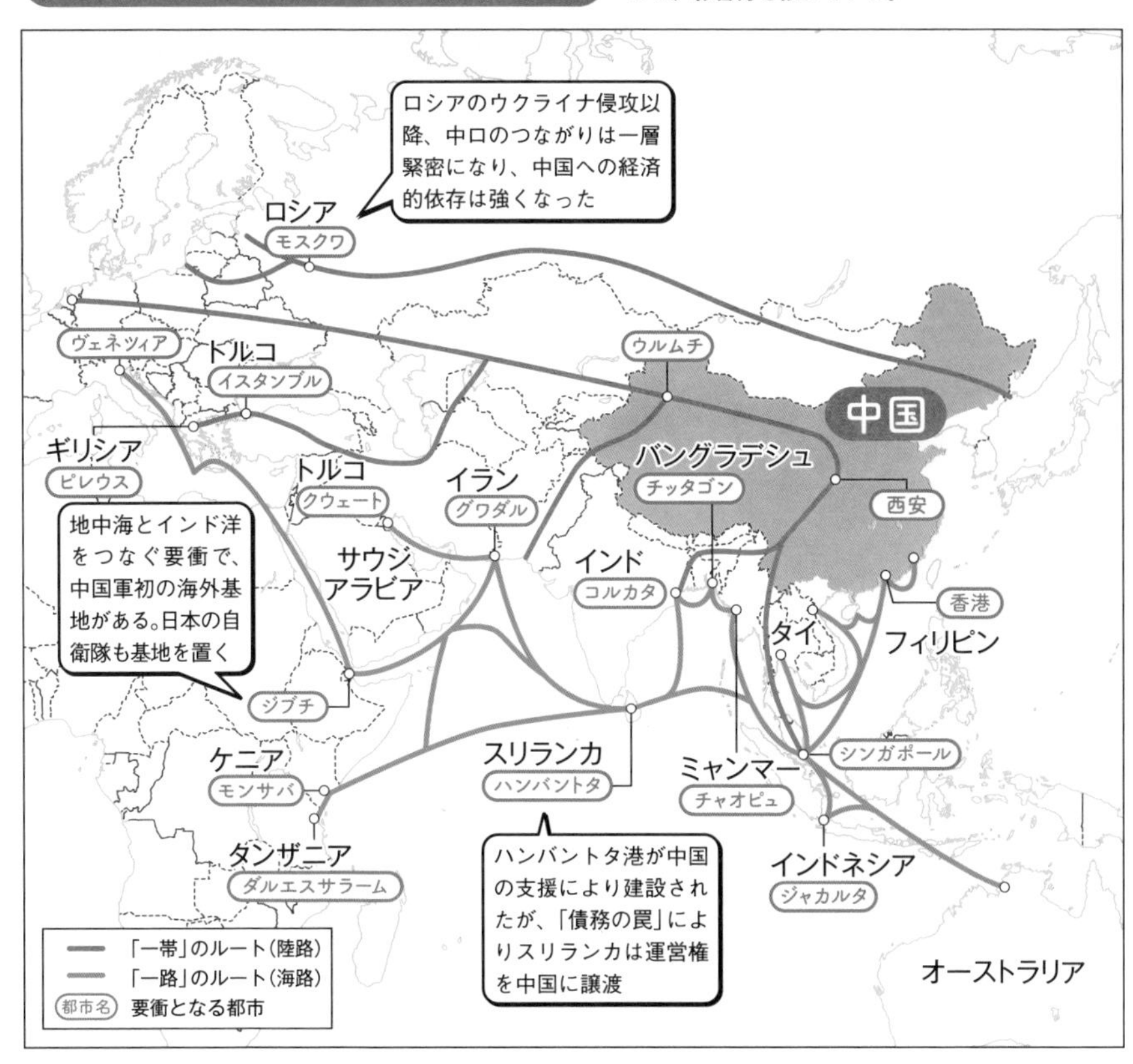

米中関係は新冷戦の様相に

また中国は、**領土問題**をめぐって周辺国との間で軋轢を起こしている。**東シナ海から南シナ海**にかけての多くのエリアを自国の領海であると一方的に主張。南シナ海では**人工島**を建設して実効支配を進めている。中国がこうした身勝手な振る舞いをするのには、「自分たちは中華であり、周辺国は外夷である」とする**華夷思想**が今も根強く残っていることが考えられる。

中国が経済・軍事の両面において台頭してきていることに、態度を硬化させているのが**アメリカ**だ。長らく世界の覇権を握ってきたアメリカは、中国にその座を奪われることを是が非でも阻止したいと考えている。中国が欧米的な**「民主主義」の価値観を軽視**しているように見えることも、許容できない。米中の対立は、**「新冷戦」**と呼ばれるほど深刻になっている。

QUAD（日米豪印戦略対話）と各国の思惑

経済的・軍事的に台頭する中国に対抗するための、多国間協力関係の枠組みであるQUAD。「自由で開かれたインド太平洋」の実現を目指す。

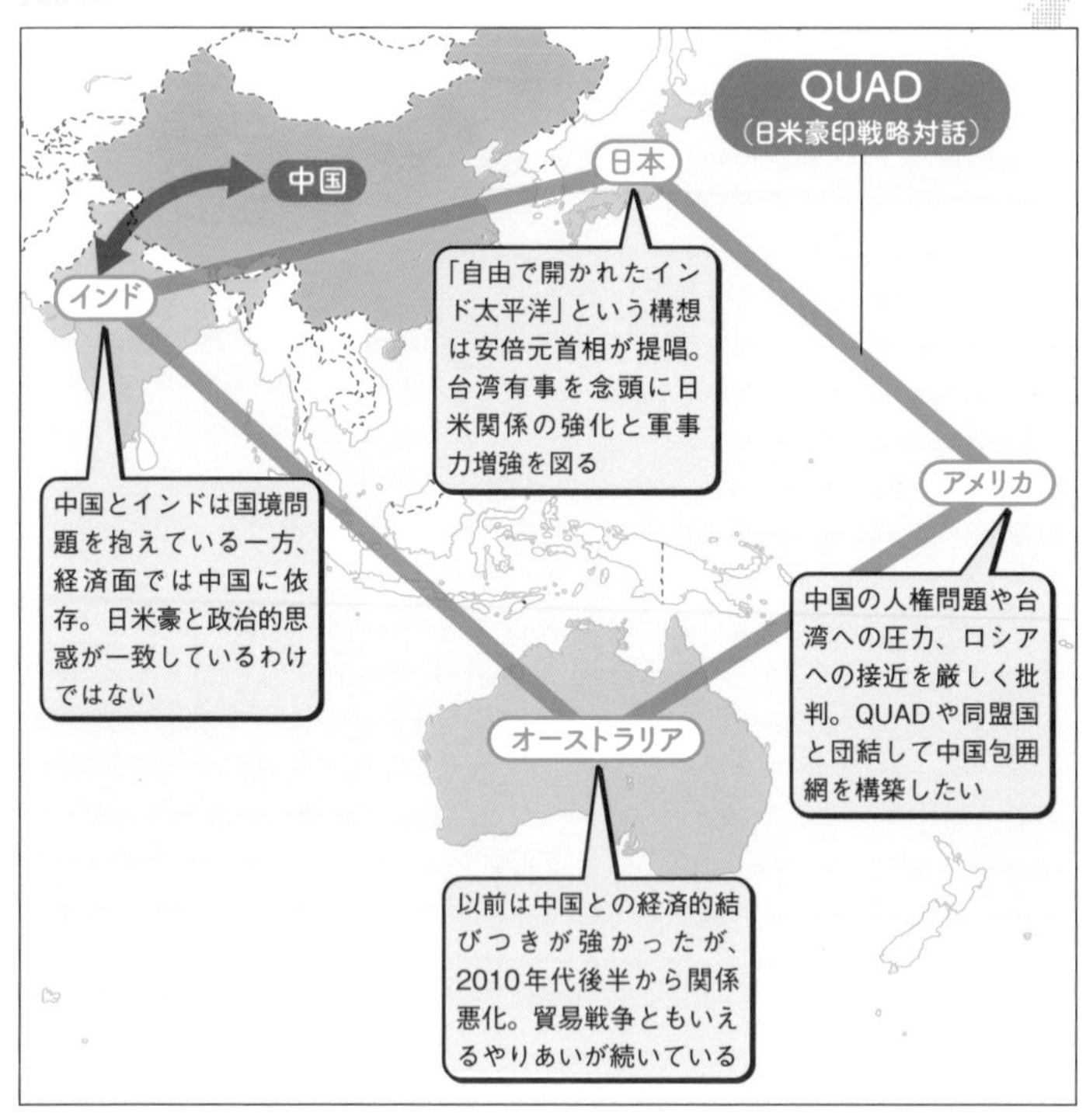

日中関係 足並みそろわず模索を続ける 日本は中国とどう付き合うべきなのか？

2000年以降、関係が悪化

戦後長らく途絶えていた日本と中国大陸の**国交が復活**したのは、米中接近が図られた直後の1972年9月のこと。その後中国で文化大革命が終わり、改革・開放政策が始まると、日中間の人や経済の往来が盛んになり、またこの頃は**政治的な関係も良好**だった。

だが2000年代以降、両国の関係は目に見えて**悪化**し始める。05年には、「日本は真摯に歴史問題に向き合っていない」という理由で、若者を中心に大規模な**反日運動**が発生。日本総領事館や日系スーパーが襲撃された。さらに12年にも、中国が領有権を主張する**尖閣**（せんかく）**諸島**を日本が国有化したことを契機に、激しい反日運動が起きた。

日本と中国の経済的結びつき

日本にとって中国は輸出入ともに最大の貿易相手国であり、関係改善と地域の安定化が望まれる。

日本の貿易相手（2021年）

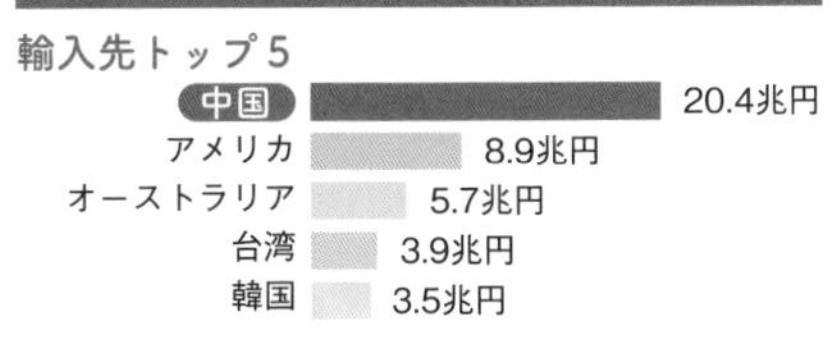

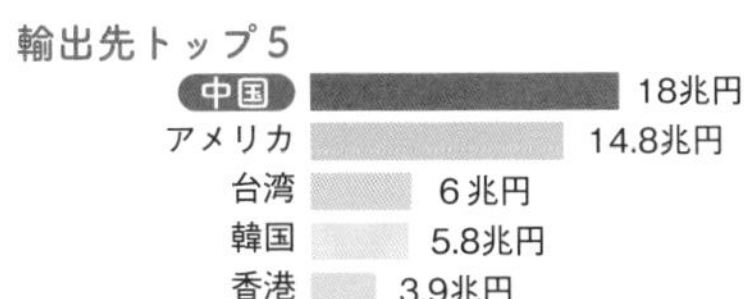

一般社団法人日本貿易会 HP より

中国の貿易相手（2018年）

輸入先トップ5

韓国	2046億ドル
日本	1806億ドル
台湾	1776億ドル
アメリカ	1551億ドル
ドイツ	1063億ドル

輸出先トップ5

アメリカ	4784億ドル
香港	3021億ドル
日本	1471億ドル
韓国	1088億ドル
ベトナム	839億ドル

『中国情報ハンドブック［2019年版］』より

日本と中国の主な輸出品

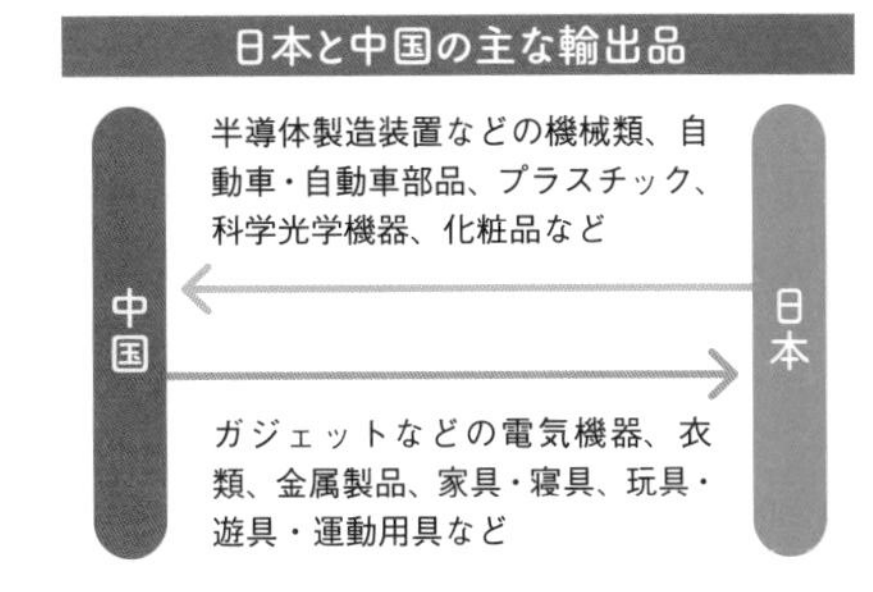

訪日外国人の多い国・地域

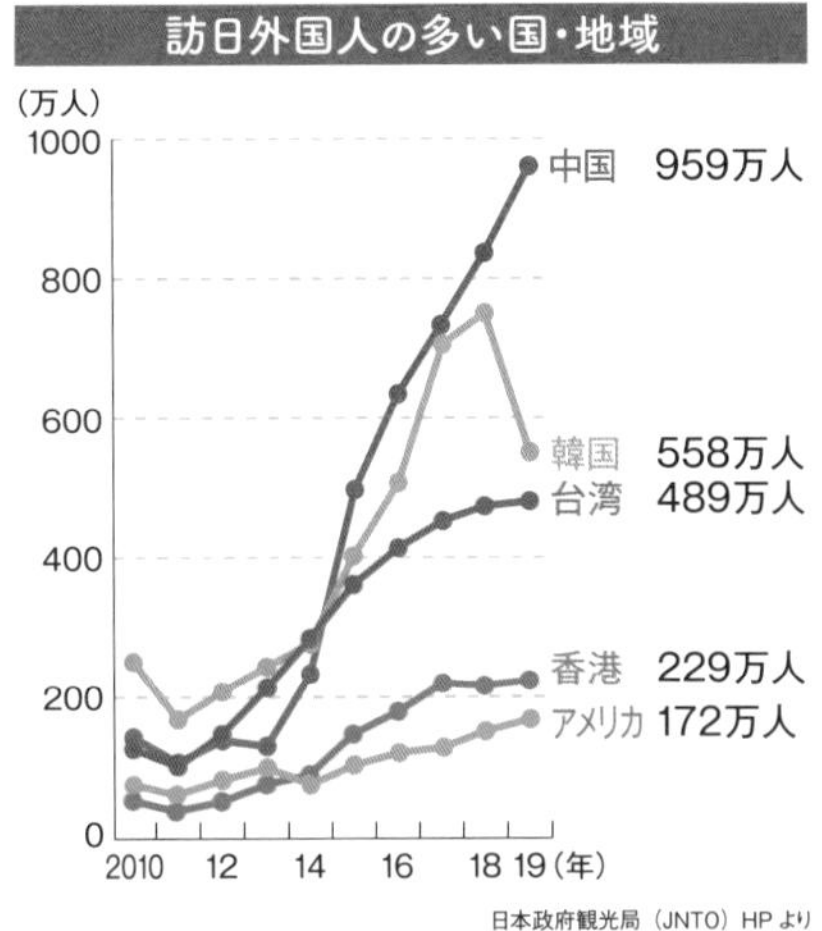

日本政府観光局（JNTO）HP より

冷静に向き合うことが大事

近年、中国の人権問題や海洋進出に対する国際的な警戒感が強まっている。そうした中で、日本はアメリカと協調して「**自由で開かれたインド太平洋**」という構想を打ち出し、インドとオーストラリアを加えて「QUAD（クアッド）」（**日米豪印**（にちべいごういん）**戦略対話**）を発足。**民主主義**や**法の支配**という価値観を共有した国同士による連携を強めようとしている。

このように日本政府は中国との対決姿勢を強めている一方で、日本にとって中国は**最大の貿易相手国**でもある。対立はより深い対立を生むだけであり、中国をいたずらに刺激し孤立化させることは得策とはいえないだろう。

もちろん主張すべきことは主張しつつも、中国は日本とも欧米とも異なる**独自の歴史と価値観**を持っていることを理解し、常に冷静さを失わずに向き合っていく必要がある。

共産党員

エリート層である約1億人の党員
入党には紹介人の推薦や審査が必要

共産党の組織

総書記をトップとしたヒエラルキーが確立している。

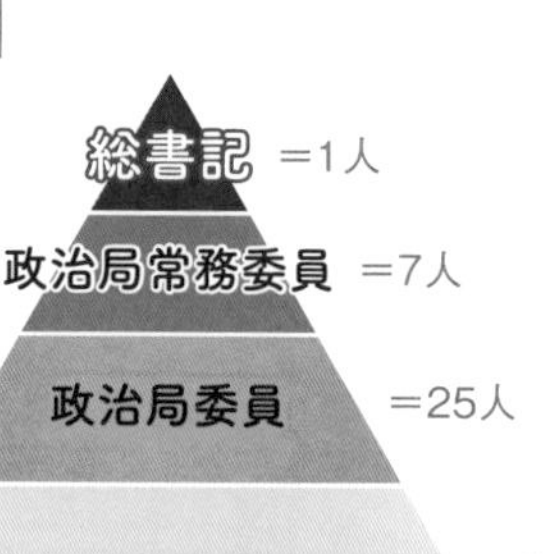

党員数は年々増加

中国共産党の党員数は、2021年12月末時点で約9670万人。人口の約6〜7％が党員ということになる。中国共産党規約によれば、「中国共産党は中国の労働者階級の前衛部隊」であるのだが、02年からは企業家の入党も認められるようになった。近年は大卒・短大卒以上の党員が増えており、過半数を占めている。

党員になると、特に公務員の場合、昇進に有利になるとされる。12年に総書記に就任した習近平は、入党要件の厳格化を打ち出したが、それでも当時から現在までの党員数は1000万人以上も増加した。

審査を経て入党が認められる

党への入党申請は18歳以上から可能で、紹介人の推薦が必要となる。申請後は、党規約の学習や論文の提出等が求められ、その内容及び人柄などが審査され、合否が決定する。

党員になった後は、党内での仕事ぶりが認められれば、出世を重ねていく。全共産党員のうち、党の方針を決定するとされる中央委員は約200人。党の指導部である政治局委員は25人、重要政策を決定する政治局常務委員は7人となっている。党方針は建前上は党大会などで決定することになっているが、実質的には政治局常務委員が握っている。

全国人民代表大会

全人代と党大会はどういう関係なのか？

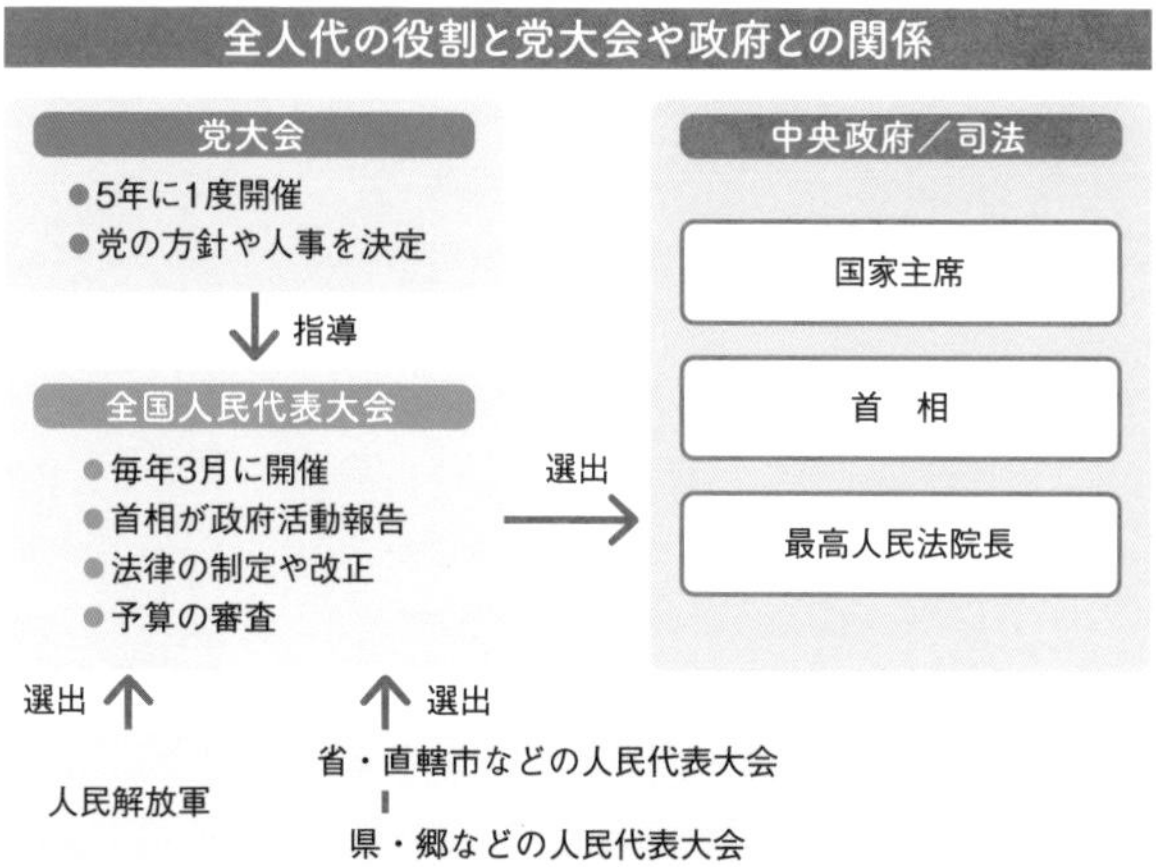

全人代の役割と党大会や政府との関係

日本でいう国会に相当

通称は「全人代（ぜんじんだい）」。「国家の最高権力機関」と位置づけられており、日本でいう国会に相当する。毎年1回開催され、国家主席（国家元首のこと）や首相の選出、首相がその年の政治・経済の運営方針を示す「政治活動報告」、予算案の審議・承認、法律の制定や改正などを行う。1980年代後半以降は、毎年3月に開催されている。

中国には一方で、5年に1度開催される党大会というものもある。こちらは中国共産党の基本方針や党規約の見直し、党指導部の人事など、党に関する事項が議論・決定される。

実質は国の方針の追認機関

全人代の代表に選ばれるのは約3000人。共産党の幹部のほか、県・郷などの人民代表大会で選ばれたメンバーが、省・直轄市などの人民代表大会でふるいにかけられ、代表者が決定する。人民解放軍からも代表が選出される。

中国は共産党の指導体制のもとに国が成り立っており、全人代で示される運営方針も、党大会の方針に沿ったものである。また全人代の代表も共産党員であるため、実質的には全人代は国の運営等をめぐって議論をする場ではなく、トップが決定した事項の追認機関となっている。

行政区分

広大な大地を省・自治区・直轄市・特別行政区で統治

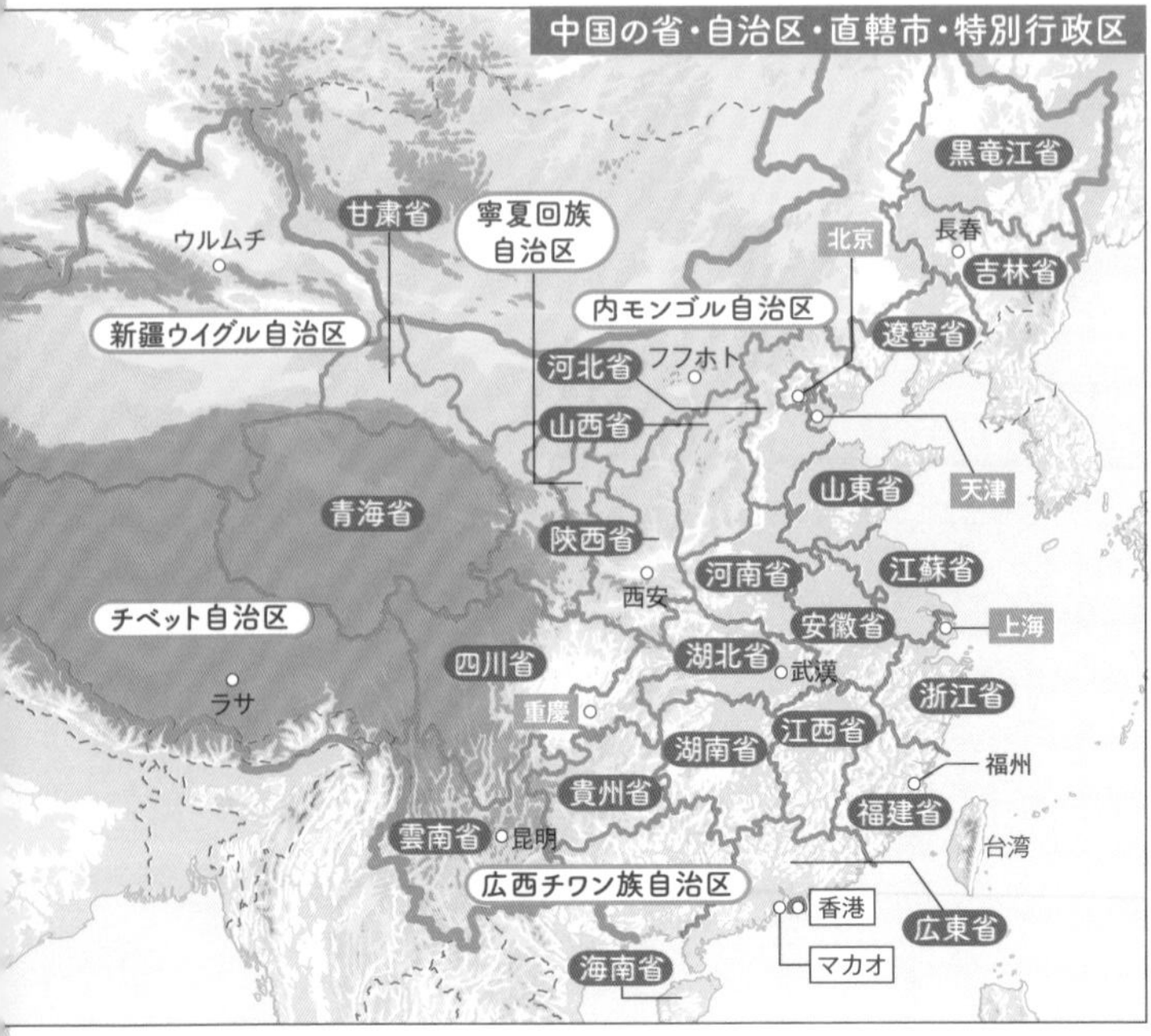

中国の省・自治区・直轄市・特別行政区

22省5自治区に分かれる

中国の行政区分は、22の「省」（台湾省を除く）、五つの「自治区」、四つの「直轄市」、二つの「特別行政区」に分けられている。自治区は内モンゴル自治区・広西チワン族自治区・チベット自治区・寧夏回族自治区・新疆ウイグル自治区、直轄市は北京市・天津市・上海市・重慶市、特別行政区は香港・マカオとなる。

このうち最も面積が大きい省・自治区は、新疆ウイグル自治区の166万㎢で、日本の国土面積の約4・4倍に相当する。最も人口が多い省・自治区は、広東省の約1億人であり、日本の人口にほぼ匹敵する。

省・自治区の一つ下位の行政単位は「地級市」や「自治州」となっており、これは日本の県にあたる。さらにその下位には「県」や「県級市」などがあり、県は日本の郡、県級市は日本の市に近い。そして中国における最小の行政単位は「郷」や「鎮」であり、これは日本では町村にあたる。

中国の今を知る 4

少数民族

55の民族が暮らす多民族国家 漢族の入植や同化政策も進む

ミャオ族（苗族）

南部の貴州省・湖南省からベトナムやタイの山岳地帯に住む。自然崇拝を重んじ、独自の言語を持つ。

チワン族（壮族）

漢族を除く中国最大の少数民族。広西チワン族自治区を中心に居住。古来の民族音楽が知られる。

トン族（侗族）

主に貴州省や広西チワン族自治区に居住。踊りと集団歌謡によるトン族大歌はユネスコ無形文化遺産に登録される。

ヤオ族（瑶族）

湖南省や広東省などに広がり、各地に自治県を持つ。かつては焼畑農業を生業とした。髪留めのターバンが特徴。

多様な文化や慣習を持つ

中国の人口のうち約92％は漢族で、残りの８％が少数民族である。政府が公認している少数民族の数は55にも達しており、中国は世界屈指の多民族国家であるといえる。

少数民族の多くは内陸部に居住し、独自の言語や文化を育んできた。例えば新疆ウイグル自治区に暮らすウイグル族は、トルコ系の民族といわれ、文字はアラビア文字を用い、宗教はイスラーム教を信仰してきた。また貴州省などに暮らすミャオ族は、結婚後も夫妻はそれぞれの母親の家に住み続け、夫が毎晩妻の家を訪ねるという慣習を保ち続けてきた。

自治区への漢族の入植が進行

中国では少数民族に対しては、それぞれが集まって暮らしている地域において、その民族が自治を行う「民族区域自治」を実施している。内モンゴル自治区やチベット自治区などの五つの自治区以外にも、少数民族の人口等に応じて、自治州、自治県、民族郷なども設置されている。

ただし民族区域自治といっても、現実には中央から派遣された漢族が行政の主導権を握っている。また各自治区では、経済開発などに伴う漢族の入植や漢族への同化も進んでおり、独自の文化や慣習を守り続けるのが次第に難しくなりつつある。

中国の今を知る 5

華僑・華人

東南アジアを中心に世界中で中華街を形成

海外に居住する中国人の数

国により統計が異なるため、下記の数字は華僑のみの場合も、華人が加算されている場合もある。日本は台湾籍も含めた華僑だけの人数となる。

（人）

タイ	約800万
マレーシア	約670万
アメリカ	約510万
インドネシア	約280万
シンガポール	約260万
カナダ	約180万
フィリピン	約140万
日本	約77万

タイ・バンコクのチャイナタウン。

定住先は東南アジアが多い

現代における「華僑」とは、中国国籍を持ちながら海外に定住している人をいう。現地の国籍を取得して、現地に定住している中国系の人は、「華人」が正式な呼び方である。

華僑・華人の人口は、4000万〜7000万人程度だろうと推計されている。その居住地域は北米など世界各地に広がっているが、最も多くの華僑・華人が暮らしている地域は東南アジアである。中でもシンガポールの場合、国民の約4分の3を華人が占めている。日本の在日中国人（留学生も含む）の数は、2022年時点で約77万人である。

第二次大戦以後、定住が進む

華僑・華人の歴史は、大きく三つの段階に分けることができる。

まず第一は16〜19世紀初頭までの時期。中国では南洋貿易が盛んになり、多くの漢人が東南アジアで暮らすようになった。第二は、19世紀半ばから20世紀前半にかけて。この時期は列強が強大な経済力を有したため、安定した生業につけずに生活の苦しい人々は出稼ぎのために海を渡り、低賃金の重労働に従事した。第三の時期は第二次世界大戦後で、各国での定住が進んだ。華僑・華人は一族で集住し、中華街（チャイナタウン）を形成する点も特徴だ。

中国の今を知る 6

春節

民族移動にも形容される約30億人の里帰り

春節の混雑

1年に1度、春節の時期だけ帰省する労働者も多く、交通機関は大混雑となる。

春節祭

春節では世界中の中華街でイベントが催される。写真は神戸・南京町の春節祭の様子。

中国で最も重要な年中行事

中国では現在でも旧暦が生活の中に根づいており、伝統行事は旧暦にもとづいて行われている。中国では春節、清明節、端午節、中秋節が四大行事とされているが、中でも最も重要な行事が、旧暦の大晦日から正月（西暦では1月下旬〜2月中旬）にかけて行われる春節だ。

春節では、大晦日の晩は家族団らんで鶏肉や刺身のサラダ、餃子などの伝統的な料理を食べながら年越しを迎える。元日には、未婚の者にお年玉を与える習慣もある。また元日から15日までの間は、親戚や友人の家を訪問して一緒に新年を祝う。

期間中は延べ20億人が移動

春節では、遠くに住んでいる家族も大晦日までには家に帰り、炉を囲むべきだとされている。もし炉を囲めない家族がいたら、その人の分の席を設けて、気持ちだけでも共に正月が迎えられるようにするほどだ。

そのため中国では毎年春節になると、普段住んでいる都市部から故郷へと帰省する人たちにより、交通機関は大混雑する。企業も春節前後の7日間は休業となる。春節期間中に移動する人の数は、コロナ前には延べ人数で約30億人に達していた。また休暇期間を利用して、日本など海外旅行に出かける中国人も多い。

中国の今を知る 7

中華料理

国土の広さと7000年の歴史を体現
地域ごとに異なる食材と調理法を堪能

小麦粉を用いた調理と濃い味付けが特徴。北京ダックなど宮廷料理がルーツの料理も多い。

長江流域で発達した料理で、淡水産の上海蟹を初め、川魚やエビなどの魚介類を用いた料理が多い。

四川料理

四川盆地で発達した料理で、辛みや山椒を用いたしびれが特徴。麻婆豆腐や回鍋肉も四川料理。

広東省周辺で発展。フカヒレ・飲茶・シュウマイ・ワンタンなど代表的な中華料理は広東料理であることが多い。

周代には料理の基本が完成

中華料理の歴史は古い。周の時代について記した『周礼（しゅらい）』の中には、「八珍」と名付けられた天子に捧げられる8種類の食べ物についての記述がある。例えば八珍のうちの一つである「擣珍（とうちん）」は、牛、羊、鹿など5種の獣肉の背肉を叩いてから筋を取り、煮込んだ上で薄皮を取り、これに塩辛や酢をあえて食べるというもの。当時からかなり高度な料理がつくられていたことがわかる。

すでに周代末期には、「焼く」「蒸す」「煮る」「乾かす」「漬ける」という中華料理の基本が、ほぼ完成していたといわれている。

地域ごとに異なる特徴

その後は地域によって独自の発展を遂げた。例えば北方系の北京料理は、米ではなく小麦粉を使ったものが多く、味は濃くこってりとしている。また東方系の上海料理は、長江下流で捕れた魚介を使った料理が充実している。一方、南方系の広東料理は、一年を通して豊富な食材があるため、素材の味を楽しめる薄味の料理を特徴としている。逆に西方系の四川料理は、蒸し暑い気候の中で発汗作用を高めるために、香辛料を豊富に使った辛い料理が基本だ。

中国の多様な気候風土が、地域ごとの料理を生み出したといえる。

中国の今を知る ⑧

環境問題

「３０６０」目標を宣言し、急ピッチで再エネの普及が進む

2020年の世界のCO_2排出量

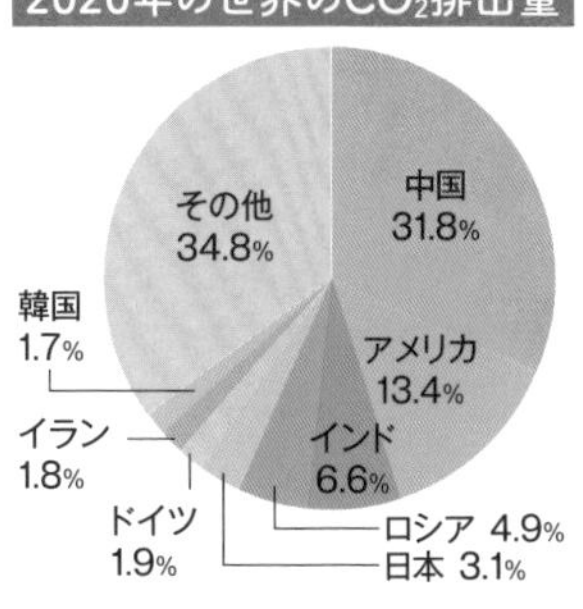

排出量1位・２位の中国とアメリカは、2021年に気候変動対策への協力強化のため、異例の共同宣言を発表した。なお、１人当たりの排出量で換算すると中国は世界10位となる（日本は9位）。環境省 HP より

再生可能エネルギーの導入量

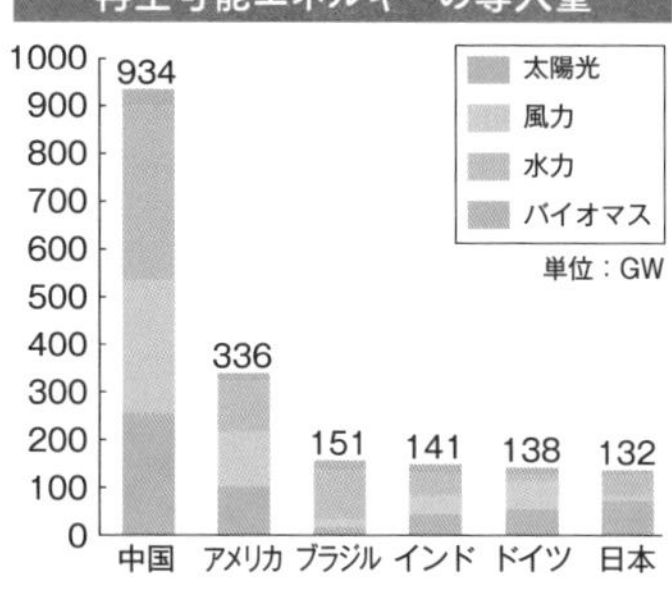

2020年の各国の再エネ導入量。中国では近年、再エネの発電量が急拡大しており、社会全体の電力消費量の約３割程度を再エネでまかなっている。

資源エネルギー庁 HP より

世界最大の二酸化炭素排出国

現在中国は世界最大の二酸化炭素排出国であり、世界全体の化石燃料由来の二酸化炭素排出量の約３割を中国が占めている。気候変動問題で最も重要な国の一つといえる。

そうした中で中国は、習近平政権になってからこの問題に本格的に着手。２０１６年には、気候変動問題に関する国際的な枠組みであるパリ協定に署名、批准した。また20年9月には、国連総会でのビデオ演説の中で、「二酸化炭素排出量を30年までをピークにその後は減少に転じさせ、60年までにゼロにする」という３０６０目標を発表した。

経済と環境の両立に苦しむ

そのため現在の中国は、ハイブリッド車の普及や排ガス規制、石炭火力発電から再生可能エネルギー発電への転換などを急ピッチで進めている。特に風力発電についてはすでに最先端国であり、設備容量において世界全体の4割を中国が占めている。

ただし、経済成長を推し進めながら、脱化石依存を図っていくのは容易なことではない。21年には石炭燃料の使用を抑えすぎたために、電力不足から各地で大規模な停電が発生。やむなく石炭増産に転じる事態となった。はたして中国は、３０６０目標を達成できるのだろうか。

中国の今を知る 9

デジタル事情

世界でも随一のハイテク社会だが政治的理由で規制も多い

Googleが使えない!?

2021年、中国のインターネット利用者は10億人を超え、普及率は約72%に達した。そのうち99%はスマートフォンなどの携帯端末でネットを利用しており、86%がオンライン決済を利用している。中国では日本以上に、スマホなくしては日々の生活にも困る状況になっている。

中国のネット事情が他国と大きく異なる点は、政府が許可している通信サービスのみ使用が許されていることだ。GoogleもLINEも使うことはできず、百度(バイドゥ)や微博(ウェイボー)などの中国独自の検索エンジンやSNSが普及している。

国民の言動を常に監視

政府がネット利用を制限している理由は、ネット検閲や言論統制を行いやすくするためである。政府は国民が決済アプリを使って何を購入したか、SNSで何を発信したかを、AIと人海戦術を駆使して把握。政府批判につながるような発言に対しては投稿が削除され、アカウントが停止されることもある。

中国はこれまで、民衆の反乱によって王朝が滅びるという経験を幾度となく繰り返してきた。中国共産党がネットでの言論に目を光らせるのも、人々が反旗をひるがえすのを恐れているということだろう。

中国のSNS規制

中国のスマホ出荷数は米を抜いて世界1位であり、生活とデジタルは切り離せないものになっている。ただし、外国からの情報を制限するため、世界ではスタンダードになっているSNSサービスが利用できないケースが多い。また、1989年6月4日に起きた「天安門事件」やそれを連想させる「8964」が検索禁止ワードになるなど、SNSの内容も規制の対象になっている。

中国で使用できないSNS		中国のSNSアプリ
LINE	✕ →	微信 WeChat
Twitter	✕ →	微博 Weibo
Facebook	✕ →	人人網 レンレンワン
Google	✕ →	百度 Baidu
YouTube	✕ →	bilibili

中国の今を知る 10

大企業

国有企業も民営企業も政府の管理下に置かれる

世界の企業売上高ランキング 経済誌『フォーチュン』が発表の「Global 500」(2022年版)より。世界の企業売上高ランキングでは、トップ10に中・米の企業が４社ずつ入っており、日本企業の最高位は13位のトヨタとなる。また、トップ500社のうち、中国企業は136社、米国企業124社、日本企業47社となる。

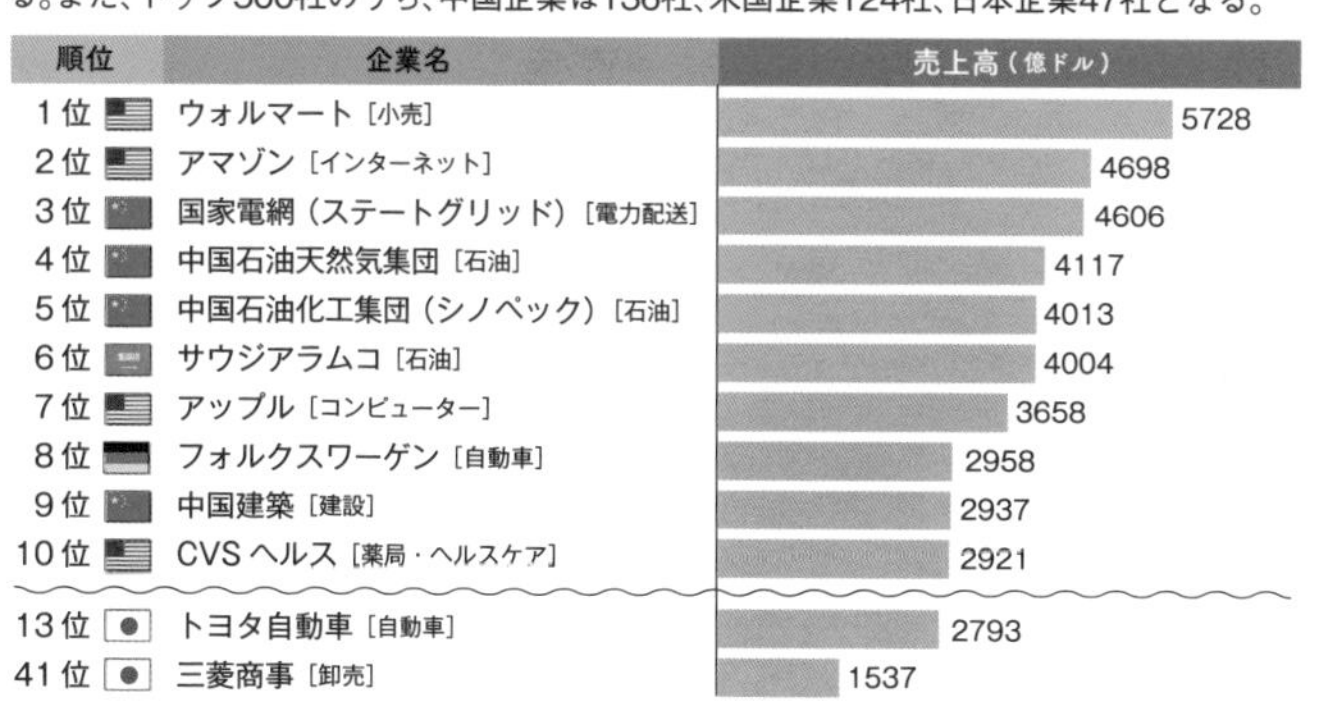

順位	企業名	売上高（億ドル）
1位	ウォルマート［小売］	5728
2位	アマゾン［インターネット］	4698
3位	国家電網（ステートグリッド）［電力配送］	4606
4位	中国石油天然気集団［石油］	4117
5位	中国石油化工集団（シノペック）［石油］	4013
6位	サウジアラムコ［石油］	4004
7位	アップル［コンピューター］	3658
8位	フォルクスワーゲン［自動車］	2958
9位	中国建築［建設］	2937
10位	CVS ヘルス［薬局・ヘルスケア］	2921
13位	トヨタ自動車［自動車］	2793
41位	三菱商事［卸売］	1537

国営企業から国有企業へ

かつての中国には国営企業しか存在しておらず、政府の生産計画に基づいて経営を行っていった。しかし1993年に憲法が改正され、国営企業は国有企業に名称を変更。国は国有企業に対して所有権を持つが、経営権は企業自身が持つことになった。

そして2000年代以降、中国が急激な経済成長を遂げると、国有企業の中にも世界レベルの規模を持つ企業がいくつも現れてきた。アメリカの経済誌『フォーチュン』が発表した世界の企業売上高上位10位のうち、じつに4社を中国企業が占めているが、いずれも国有企業である。

強まる民営企業への締め付け

一方で中国では、民営企業の成長も著しい。売上高の総額でも民営企業が国有企業を上回っている。アリババやファーウェイなど、国際的にも知名度が高い企業も存在する。

ただし電力やエネルギー、金融など、経済安全保障の観点から国が参入規制を設けている分野は、国有企業の独壇場となっている。さらに習近平政権は、アリババなどの大手IT系民営企業に対して、独禁法違反を理由に制裁を科すなど、締め付けを強めている。中国政府は民営企業をも、自らのコントロール下に置きたいと画策しているのである。

中国の今を知る ⑪

パンダ外交

愛くるしい〝外交官〟は友好関係の〝白黒〟を判定するバロメーター

カンカンとランラン
1972年の日中国交正常化を記念して贈呈されたカンカン（康康／上）とランラン（蘭蘭／左）。東京・上野動物園で公開され、日本中にパンダブームを巻き起こした。公開初日には約6万人が並び、公開１年で約350万人が訪れた。

パンダの魅力を利用した外交

子どもから大人まで、誰もがその愛くるしさに魅了されてしまうパンダ。そのパンダの魅力を利用して、中国が諸外国との関係強化を図る手段として、パンダを相手国に贈ることを「パンダ外交」という。

中国が初めてパンダ外交を実施したのは、中華民国時代の１９４１年のこと。送り先はアメリカだった。当時は日中戦争の最中であり、アメリカからの援助を是が非でも増やす必要があった。そこでパンダを通じて大衆の心をつかもうとしたのである。パンダはアメリカで熱烈歓迎され、中国の目論見は成功を収めた。

米中接近とパンダ

パンダ外交は、中国共産党政権になってからも継承された。特に際立っていたのが１９７２年から80年にかけてである。米中接近により西側との関係が改善すると、中国は友好の証しとばかりに米英仏など西側諸国に次々とパンダを贈った。日本にとって初めてのパンダが上野動物園にやって来たのもこのときである。

近年では日中関係の冷え込みもあり、２０１１年に上野動物園に来た2頭を最後に途絶えている。そういう意味ではパンダ外交は、中国と相手国との距離感を測るバロメーターにもなっているのだ。

中国の今を知る 12

コロナ対策

厳しすぎるゼロコロナ政策から一転 手のひら返しの終了宣言

ゼロコロナ政策への抗議運動

2022年11月、ロックダウンの影響によりマンション火災で多数の死傷者が出た事件をきっかけに、中国全土に抗議運動が広がる。政権に批判的な言葉を書くと連行されるため、人々は白紙のプラカードを掲げた。その後、中央政府は12月になり突如ゼロコロナ政策の終了を宣言する。

都市封鎖された武漢

2019年12月、武漢で最初の新型コロナ発症者が確認され、翌1月から都市封鎖が実施された。2021年1～2月にはWHOによる現地調査も実施されたが、発生源はいまだに判明していない。

北京冬季オリンピック開催

まだコロナ禍だった2022年2月に冬季北京五輪が開催。国外への観戦チケット販売は行われなかった。写真は開会式で手を振る習近平。

一時は封じ込めに成功

新型コロナウイルス感染症の流行に対して、習近平政権はゼロコロナ政策を打ち出し、国民に徹底的な行動制限や感染者の隔離を課した。これにより2020年夏の時点で、感染者をほぼ封じ込めることに成功。他国が感染拡大に苦慮している中で、「わが国の感染対策は、中国共産党の指導とわが国の社会主義制度の顕著な優位性を示している」と、その実績を誇った。

中国はトップが強権を発動しないと社会を動かすことができない国であり、だからこそ当初は対策が成功したように見えた。

突然のゼロコロナ政策終了

だが、コロナが致死率の低いオミクロン株に移行し、他国がウィズコロナへと舵を切った後も、習近平政権はゼロコロナ政策に固執。中国の経済成長は大きく鈍化し、長びく行動制限に、人々の不満も頂点に達した。すると習近平政権は22年12月、突如ゼロコロナ政策の終了を決定した。

しかし医療体制を整えた上での政策転換ではなかったために、感染者や死者が急増。社会は一時大混乱に陥った。トップに権力が集中している国家だからこそ、その判断ミスが命取りになりかねないことが露呈する形となった。

歴代皇帝の系図

初めて「皇帝」を名乗った秦の始皇帝から清最後の皇帝である宣統帝まで、主な王朝の皇帝とその系図を紹介する。
※年数は統治期間

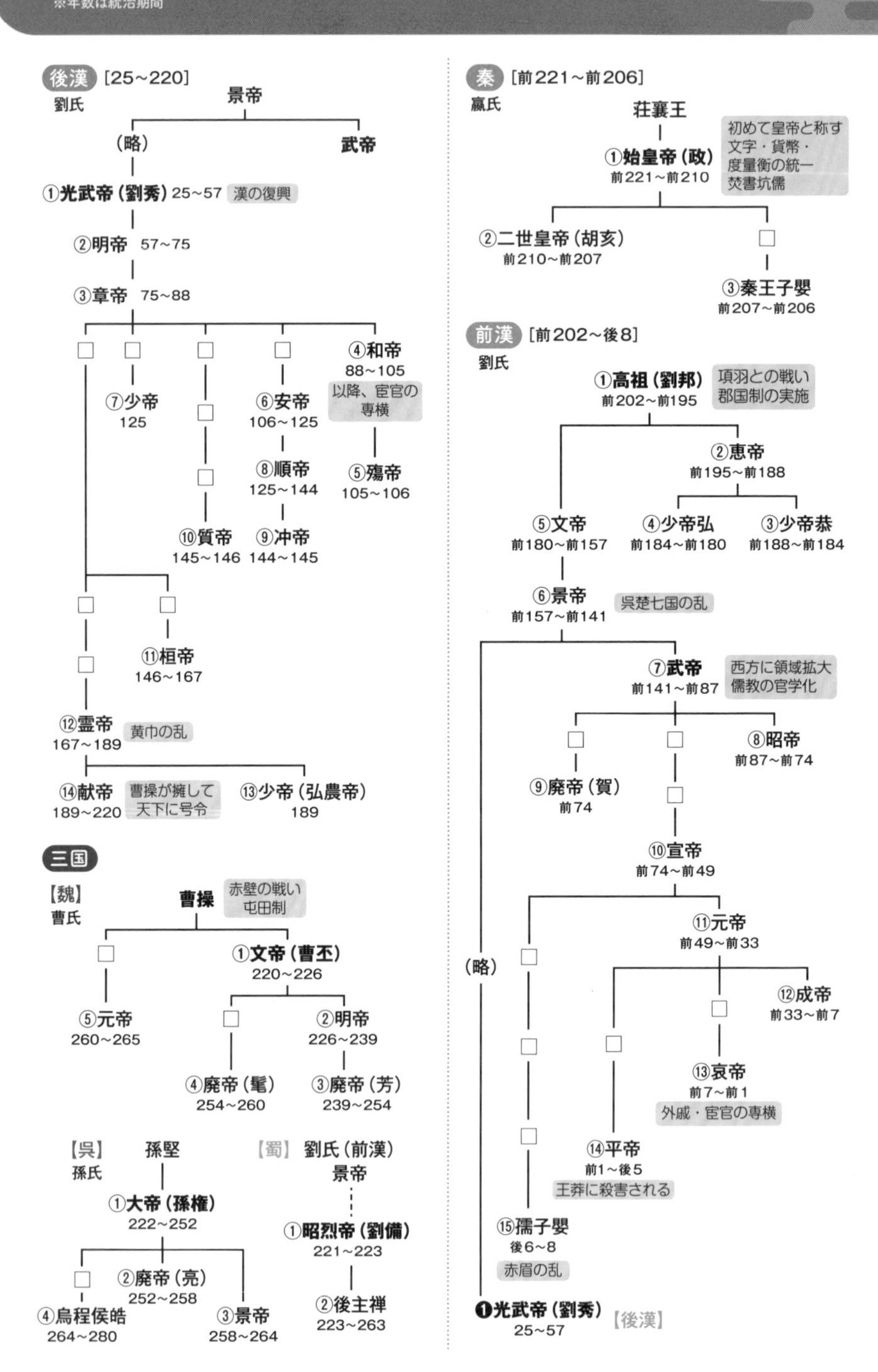

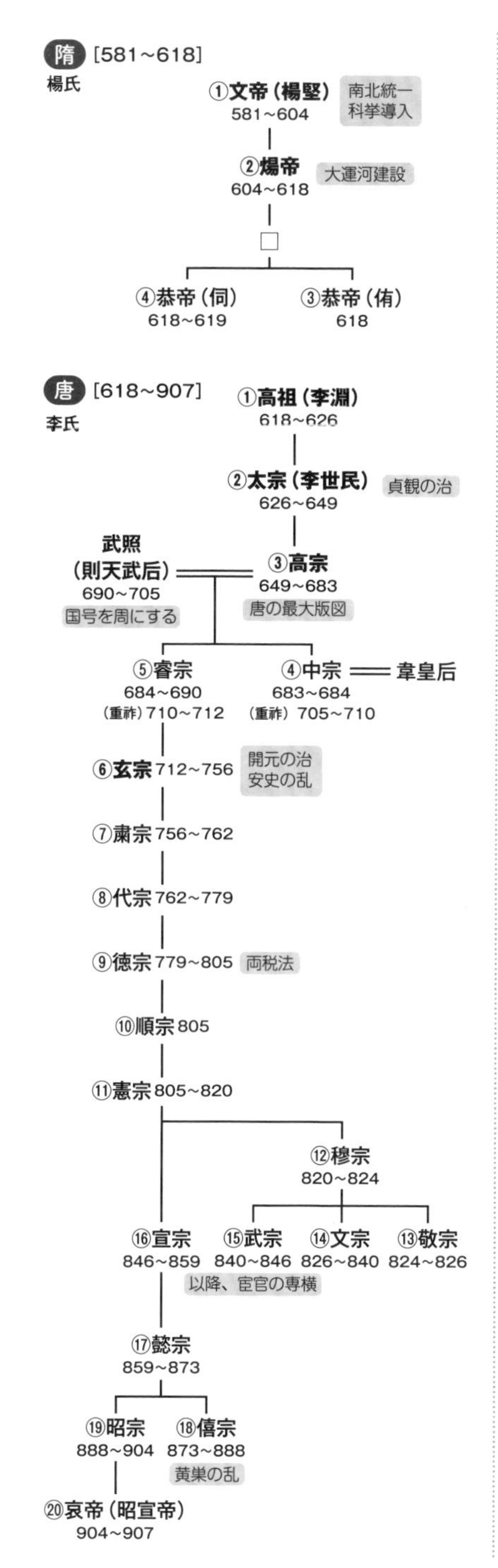

隋 [581～618]
楊氏
①文帝（楊堅）
581～604
南北統一
科挙導入
②煬帝
604～618
大運河建設
④恭帝（侗）
618～619
③恭帝（侑）
618
唐 [618～907]
李氏
①高祖（李淵）
618～626
②太宗（李世民）
626～649
貞観の治
武照
（則天武后）
690～705
国号を周にする
③高宗
649～683
唐の最大版図
⑤睿宗
684～690
（重祚）710～712
④中宗
683～684
（重祚）705～710
韋皇后
⑥玄宗 712～756
開元の治
安史の乱
⑦粛宗 756～762
⑧代宗 762～779
⑨徳宗 779～805
両税法
⑩順宗 805
⑪憲宗 805～820
⑫穆宗
820～824
⑯宣宗
846～859
⑮武宗
840～846
⑭文宗
826～840
⑬敬宗
824～826
以降、宦官の専横
⑰懿宗
859～873
⑲昭宗
888～904
⑱僖宗
873～888
黄巣の乱
⑳哀帝（昭宣帝）
904～907

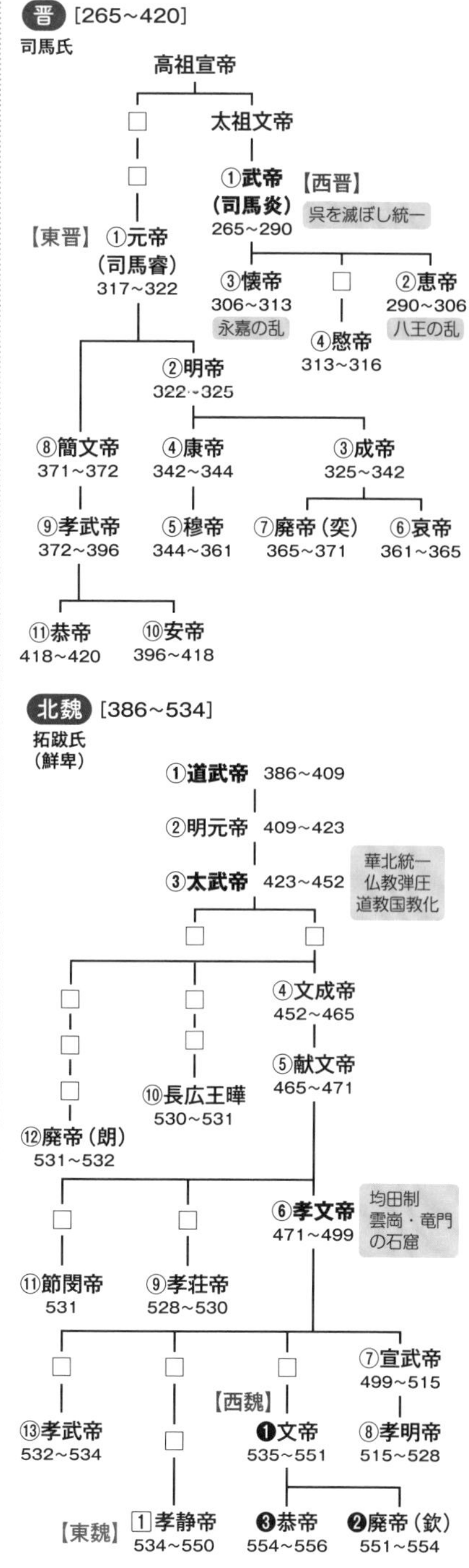

晋 [265～420]
司馬氏
高祖宣帝
太祖文帝
①武帝
（司馬炎）
265～290
【西晋】
呉を滅ぼし統一
【東晋】 ①元帝
（司馬睿）
317～322
③懐帝
306～313
永嘉の乱
④愍帝
313～316
②恵帝
290～306
八王の乱
②明帝
322～325
⑧簡文帝
371～372
④康帝
342～344
③成帝
325～342
⑨孝武帝
372～396
⑤穆帝
344～361
⑦廃帝（奕）
365～371
⑥哀帝
361～365
⑪恭帝
418～420
⑩安帝
396～418
北魏 [386～534]
拓跋氏
（鮮卑）
①道武帝 386～409
②明元帝 409～423
③太武帝 423～452
華北統一
仏教弾圧
道教国教化
④文成帝
452～465
⑤献文帝
465～471
⑩長広王曄
530～531
⑫廃帝（朗）
531～532
⑥孝文帝
471～499
均田制
雲崗・竜門
の石窟
⑪節閔帝
531
⑨孝荘帝
528～530
⑦宣武帝
499～515
【西魏】
⑬孝武帝
532～534
❶文帝
535～551
⑧孝明帝
515～528
【東魏】
1 孝静帝
534～550
❸恭帝
554～556
❷廃帝（欽）
551～554

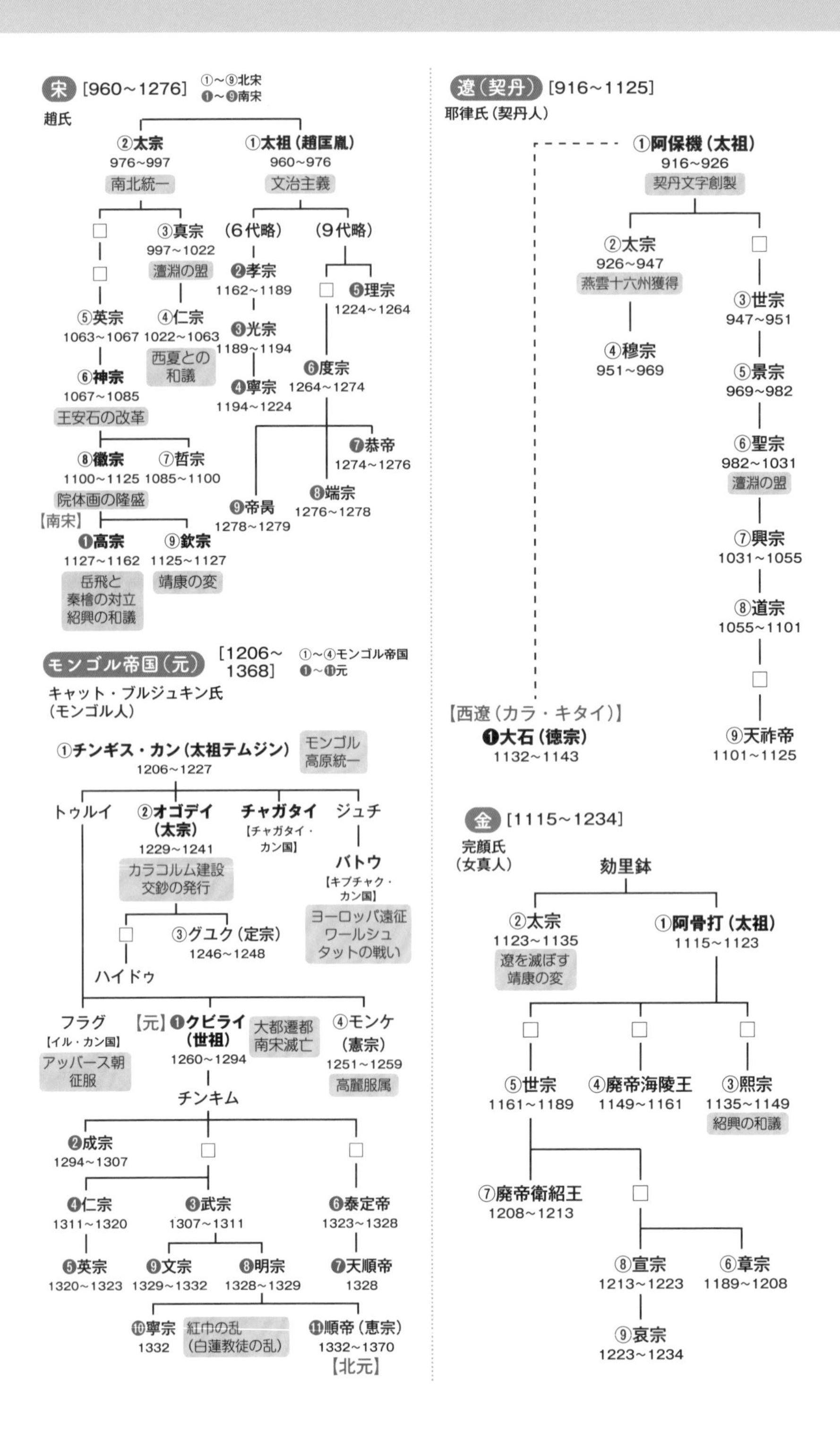

宋 [960～1276]
①～⑨北宋
❶～❾南宋
趙氏
②太宗
976~997
南北統一
①太祖（趙匡胤）
960~976
文治主義
③真宗
997~1022
澶淵の盟
（6代略）
（9代略）
❷孝宗
1162~1189
❺理宗
1224~1264
⑤英宗
1063~1067
④仁宗
1022~1063
西夏との和議
❸光宗
1189~1194
❻度宗
1264~1274
⑥神宗
1067~1085
王安石の改革
❹寧宗
1194~1224
❼恭帝
1274~1276
⑧徽宗
1100~1125
⑦哲宗
1085~1100
院体画の隆盛
❽端宗
1276~1278
❾帝昺
1278~1279
【南宋】
❶高宗
1127~1162
岳飛と秦檜の対立
紹興の和議
⑨欽宗
1125~1127
靖康の変
モンゴル帝国（元） [1206～1368]
①～④モンゴル帝国
❶～⓫元
キャット・ブルジュキン氏
（モンゴル人）
①チンギス・カン（太祖テムジン）
1206~1227
モンゴル高原統一
トゥルイ
②オゴデイ（太宗）
1229~1241
カラコルム建設
交鈔の発行
チャガタイ
【チャガタイ・カン国】
ジュチ
バトゥ
【キプチャク・カン国】
ヨーロッパ遠征
ワールシュタットの戦い
③グユク（定宗）
1246~1248
ハイドゥ
フラグ
【イル・カン国】
アッバース朝征服
【元】❶クビライ（世祖）
1260~1294
大都遷都
南宋滅亡
④モンケ（憲宗）
1251~1259
高麗服属
チンキム
❷成宗
1294~1307
❹仁宗
1311~1320
❸武宗
1307~1311
❻泰定帝
1323~1328
❺英宗
1320~1323
❾文宗
1329~1332
❽明宗
1328~1329
❼天順帝
1328
❿寧宗
1332
紅巾の乱
（白蓮教徒の乱）
⓫順帝（恵宗）
1332~1370
【北元】
遼（契丹） [916～1125]
耶律氏（契丹人）
①阿保機（太祖）
916~926
契丹文字創製
②太宗
926~947
燕雲十六州獲得
③世宗
947~951
④穆宗
951~969
⑤景宗
969~982
⑥聖宗
982~1031
澶淵の盟
⑦興宗
1031~1055
⑧道宗
1055~1101
【西遼（カラ・キタイ）】
❶大石（徳宗）
1132~1143
⑨天祚帝
1101~1125
金 [1115～1234]
完顔氏
（女真人）
劾里鉢
②太宗
1123~1135
遼を滅ぼす
靖康の変
①阿骨打（太祖）
1115~1123
⑤世宗
1161~1189
④廃帝海陵王
1149~1161
③熙宗
1135~1149
紹興の和議
⑦廃帝衛紹王
1208~1213
⑧宣宗
1213~1223
⑥章宗
1189~1208
⑨哀宗
1223~1234

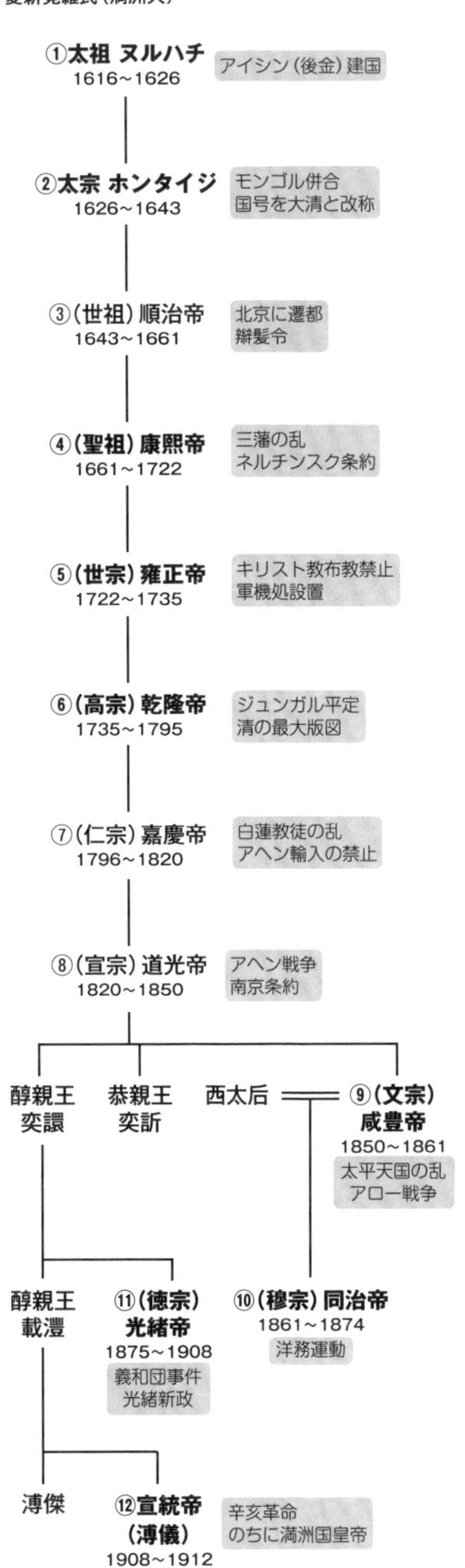

清 [1636~1912]
愛新覚羅氏（満洲人）
①太祖 ヌルハチ
1616~1626
アイシン（後金）建国
②太宗 ホンタイジ
1626~1643
モンゴル併合
国号を大清と改称
③（世祖）順治帝
1643~1661
北京に遷都
辮髪令
④（聖祖）康熙帝
1661~1722
三藩の乱
ネルチンスク条約
⑤（世宗）雍正帝
1722~1735
キリスト教布教禁止
軍機処設置
⑥（高宗）乾隆帝
1735~1795
ジュンガル平定
清の最大版図
⑦（仁宗）嘉慶帝
1796~1820
白蓮教徒の乱
アヘン輸入の禁止
⑧（宣宗）道光帝
1820~1850
アヘン戦争
南京条約
醇親王
奕譞
恭親王
奕訢
西太后
⑨（文宗）
咸豊帝
1850~1861
太平天国の乱
アロー戦争
醇親王
載灃
⑪（徳宗）
光緒帝
1875~1908
義和団事件
光緒新政
⑩（穆宗）同治帝
1861~1874
洋務運動
溥傑
⑫宣統帝
（溥儀）
1908~1912
辛亥革命
のちに満洲国皇帝

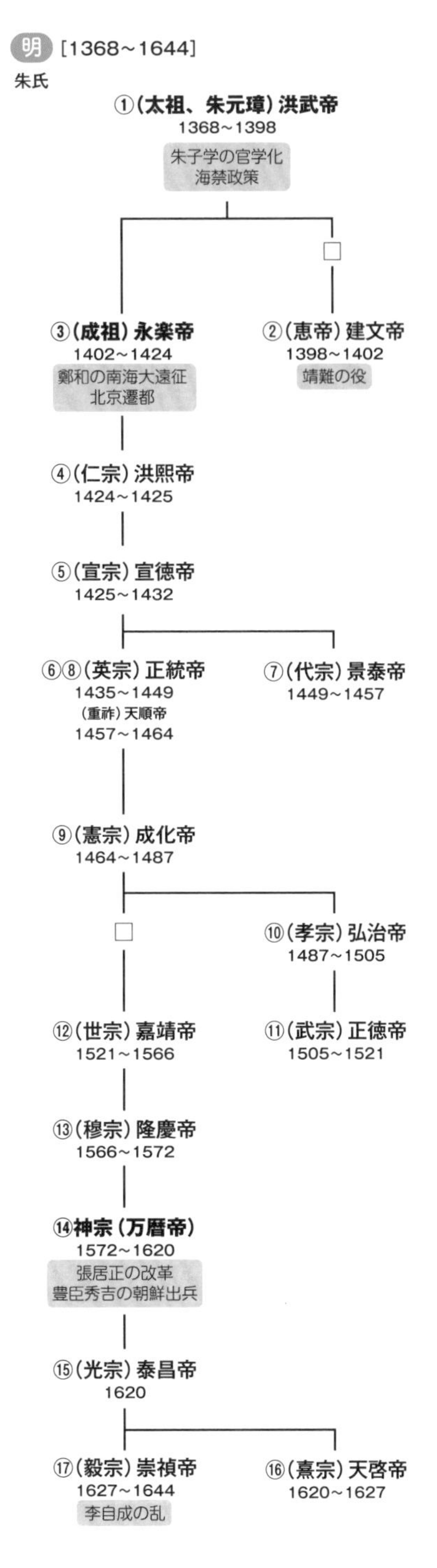

明 [1368~1644]
朱氏
①（太祖、朱元璋）洪武帝
1368~1398
朱子学の官学化
海禁政策
③（成祖）永楽帝
1402~1424
鄭和の南海大遠征
北京遷都
②（恵帝）建文帝
1398~1402
靖難の役
④（仁宗）洪熙帝
1424~1425
⑤（宣宗）宣徳帝
1425~1432
⑥⑧（英宗）正統帝
1435~1449
（重祚）天順帝
1457~1464
⑦（代宗）景泰帝
1449~1457
⑨（憲宗）成化帝
1464~1487
⑩（孝宗）弘治帝
1487~1505
⑫（世宗）嘉靖帝
1521~1566
⑪（武宗）正徳帝
1505~1521
⑬（穆宗）隆慶帝
1566~1572
⑭神宗（万暦帝）
1572~1620
張居正の改革
豊臣秀吉の朝鮮出兵
⑮（光宗）泰昌帝
1620
⑰（毅宗）崇禎帝
1627~1644
李自成の乱
⑯（熹宗）天啓帝
1620~1627

中国史 用語・人名さくいん

人名は太字とした
見開き内で同じ用語・人名が登場する場合は右ページを記載

主要参考文献

会田大輔『南北朝時代』（中公新書）
天児慧『中国の歴史11 巨龍の胎動』（講談社学術文庫）
石濱裕美子『物語チベットの歴史』（中公新書）
石原道博編訳『新訂 魏志倭人伝・後漢書倭伝・宋書倭国伝・隋書倭国伝』（岩波文庫）
井波律子編『中国史重要人物101』（新書館）
ヴィクター・H・メア編『96人の人物で知る中国の歴史』（原書房）
上田信『中国の歴史9 海と帝国』（講談社学術文庫）
尾形勇編『中国の歴史12 日本にとって中国とは何か』（講談社学術文庫）
岡本隆司『教養としての「中国史」の読み方』（PHP研究所）
岡本隆司『世界史とつなげて学ぶ中国全史』（東洋経済新報社）
岡本隆司『中国史とつなげて学ぶ日本全史』（東洋経済新報社）
岡本隆司『中国の論理』（中公新書）
岡本隆司『東アジアの論理』（中公新書）
岡本隆司『君主号の世界史』（新潮新書）
岡本隆司『悪党たちの中華帝国』（新潮選書）
岡本隆司『シリーズ中国の歴史⑤ 「中国」の形成 現代への展望』（岩波新書）
岡本隆司『近代中国史』（ちくま新書）
岡本隆司『腐敗と格差の中国史』（NHK出版新書）
岡本隆司『世界のなかの日清韓関係史』（講談社選書メチエ）
岡本隆司『日中関係史』（PHP新書）
岡本隆司『近代日本の中国観』（講談社選書メチエ）
岡本隆司編『新・図説 中国近現代史』（法律文化社）
岡本隆司監修『一冊でわかる中国史』（河出書房新社）
岡本隆司監修『ビジネス教養 中国近現代史』（新星出版社）
柿沼陽平『古代中国の24時間』（中公新書）
川本芳昭『中国の歴史5 中華の崩壊と拡大』（講談社学術文庫）
菊池秀明『中国の歴史10 ラストエンペラーと近代中国』（講談社学術文庫）
金文京『中国の歴史4 三国志の世界』（講談社学術文庫）
氣賀澤保規『中国の歴史6 絢爛たる世界帝国』（講談社学術文庫）
小島毅『中国の歴史7 中華思想と宗教の奔流』（講談社学術文庫）
坂上康俊『シリーズ日本古代史④ 平城京の時代』（岩波新書）
佐川英治・岸本美緒監修『ビジュアル大図鑑 中国の歴史』（東京書籍）
杉山正明『中国の歴史8 疾駆する草原の征服者』（講談社学術文庫）
杉山正明『興亡の世界史第3巻 モンゴル帝国と長いその後』（講談社学術文庫）
竹田晃『曹操』（講談社学術文庫）
田辺裕監修『図説大百科 世界の地理20 中国・台湾・香港』（朝倉書店）
檀上寛『シリーズ中国の歴史④ 陸海の交錯 明朝の興亡』（岩波新書）
鶴間和幸『中国の歴史3 ファーストエンペラーの遺産』（講談社学術文庫）
寺田隆信『物語 中国の歴史』（中公新書）
並木頼寿『世界史リブレット66 日本人のアジア認識』（山川出版社）
朴漢済編『中国歴史地図』（平凡社）
濱下武志・平勢隆郎編『中国の歴史』（有斐閣アルマ）
林俊雄『興亡の世界史第10巻 スキタイと匈奴 遊牧の文明』（講談社学術文庫）
平勢隆郎『中国の歴史2 都市国家から中華へ』（講談社学術文庫）
平野聡『興亡の世界史第15巻 大清帝国と中華の混迷』（講談社学術文庫）
古松崇志『シリーズ中国の歴史③ 草原の制覇 大モンゴルまで』（岩波新書）
本郷和人・簑原俊洋『外圧の日本史』（朝日新書）
丸橋充拓『シリーズ中国の歴史② 江南の発展 南宋まで』（岩波新書）
宮本一夫『中国の歴史1 神話から歴史へ』（講談社学術文庫）
村瀬哲史『村瀬のゼロからわかる地理B 地誌編』（学研プラス）
孟慶遠編『中国歴史文化事典』（新潮社）
森部豊『唐』（中公新書）
守屋洋『中国皇帝列伝』（PHP文庫）
森安孝夫『興亡の世界史第2巻 シルクロードと唐帝国』（講談社学術文庫）
湯浅邦弘『テーマで読み解く中国の文化』（ミネルヴァ書房）
湯浅邦弘『中国の世界遺産を旅する』（中公新書ラクレ）
吉川真司『シリーズ日本古代史③ 飛鳥の都』（岩波新書）
渡辺信一郎『シリーズ中国の歴史① 中華の成立 唐代まで』（岩波新書）
21世紀中国総研『中国情報ハンドブック〈2019年版〉』（蒼蒼社）
『Newsがわかる特別編 中国がわかる（毎日ムック）』（毎日新聞出版）
『別冊歴史REAL 春秋戦国』（洋泉社）
『詳説世界史』（山川出版社）
『詳説日本史』（山川出版社）
『もういちど読む山川世界史PLUSアジア編』（山川出版社）
『アカデミア世界史』（浜島書店）
『最新世界史図説タペストリー』（帝国書院）
『地図で訪ねる歴史の舞台 世界』（帝国書院）

監　修　岡本隆司（おかもとたかし）

1965年、京都市生まれ。京都府立大学教授。歴史学者、専攻は東洋史・近代アジア史。京都大学大学院文学研究科博士後期課程満期退学、博士（文学）。著書に『中国の誕生』『属国と自主のあいだ』（ともに名古屋大学出版会）、『教養としての「中国史」の読み方』（PHP 研究所）、『世界史とつなげて学ぶ中国全史』『中国史とつなげて学ぶ日本全史』（ともに東洋経済新報社）、『中国の論理』『東アジアの論理』（ともに中公新書）、『君主号の世界史』（新潮新書）、『世界史序説』（ちくま新書）など多数。

編　集　かみゆ歴史編集部（滝沢弘康、丹羽篤志、小関裕香子、重久直子）

「歴史はエンターテイメント!」をモットーに、雑誌・ウェブ媒体から専門書までの編集・制作を手がける歴史コンテンツメーカー。扱うジャンルは日本史、世界史、地政学、宗教・神話、アート・美術など幅広い。世界史関連の主な編集制作物に『エリア別だから流れがつながる世界史』『地理×文化×雑学で今が見える世界の国々』（ともに朝日新聞出版）、『流れが見えてくる世界史図鑑』（ナツメ社）、『地理と地形でよみとく世界史の疑問55』（宝島社）、『いまがわかる地政学』（ワン・パブリッシング）など。

執　筆	長谷川敦（１・８章）、ちかぞう（２章）、京谷一樹（３・４章）、三城俊一（５・６・７章）
装丁デザイン	相原真理子
デザイン・DTP・図版	株式会社ウエイド
地図協力	ミヤイン
校　正	朝日新聞総合サービス出版校閲部（山田欽一、澁谷周平）

写真協力　朝日新聞フォトアーカイブ／共同通信イメージズ／ユニフォトプレス／ CPC photo ／ shutterstock ／ PIXTA
国立故宮博物院（台北）
ColBase（https://colbase.nich.go.jp/）

年代順だからきちんとわかる（ねんだいじゅん）

中国史（ちゅうごくし）

2023年8月30日　第１刷発行
2023年11月30日　第２刷発行

監　修　岡本隆司

編　著　朝日新聞出版

発行者　片桐 圭子

発行所　朝日新聞出版
〒104-8011 東京都中央区築地5-3-2
(お問い合わせ) infojitsuyo@asahi.com

印刷所　大日本印刷株式会社

ISBN　978-4-02-334132-6

定価はカバーに表示してあります。落丁・乱丁の場合は弊社業務部（電話03-5540-7800）へご連絡ください。送料弊社負担にてお取り替えいたします。